Cuaderno de bitácora de Madrid

AMPARO DUÑAITURRIA LAGUARDA

CUADERNO DE BITÁCORA DE MADRID

UN VIAJE POR LA RIQUEZA ARTÍSTICA Y CULTURAL DE LA COMUNIDAD AUTÓNOMA

ALMUZARA

Primera edición: marzo, 2025

Editorial Almuzara • Historia

Editora: Ángeles López

Textos, ilustraciones e infografías: Amparo Duñaiturria
Edición, diseño y maquetación: Fernando de Miguel
Corrección: Fernando de Miguel y Olivia Arribas

www.editorialalmuzara.com
pedidos@almuzaralibros.com - info@almuzaralibros.com

Editorial Almuzara
Parque Logístico de Córdoba. Ctra. Palma del Río, km 4
C/8, Nave L2, nº 3. 14005 - Córdoba

Impresión y encuadernación: Gráficas La Paz
ISBN: 978-84-10526-27-3
Depósito legal: CO-29-2025

Hecho e impreso en España/*Made and printed in Spain*

A mi padre, quien me enseñó a dibujar,
a mi incondicional y adorada madre, quien me enseñó a observar
por encima de lo aparente, y a la dulzura y alegría de mi vida, Ali.

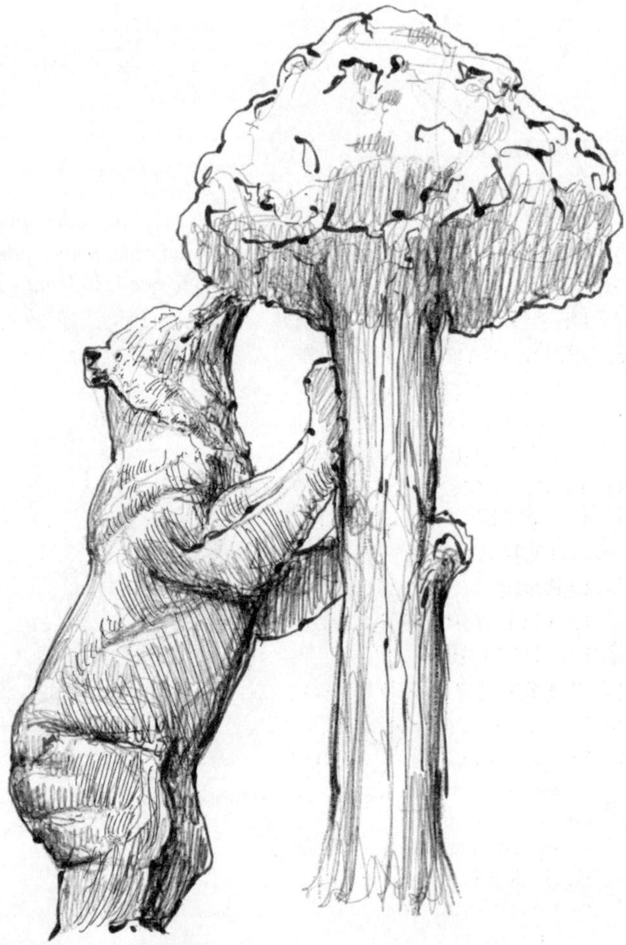

ÍNDICE

1. INFORMACIÓN GENERAL ... 11
2. ETIMOLOGÍA ... 12
3. EL AGUA EN MADRID ... 13
4. FLORA Y FAUNA ... 15
5. ORIGEN ... 16
6. VILLA Y CORTE DE MADRID ... 22
7. DE LOS AUSTRIAS A LOS BORBONES ... 26
8. PERSONAJES ILUSTRES ... 19
9. TRADICIONES RELIGIOSAS ... 33
10. BAILES POPULARES; CHOTIS, ZARZUELAS Y VERBENAS ... 36
11. TOPÓNIMOS Y GENTILICIOS ... 38
12. FUENTES ... 40
13. PATRIMONIO Y LUGARES DE FUNDACIÓN REAL ... 49
14. JARDINES Y PARQUES ... 56
15. INSTITUCIONES CULTURALES ... 63
16. ESCULTURAS ... 68
17. PUERTAS DE MADRID ... 74
18. LOCALES Y COMERCIOS CENTENARIOS ... 80
19. DISTRITOS DE MADRID ... 84
    - Distrito de Centro ... 85
    - Barrio de Palacio ... 86
    - Barrio de Embajadores ... 98
    - Barrio de Sol ... 104
    - Barrio de Cortes ... 110
    - Barrio de Justicia ... 116
    - Barrio de Universidad ... 122
    - Otros barrios y distritos ... 128
20. ALREDEDORES DE MADRID ... 140
    - Alcalá de Henares ... 142
    - Real Monasterio de san Lorenzo de El Escorial ... 148
    - Valle de los Caídos ... 154
    - Real Sitio de Aranjuez ... 156
    - Chinchón ... 160

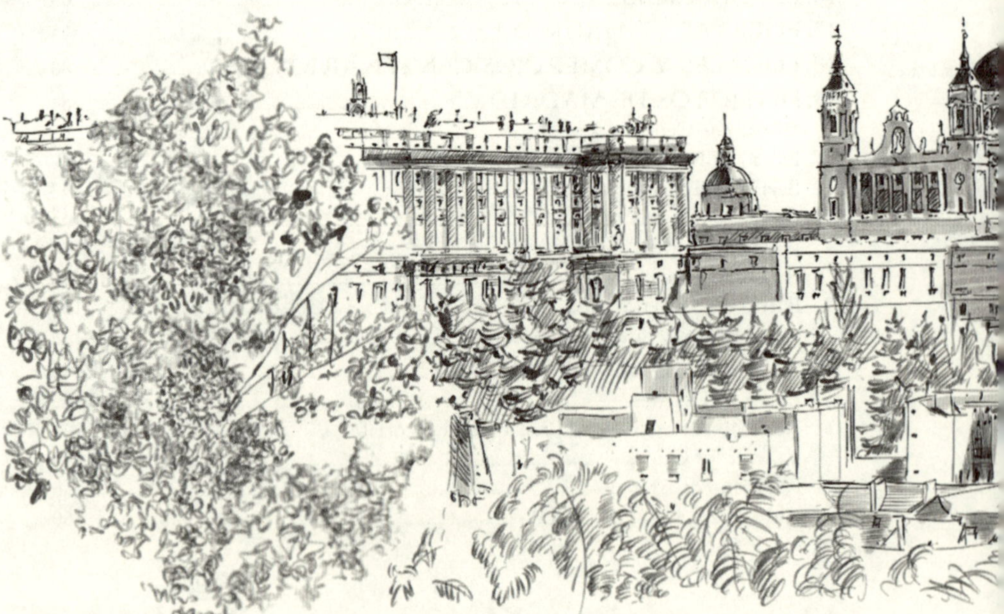

1.
Información general

El municipio de Madrid tiene una superficie de 605,77 km^2. Está situado al sur de la Sierra de Guadarrama, a orillas del río Manzanares. Se trata de la capital europea de mayor altitud, a 655 m.

Madrid cuenta con cerca de 4 millones de habitantes (tercera en densidad de población de la Unión Europea) y es la ciudad más poblada de España, dato que aumenta considerablemente si se incluye la periferia de la ciudad.

Como capital, en Madrid se ubican las sedes del Gobierno y sus ministerios, las Cortes Generales (Congreso y Senado), el Tribunal Supremo y el Tribunal Constitucional, así como la residencia oficial de los reyes de España y del presidente del Gobierno.

En el plano económico, su área metropolitana es la décima más rica de Europa tras Londres, París, Rin-Ruhr, Ámsterdam, Milán, Bruselas, Moscú, Fráncfort del Meno y Múnich.

Madrid cuenta con uno de los mercados laborales más dinámicos de Europa. Su economía, moderna y orientada principalmente al sector servicios, se apoya en áreas clave como el comercio, el transporte, los servicios empresariales y la hostelería. Destaca por su amplia oferta cultural, su rico patrimonio histórico y natural, y su excelente gastronomía. Estos atributos la convierten en un destino de referencia para el turismo de negocios y congresos, situándose entre los diez principales del mundo para la organización de reuniones, ferias y convenciones.

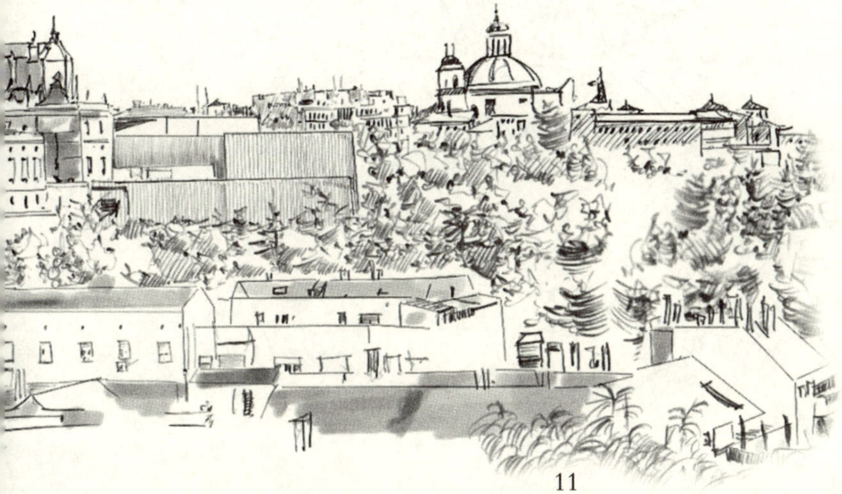

2.
ETIMOLOGÍA

Madrid es la única capital europea de origen y nombre árabes. La génesis y evolución de su nombre —*Magerit, Matrice* y *Mayrit*— ha sido tema de especulación y son varias las versiones e interpretaciones.

A pesar de ser una de las pocas capitales europeas sin un importante río asociado, tanto su etimología como su cultura están ligadas al agua. El primer escudo de Madrid es anterior al año 1200 y representaba un pedernal semisumergido en agua. Se ha contemplado que ello haga referencia a la gran cantidad de agua existente en el subsuelo de Madrid.

Mayrit significa en árabe «abundancia de ríos de agua».
Mayras, obras hidráulicas con las que se canaliza el agua.
Madriles, disposición de la ciudad a ambos lados del río.

El nombre de la ciudad en su versión árabe ó híbrida se liga siempre al agua-cauce-fuente, de ahí que en la plaza de Puerta Cerrada pueda leerse:

«Fui sobre agua edificada,
mis muros de fuego son,
esta es mi insignia y blasón».

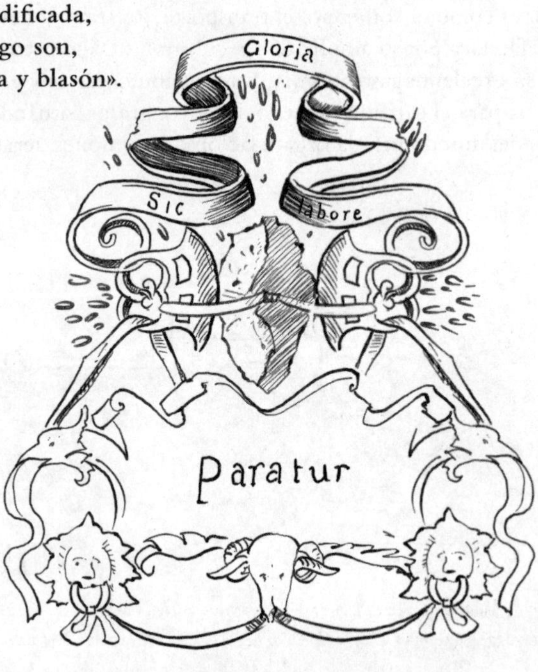

3.
El agua en Madrid

Madrid pertenece a la Cuenca Hidrográfica del Tajo y su territorio se asienta sobre un importante acuífero que ha favorecido el mantenimiento histórico de importantes zonas verdes. Posee un agua de excelente calidad a consecuencia del granito que conforma la sierra madrileña, material que no se descompone y actúa como protección de los embalses.

Estas condiciones geológicas singulares, han permitido la formación en el subsuelo de Madrid de un gran vaso de aguas subterráneas.

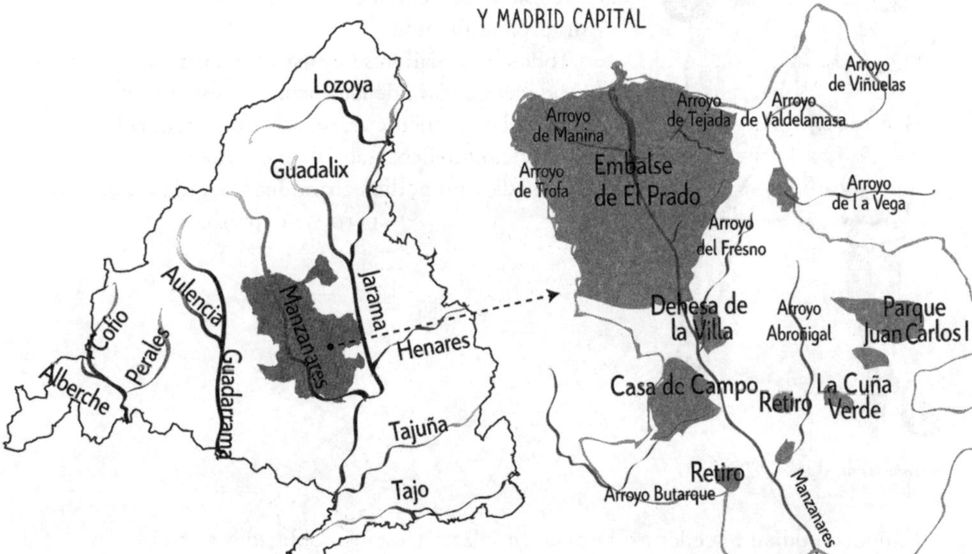

La Comunidad de Madrid cuenta con 14 embalses, como los del Pinilla y El Atazar, en la cuenca del río Lozoya; los de Navacerrada, Santillana y El Pardo en la del río Manzanares; la Jarosa en la cuenca del río Guadarrama y el embalse de San Juan en la del río Alberche, entre otros.

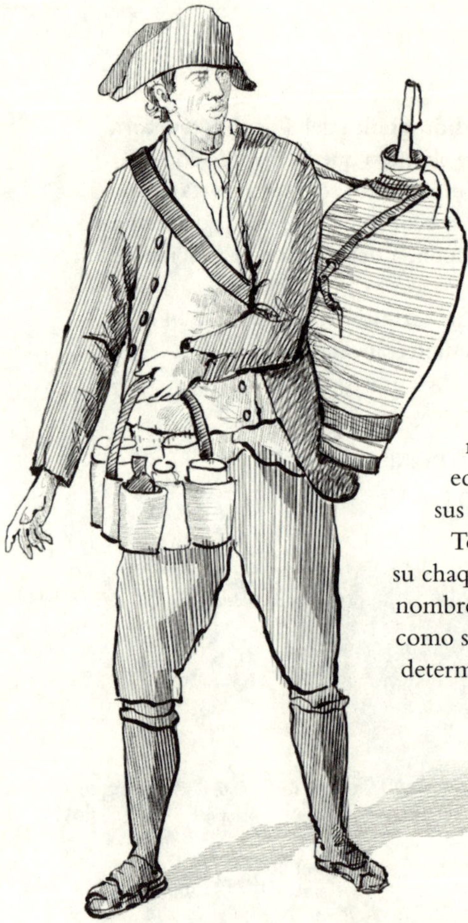

Aguador de Madrid (1802).

En 1832 había en Madrid más de 30 fuentes públicas, sin contar las monumentales. Más adelante se instalaron fuentes más sencillas, de hierro o bronce, menos ornamentales. Algunas aún se conservan hoy en día, como la fuente de hierro en la Plazuela de la Encarnación, la de la Plaza de las Peñuelas, la de san Isidro o la de Pontejos.

Los aguadores madrileños transportaban el agua en cubas o cántaros desde las fuentes a los domicilios de los vecinos que les pagaban por este servicio. Las familias más acaudaladas, como algunas de nobles o eclesiásticos, tenían en los patios de sus casas sus propias fuentes.

Todos los aguadores llevaban en el ojal de su chaqueta una placa de latón con su número, su nombre y el de la fuente asignada. Estaba regulado como servicio público, trabajaban en una fuente determinada y no podían abandonar la Villa sin un permiso expreso.

Tampoco podían ni ceder ni traspasar sus plazas y estaban obligados a acudir con sus cubos a sofocar incendios en cualquier punto de la capital.

Las fuentes que más aguadores tenían fueron las de Puerta Cerrada, la Puerta del Sol, la Plaza de la Villa y la Puerta de Moros.

Los «viajes del agua» son cientos de galerías por las que transcurrieron durante siglos las canalizaciones de los acuíferos. Se calcula que existen 124 km de estos viajes del agua bajo el asfalto. Los cinco más importantes son: Amaniel, Castellana, Abroñigal alto y bajo y la Alcubilla.

4.

Flora y fauna

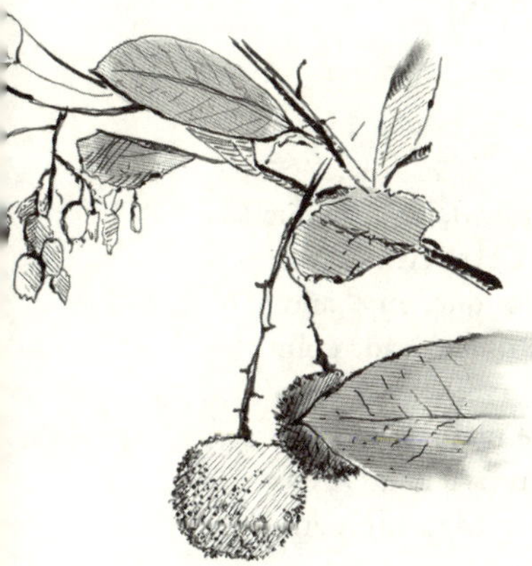

Madrid se encuentra entre las capitales del mundo con más árboles y zonas verdes por habitante, y por ello fue reconocida «Ciudad arbórea del mundo 2019» por la ONU.

Posee un arbolado de más de cinco millones de ejemplares de 500 especies distintas, entre las que destaca el pino piñonero y el plátano de sombra.

En cuanto a fauna, en la zona sureste de la comunidad, próxima a los ríos Jarama y Tajo, y en las tierras de cultivo, viven gran cantidad de aves.

En la Sierra y en la zona norte de Madrid, fundamentalmente en el Monte del Pardo, es posible ver jabalíes o ciervos. Es frecuente encontrarse por los montes madrileños conejos o liebres, es decir, se puede estar en contacto con la naturaleza a muy pocos minutos del centro de la ciudad, donde abundan las palomas.

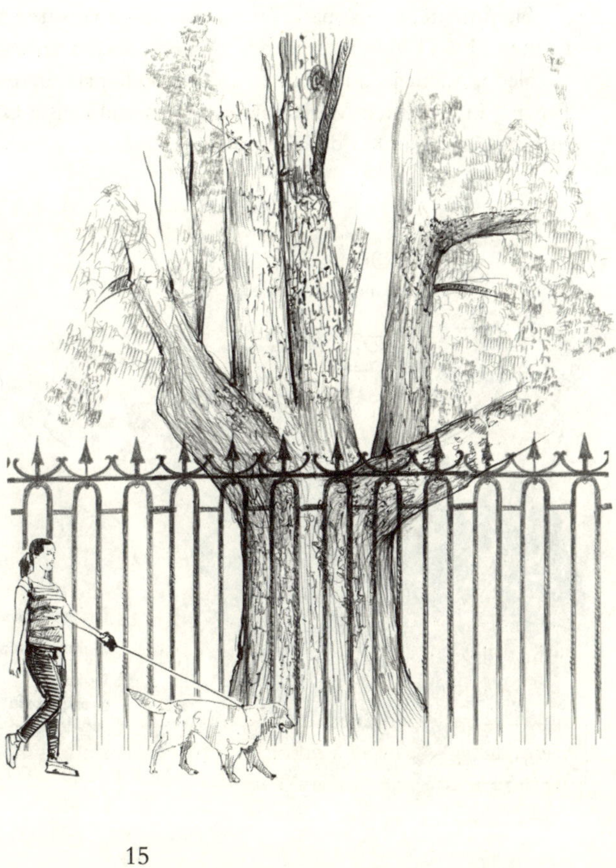

Ahuehuete del parterre del Retiro, árbol de alrededor de 400 años.

5.

Origen. Madrid musulmán

Los visigodos también se establecieron en estas tierras y dejaron su huella en importantes necrópolis visigóticas, como la del Cerro Almodóvar (Vicálvaro). Sin embargo, fueron los musulmanes los que, en el año 856, establecieron una atalaya defensiva en la cornisa de una elevada colina junto al río Manzanares.

El emir Mohamed I inició un sistema defensivo mediante una red de torres, puentes, fortalezas y medinas que protegían las rutas de comunicación. Dos de aquellas fortalezas, *Talamanka* (Talamanca de Jarama) y *Mayrit* (Madrid) fueron erigidas en tiempos de Abderramán III.

Finalmente, esta zona acabó siendo algo más que un gran destacamento de frontera. En Talamanca se fundó una escuela coránica que rivalizó con Córdoba y Toledo, mientras que Madrid contó con la primera escuela de astronomía de España. El científico Maslama Al Mayriti y el jurista Umar al-Talamanki fueron dos ilustres hispanoárabes de la región.

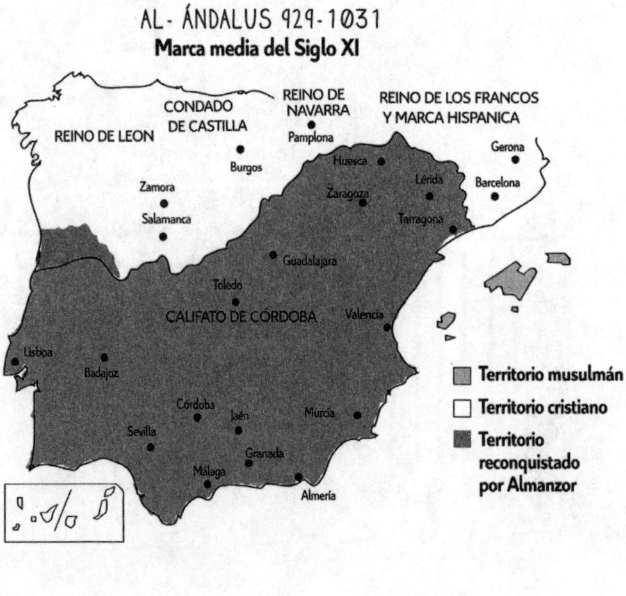

La huella islámica se mantuvo en toda la región hasta el año 1085, como prueban las morerías de Alcalá, Talamanca o Madrid y todas las muestras de arte islámico presentes en palacios e iglesias madrileñas.

Algunos restos arqueológicos musulmanes en la Comunidad de Madrid son:

- Puerta de la Vega (Madrid, siglo IX)
- Yacimiento de Calatalifa (Villaviciosa de Odón, siglo IX)
- Atalaya Peña Muñana (Cadalso de los Vidrios, siglo X)
- Castillo de Malsobaco (Paracuellos, siglo X)
- Castillo de Alboer (Villamanrique de Tajo, siglo X)
- Castillo de Ribas (Rivas Vaciamadrid, siglo X)
- Atalaya Cuesta de la Torrecilla (Hoyo de Manzanares, siglo X)
- Atalaya de la Torrecilla (Santorcaz, siglo X)

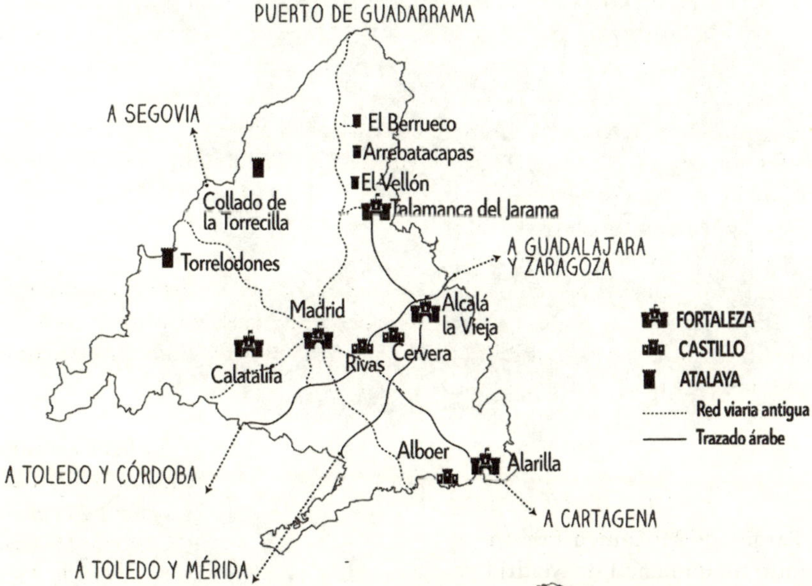

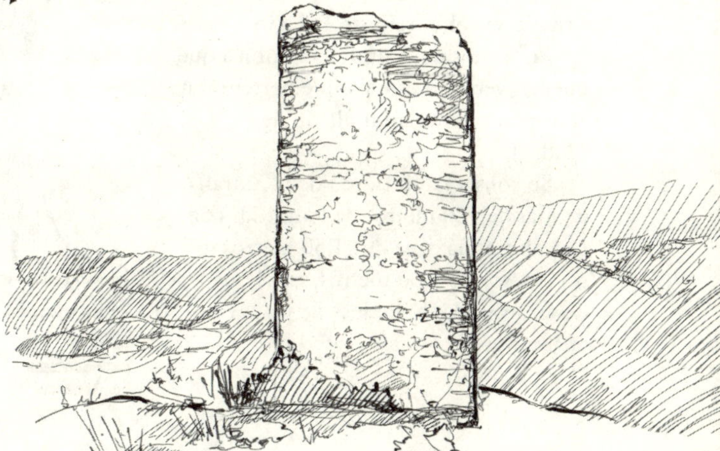

La Atalaya de Arrebatacapas, torre de vigilancia cercana a Talamanca del Jarama, es una construcción medieval correspondiente al período emiral del siglo IX.

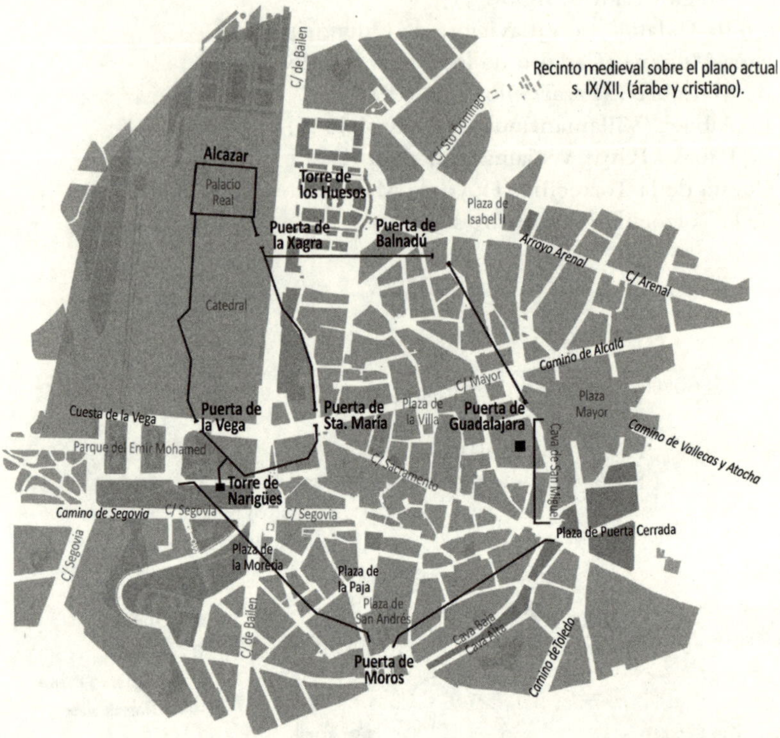

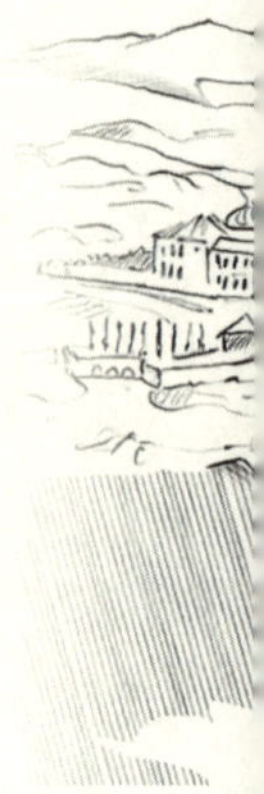

El Parque de Mohamed I es un recinto monumental de Madrid situado en el barrio de Palacio.

Los restos de la muralla islámica que pueden verse en este parque pertenecen al primer recinto amurallado de Madrid.

Se conserva un tramo de la muralla de más de 120 metros de longitud, con una altura máxima de 11,50 metros y un espesor de 2,60 metros, en el que destacan varios torreones de planta cuadrangular.

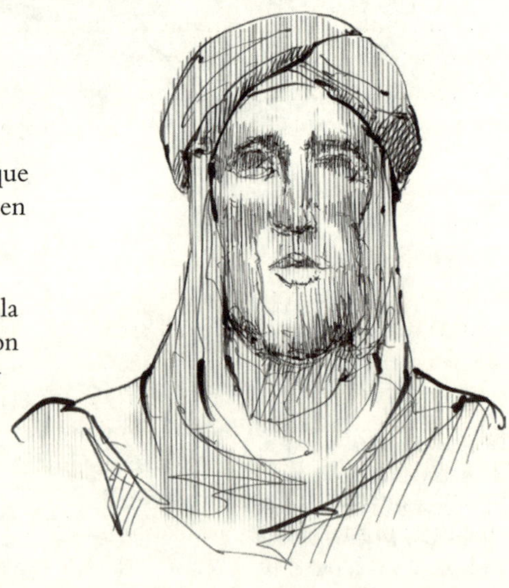

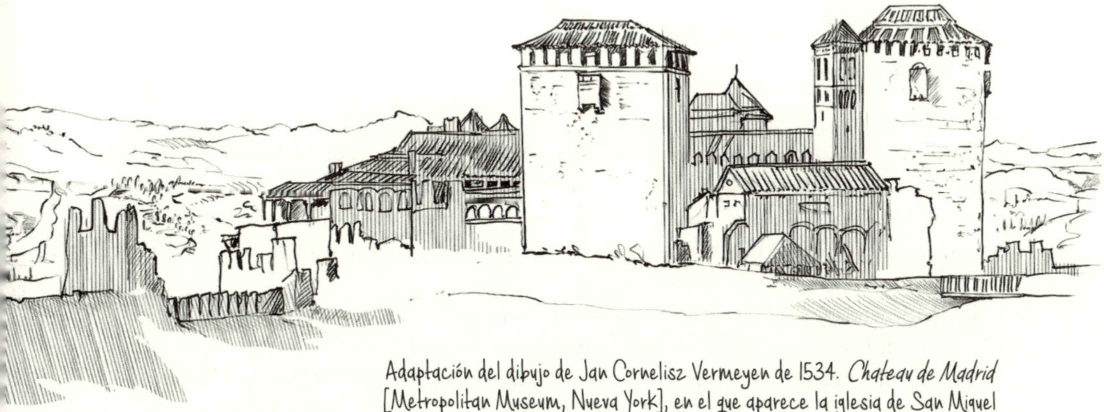

Adaptación del dibujo de Jan Cornelisz Vermeyen de 1534. *Chateau de Madrid* [Metropolitan Museum, Nueva York], en el que aparece la iglesia de San Miguel de la Sagra delante del palacio y la muralla del Alcázar a la izquierda.

San Miguel de la Sagra fue la primera iglesia madrileña en desaparecer, lo que explica que casi no existan datos sobre ella. Se desconoce cuándo fue fundada, pero sí que es conocida su ubicación, junto a la fachada principal del **Real Alcázar**, en pleno núcleo de la villa, siendo considerada como una de las más antiguas.

Su nombre deriva de su proximidad con la Puerta de la Sagra, uno de los tres accesos con los que contaba la primitiva muralla musulmana, a través de la cual se llegaba a la 'sagra' o terreno agrícola que se extendía hasta el río Manzanares.

La finalidad del emplazamiento en Madrid era estratégica: establecer una fortaleza defensiva en la frontera del antiguo reino de Toledo, zona vital para la estabilidad de los Omeyas.

La medina —barrio antiguo de una ciudad árabe— de Madrid consistía en un recinto delimitado por barrancos naturales, con una muralla de unos 700 metros de longitud. En su interior se encontraba un Alcázar (fortificación defensiva), en el mismo lugar donde hoy se alza el Palacio Real; una Mezquita-aljama (mezquita mayor), más adelante convertida en iglesia y, en torno a la ciudad, varios arrabales (barrios extramuros de la ciudad).

Por la Calle de Segovia corría un arroyo (llamado de san Pedro en época cristiana) al que vertían las aguas de la colina del Madrid islámico. Al otro lado de ese arroyo existía otro pequeño cerro, que actualmente ocupa el Parque de Las Vistillas, donde se fue instalando una población civil de marcado carácter artesano y mercantil que constituyó el principal y primero de los arrabales.

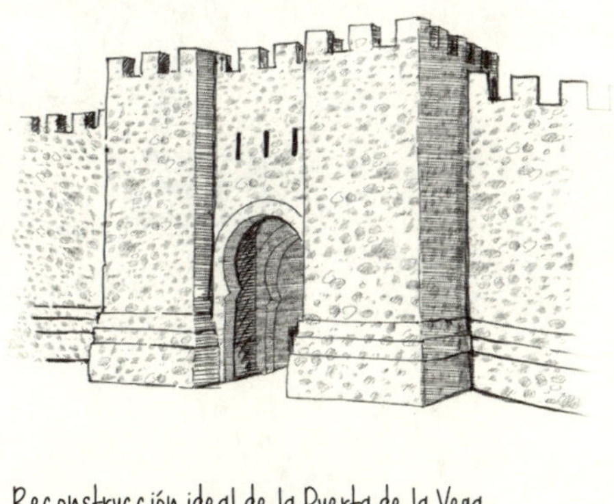

Reconstrucción ideal de la Puerta de la Vega.

La población musulmana fue creciendo y asentándose en los arrabales. Se calcula que a finales del siglo XII, Madrid contaba con 12 000 habitantes.

El Arrabal de Las Vistillas, habitado sobre todo por campesinos, se componía de numerosas y fértiles huertas, así como de tierras de cultivo, por su proximidad al río Manzanares.

La **Morería** se separaba del recinto amurallado andalusí por un arroyo que hoy se corresponde con la Calle de Segovia, donde se situaban los baños árabes.

De aquel laberinto de calles estrechas y plazuelas, típico del urbanismo islámico, tan solo quedan escasos restos de la muralla cristiana, el viaje de agua de la Plaza de los Carros y, eso sí, los nombres de calles que evocan el pasado islámico del barrio, como la Calle y Plaza de la Morería o la Plaza de Puerta de Moros, lugares muy transitados en la época. En este lugar se levantaba una de las puertas de la muralla que daba acceso al barrio desde el camino de Toledo.

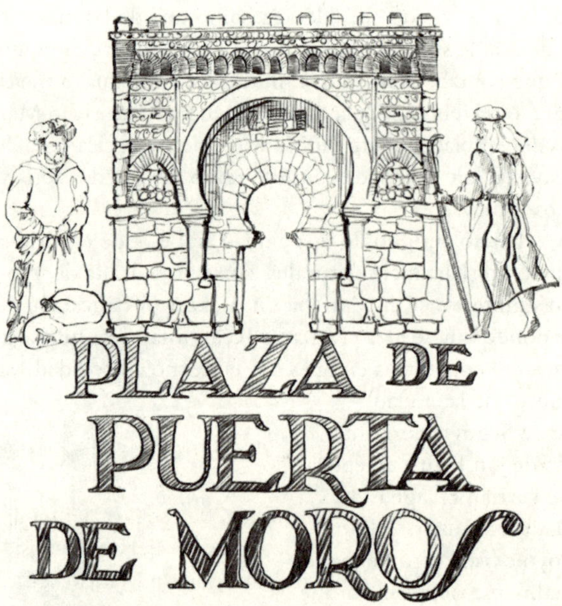

MADRID CRISTIANO

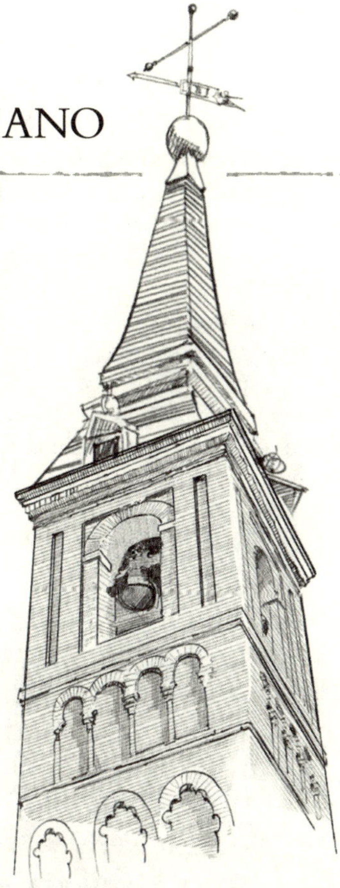

San Nicolás de Bari o de los Servitas.

Suele datarse en el año 1083 el momento en que Alfonso VI, rey de Castilla y León, traspasó el valle del Tajo, tomando la pequeña ciudad fortificada de Madrid.

Los nuevos pobladores construyeron una segunda muralla que englobó los arrabales desprotegidos hasta entonces. Surgió así el *Magerit* cristiano con ese carácter militar que ya no abandonaría hasta el siglo XIII, cuando se redujeron las embestidas almohades contra la ciudad, lo que permitió una discreta repoblación que fue apoyada por algunos privilegios reales, como el Fuero de 1202 concedido por Alfonso VIII, que fijaba por escrito el derecho local que debía regular la vida en la ciudad y que estuvo vigente más de 100 años.

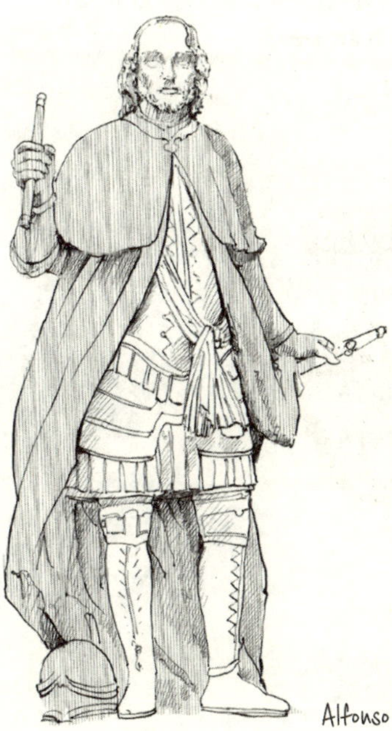

Alfonso VI. Jardines de Sabatini.

De las diez parroquias citadas en este Fuero, San Nicolás y San Pedro son las únicas que existían dentro del recinto amurallado y que continúan en pie, conservando hoy en día elementos procedentes de su construcción original.

Anterior a 1202 es la torre mudéjar en ladrillo de San Nicolás de los Servitas, considerado el templo más antiguo de Madrid. En este templo fue enterrado, en el año 1597, Juan de Herrera, principal arquitecto del Real Monasterio de San Lorenzo de El Escorial.

6.
Villa y corte de Madrid

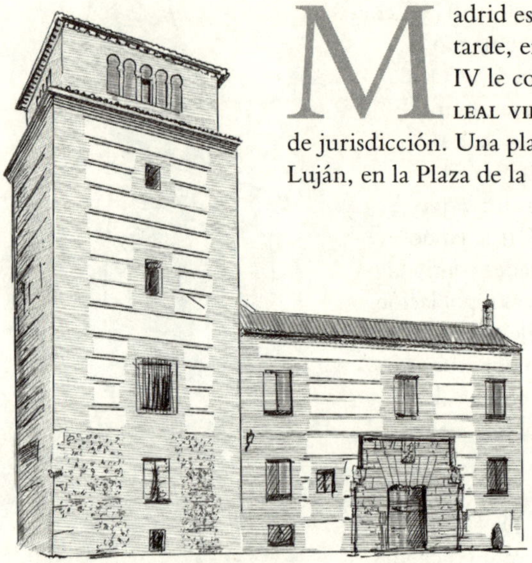

Casa y torre de Lujanes, una de las casas medievales más antiguas de Madrid (1460 -1490).

Madrid es villa desde 1123 y será más tarde, en el siglo XV, cuando Enrique IV le conceda el título de «MUY NOBLE Y LEAL VILLA DE MADRID», con privilegio de jurisdicción. Una placa en la Casa de Álvaro de Luján, en la Plaza de la Villa, recuerda este hecho.

También del siglo XV es el llamado Hospital de la Latina, que toma su nombre del apodo de Beatriz Galindo, su fundadora junto con su esposo, D. Francisco Ramírez.

Se encontraba en la actual Plaza de la Cebada y fue demolido en 1904. Su portada se encuentra desde los años sesenta en la Escuela Superior de Arquitectura de la Universidad Politécnica de Madrid.

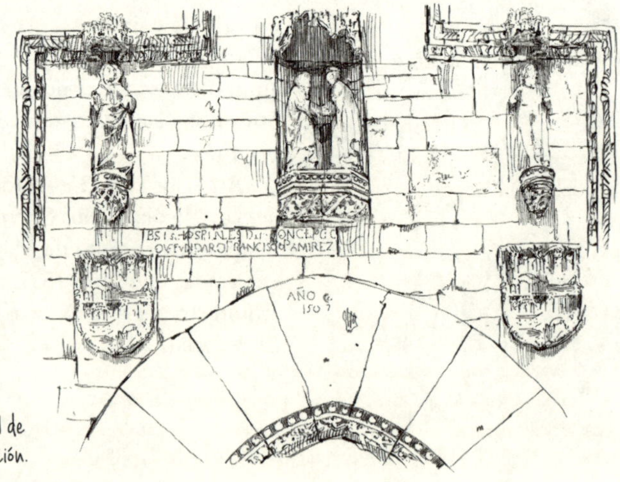

Detalle de la portada del Hospital de la Latina y Hospital de la Concepción.

Corte de Madrid

En 1561, Felipe II traslada la Corte de Toledo a Madrid, convirtiéndola en la nueva capital, sede de gobierno del Reino y del Imperio. Madrid se transforma en una ciudad burocrática, lugar de residencia de la Corte, de los consejeros y del gran número de personas que acompañaban al rey, lo que provoca cambios en la estructura de Villa, en su urbanismo, su economía, así como en su proyección cultural.

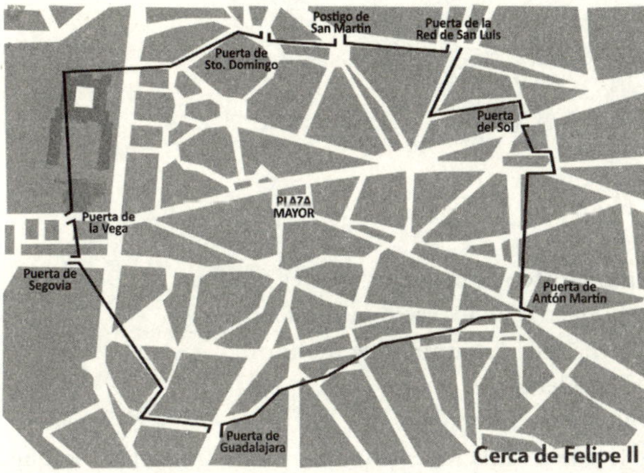

La población, con ese cambio, pasó de 18 000 habitantes en 1561 a 100 000 en 1600. En menos de 50 años, multiplicó por seis su número de habitantes, convirtiéndose en una de las veinte ciudades más pobladas de Europa. Respecto a su extensión, creció de 72 hectáreas en 1535 a 284 hectáreas a finales del XVI.

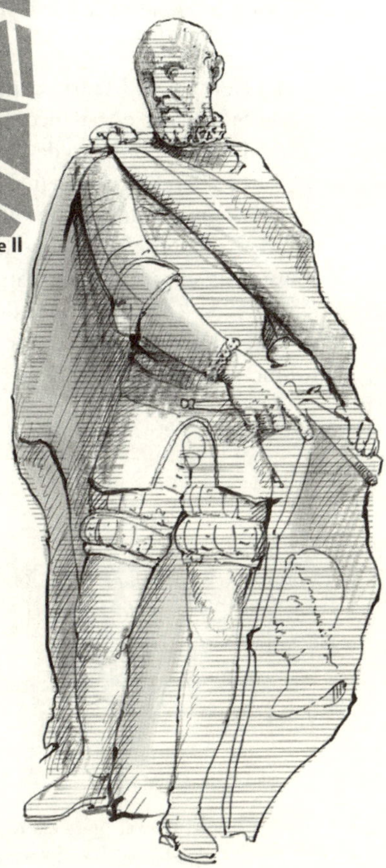

Figura del rey Felipe II, situada en los Jardines de Sabatini. Vestido con coraza, camisa, gola y capa que va sujeta al hombro. En la mano derecha lleva un cetro y en la izquierda sostiene un escudo en el que aparece, en bajorrelieve, el rostro de su mujer, Ana de Austria.

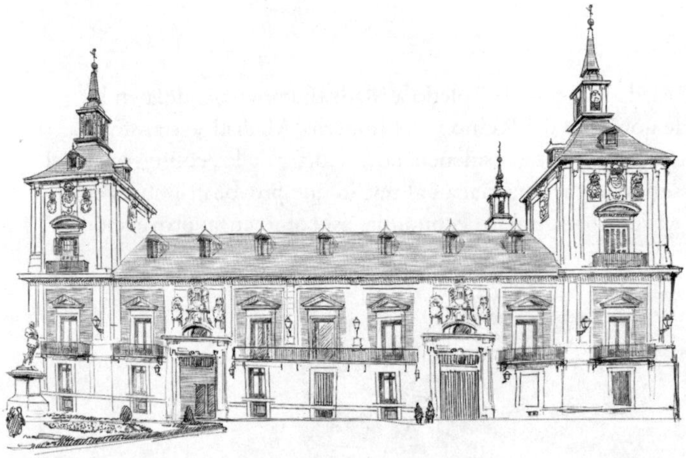

Desde 1696 hasta el 2007, la Casa de la Villa fue sede del Ayuntamiento de la ciudad.

Fachada de la Casa de la Villa de Madrid.

La elección de Madrid como Corte se debió a diferentes motivos:

— Su enclave estratégico, lo que facilitaba la comunicación.

— El abastecimiento de harina, por su número de molinos.

— La abundancia de agua y de leña.

— La abundancia de bosques con caza y pesca.

Madrid asume con Felipe II nuevas funciones políticas y administrativas, lo que transforma su estructura urbana y la vida cotidiana.

En 1734, el Alcázar, sede de la Corte, sufre un incendio devastador que lo reduce prácticamente a ruinas. Felipe V encarga levantar un nuevo palacio en el mismo emplazamiento.

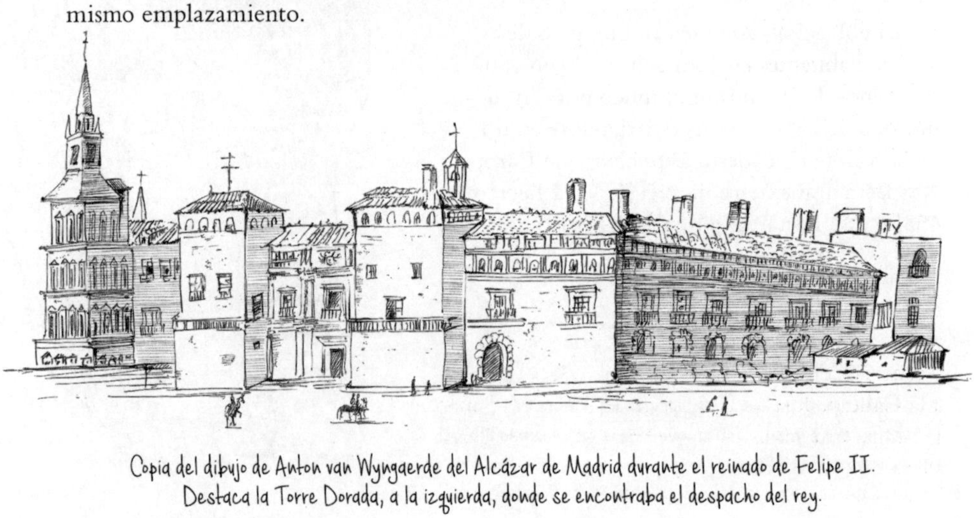

Copia del dibujo de Anton van Wyngaerde del Alcázar de Madrid durante el reinado de Felipe II. Destaca la Torre Dorada, a la izquierda, donde se encontraba el despacho del rey.

Para alojar en una pequeña ciudad como era Madrid en el siglo XVI a cientos de nuevos habitantes, se estableció la llamada «Regalía de aposento» que obligaba a los propietarios de edificios a compartirlos con los funcionarios reales.

La «picaresca» de los madrileños ideó una solución: construir de tal manera que fuera imposible advertir desde el exterior cuántos pisos y habitaciones tenía la casa. A estas construcciones se les llamó «casas a la malicia».

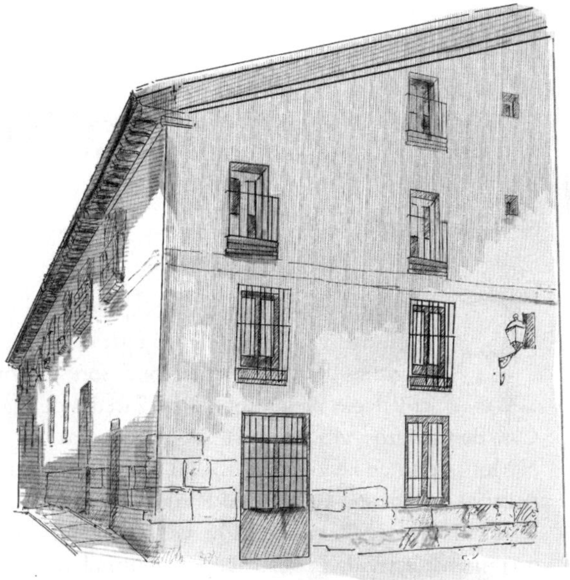

"Casas a la malicia", calle de los Mancebos, Barrio de la Latina.

El rastro de Madrid

El territorio de Madrid y cinco leguas a su alrededor constituían el «Rastro de la Corte», refiriéndose este último término tanto al territorio como al conjunto de personas que acompañan al monarca.

Todo el territorio comprendido en la Corte y en el Rastro gozaba de una especial protección, y los delitos perpetrados en este radio eran, en teoría, más graves, por cometerse en la cercanía del rey.

La otra acepción del Rastro de Madrid se refiere al mercado que ya desde el siglo XV comenzó acogiendo a ropavejeros y, más tarde, a curtidores y tenerías, en torno a la Calle de los Estudios y la actual Plaza de Cascorro.

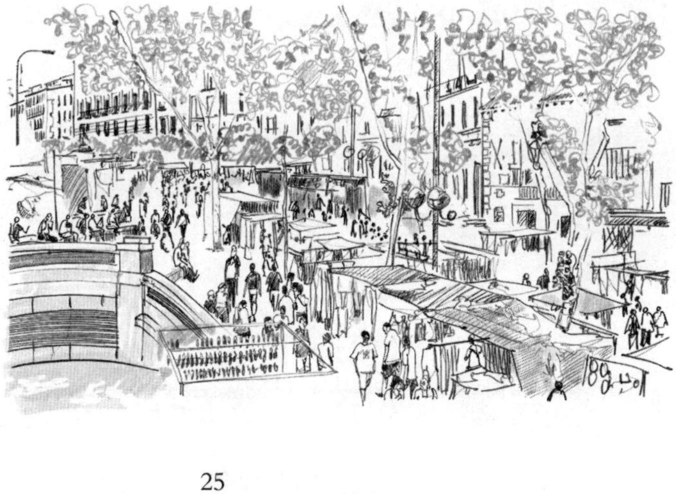

7.
De los Austrias a los Borbones

El Madrid de los Austrias comprende el primitivo trazado medieval de la ciudad y la superficie urbanizada por los monarcas de esa dinastía. Algunas de sus construcciones son: el Convento de San Felipe el Real, el Palacio de los condes de Paredes de Nava o Casa de san Isidro, la Casa de Cisneros, el Puente de Segovia, la Casa de la Panadería, la Plaza Mayor o el Monasterio de las Descalzas Reales. Fuera del núcleo urbano está el Patio de los Austrias del Palacio Real de El Pardo.

El Madrid de Cervantes, Quevedo, Góngora, Lope de Vega y Velázquez conoce una intensa actividad constructiva con un plan urbanístico concreto.
Se construyen nuevos edificios institucionales como la Cárcel de Corte (1629-1636), palacios y un gran número de edificios religiosos.

En 1617, Felipe III ordenó la construcción de un recinto cerrado uniforme y regular, la Plaza Mayor, trasformando la antigua plaza del arrabal en una plaza cortesana. En ella quedó integrada la Casa de la Panadería, obra de Diego Sillero, reformada posteriormente. Del edificio inicial sólo se conserva el sótano y la planta baja. El estilo de su fachada sería copiado por el resto de los edificios de la plaza.

Entre sus funciones destacaba la de Tahona Principal de la Villa, donde se fijaba el precio del pan. Hoy es sede del Centro de Turismo de Madrid.

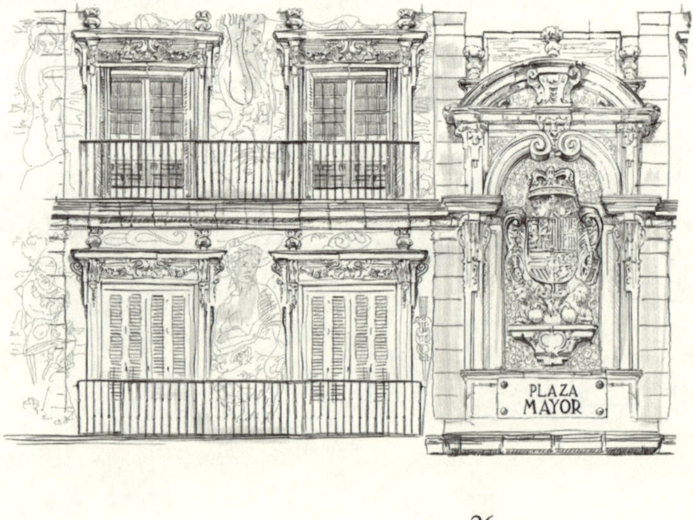

Las pinturas murales de su fachada, con figuras mitológicas relacionadas con la historia de Madrid, como la diosa Cibeles, son obra de Carlos Franco en 1988.

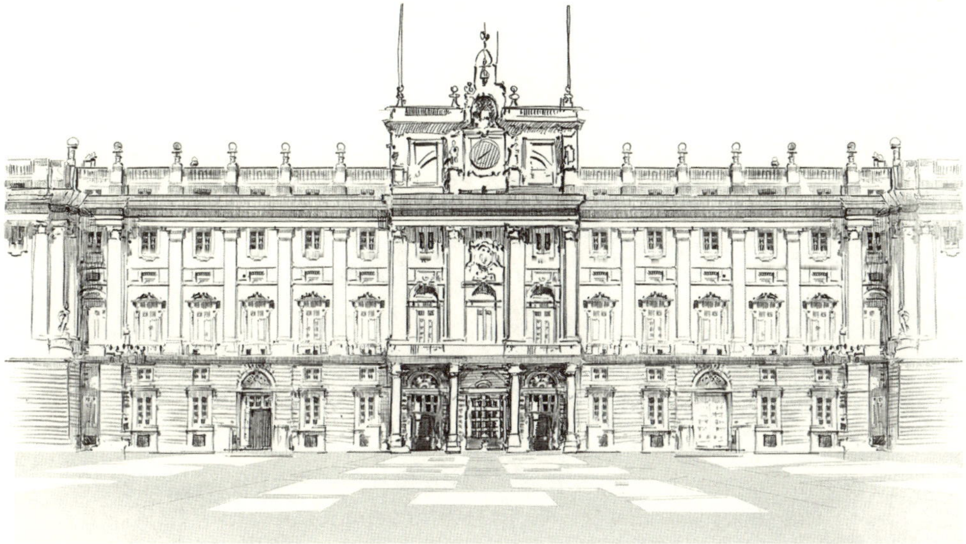

PALACIO REAL. Morada regia desde 1764 hasta 1931. Aquí residieron los monarcas: Carlos III, Carlos IV, Fernando VII, Isabel II, Alfonso XII y Alfonso XIII.

La muerte de Carlos II sin sucesión y la llegada de la Casa de Borbón al trono de España coinciden con el final del Barroco en la ciudad. Los primeros Borbones introdujeron aires renovadores procedentes de Europa, aunque durante su reinado perviven aún las prácticas artísticas heredadas de los Austrias con el llamado arte barroco «castizo».

Cuando Felipe V, el primer Borbón de España, llega a Madrid, se encuentra con una ciudad de calles estrechas, repleta de iglesias y sobrios palacios. Se emprendieron reformas urbanas, erigiendo fuentes, jardines y arcos monumentales, así como el nuevo Palacio Real, que cambiaron la fisonomía de la ciudad. Los monarcas se inspiraron en el gusto francés y atrajeron a la Corte artistas extranjeros para ambientar sus residencias y palacios.

Algunos de los edificios vinculados a la dinastía de los Borbones son el Convento de las Salesas Reales, la Iglesia de San Marcos y la Real Basílica de San Francisco el Grande.

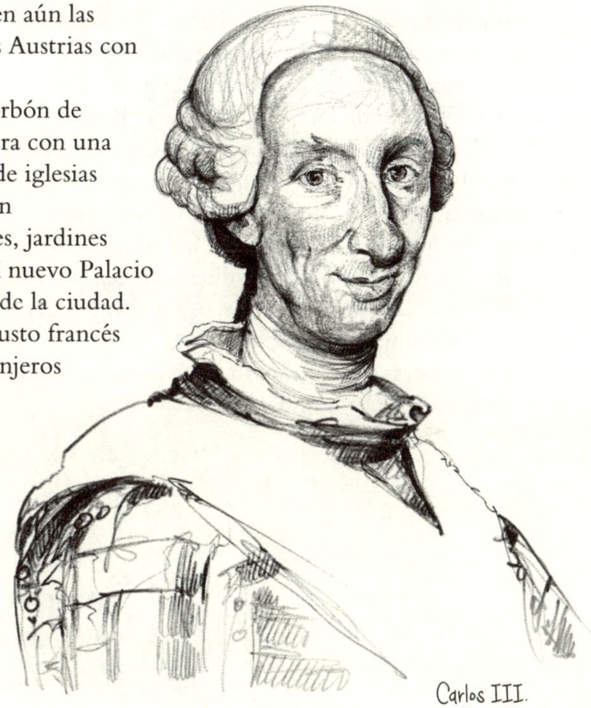

Carlos III.

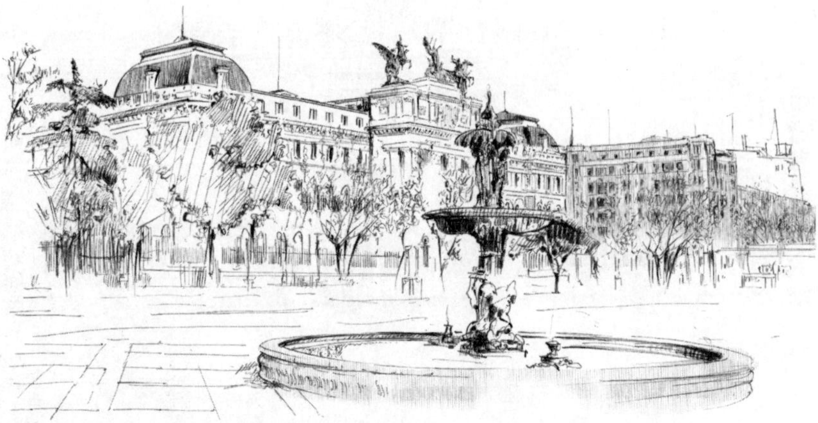

El Madrid de los Borbones se abrió paso en torno al arroyo de la Fuente Castellana, hoy Paseo del Prado, declarado Bien de Interés Cultural, y que discurre entre la Glorieta de Atocha (Plaza del Emperador Carlos V) y la Plaza de Cibeles, a lo largo de poco más de un kilómetro. Su continuación es el Paseo de Recoletos y, más al norte, el Paseo de la Castellana.

La estética borbónica se caracterizó por la disposición ordenada y clara de la arquitectura, en oposición al gusto decorativo de la arquitectura anterior, más recargado y confuso. La configuración urbana de amplias zonas de la Villa, el saneamiento, higiene y construcción de monumentos se deben a Carlos III, quien se ganó el título de «el mejor alcalde, el Rey».

La Galería de las Colecciones Reales es un espacio museístico relevante de Madrid de 40.475 m^2, que reúne una muestra de más de 700 piezas de las colecciones reales de los Austrias y Borbones.

Situado en el corazón de Madrid junto al Palacio Real, como remate de la cornisa que se abre a los jardines del Campo del Moro desde la Plaza de la Armería, es un sitio perfecto para admirar; carruajes, tapices, joyas y obras de Tiziano, El Greco, Velázquez y Caravaggio, entre otros.

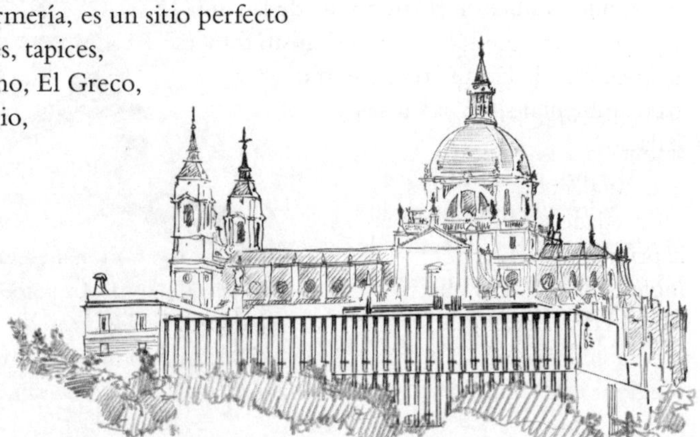

8.
PERSONAJES ILUSTRES

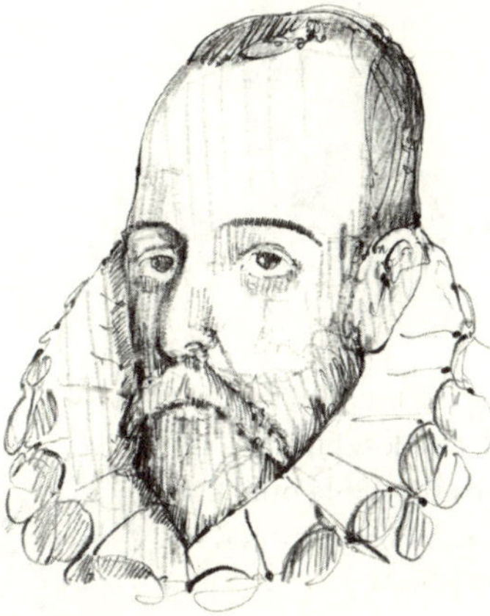

■ **MIGUEL DE CERVANTES (1547-1616)**
Novelista, poeta, dramaturgo y soldado madrileño.
Es considerado la máxima figura de la literatura española. Su obra *El Quijote*, con más de 690 ediciones, ha sido traducida a 140 lenguas, entre dialectos o variedades lingüísticas; la primera de ellas en inglés, en 1612. Por ello, Miguel de Cervantes escribió el libro no religioso más vendido y leído del mundo.

■ **FRANCISCO DE QUEVEDO (1580-1645)**
Es uno de los mejores autores clásicos de la literatura española del Siglo de Oro. Destacado por sus textos satíricos y burlones, sus letrillas y sonetos poseían una peculiar prosa picaresca (*Historia de la vida del Buscón, llamado Don Pablos*). También escribió poesía, ensayo político y filosófico. Fue un traductor de lenguas clásicas muy valorado en su tiempo.

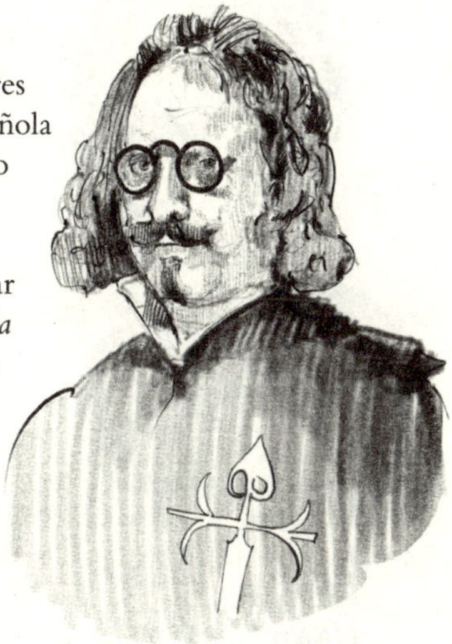

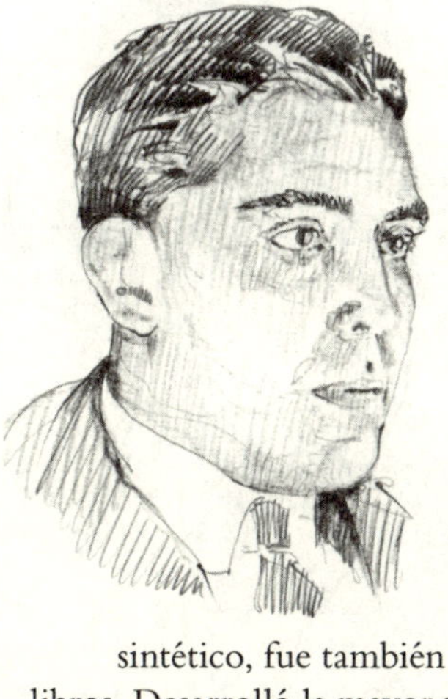

■ **JUAN GRIS (1887-1927)**
Pintor y máximo representante del cubismo sintético, fue también escenógrafo e ilustrador de libros. Desarrolló la mayor parte de su carrera en París, en la década de los años 20, cuando alcanzó la más alta expresión del cubismo, con unas formas suaves y estilizadas. Perfeccionó de una forma muy personal la técnica del *collage*.

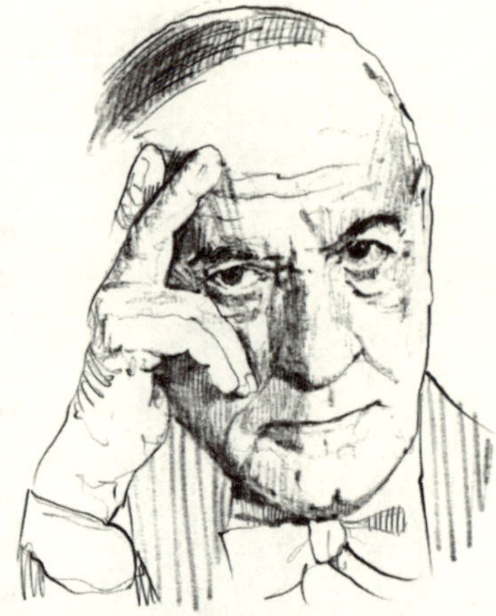

■ ORTEGA Y GASSET (1883-1955)
Filósofo, ensayista y liberal español, es el exponente de la teoría del perspectivismo y de la razón vital. Su pensamiento, plasmado en numerosos ensayos con un peculiar estilo literario lleno de metáforas, ejerció una gran influencia en varias generaciones de intelectuales. Fundó en 1923 la *Revista de Occidente*, considerada la publicación intelectual más abierta del pensamiento europeo del siglo XX.

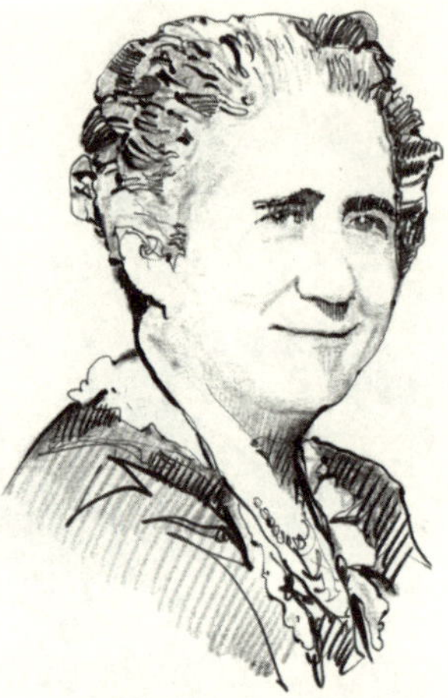

■ CLARA CAMPOAMOR (1888 -1972)
Descendiente de familia modesta, estudió la carrera de Derecho al mismo tiempo que trabajaba. Escritora, política y brillante abogada madrileña, consiguió un hecho insólito: el derecho de la mujer al voto en España. En 1933, las mujeres votaron por primera vez, convirtiendo al país en una democracia de pleno derecho y a ella en una de las primeras defensoras de la igualdad de derechos de la mujer.

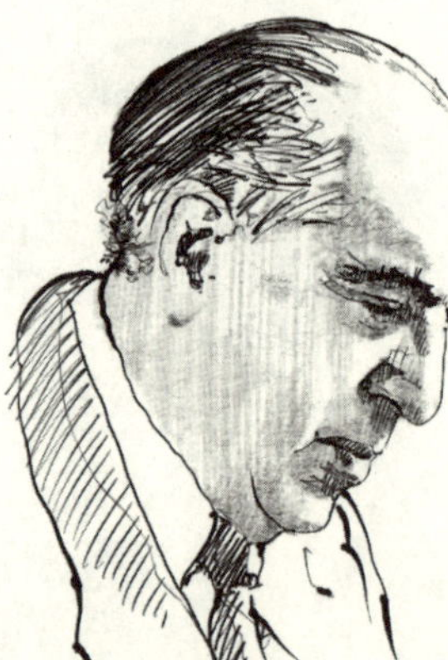

■ GREGORIO MARAÑÓN (1887-1960)
Fue médico, ensayista, historiador y escritor. Escribió sobre temas diversos, como Medicina, Historia, arte, viajes, cocina, etc. Publicó *Manual de Medicina Interna*, elaborado por autores españoles por primera vez. Su *Manual de diagnóstico etiológico* es uno de sus trabajos más difundidos en el mundo, por su nuevo enfoque en el estudio de la enfermedad y sus infinitas e inéditas aportaciones clínicas.

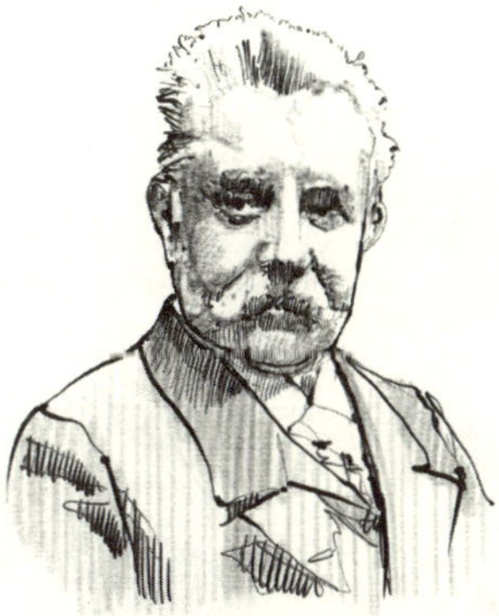

■ FEDERICO CHUECA (1846-1908)
Por su inusual talento para la melodía y el ritmo, Chueca es uno de los máximos representantes musicales del llamado «género chico», obras de teatro musicales como la zarzuela. Debe su fama a la creación de obras de inspiración fresca y espontánea, de indudable raigambre popular como las zarzuelas *Agua, azucarillos y aguardiente*, *La canción de Lola* o *La Gran Vía*.

■ FRANCISCO BARBIERI (1823 -1894)
Excelente compositor, musicólogo y director de orquesta, introdujo en España muchas obras sinfónicas del continente europeo. Fundó en 1866 la Sociedad de Conciertos de Madrid y bajo su dirección se escuchó por vez primera en España una sinfonía completa de Beethoven, la «Séptima». Barbieri es destacado, además, por la recuperación y edición del patrimonio antiguo musical español.

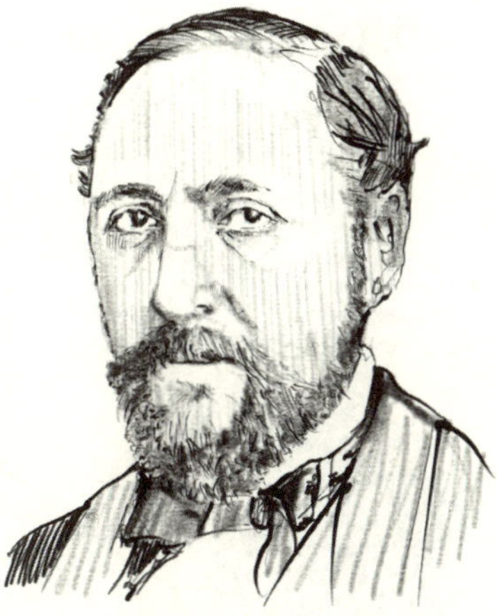

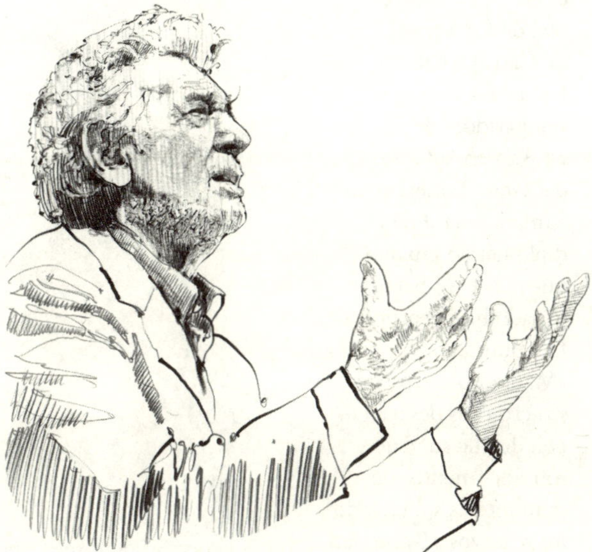

■ PLÁCIDO DOMINGO (1941)
Hijo de cantantes de zarzuela, es uno los más destacados tenores del panorama operístico del siglo XX, así como director de orquesta y compositor. Ha recorrido los teatros de ópera de todas las capitales del mundo y está considerado como uno de los grandes tenores de su generación. Sus interpretaciones suman más de ochenta y cinco papeles operísticos diferentes.

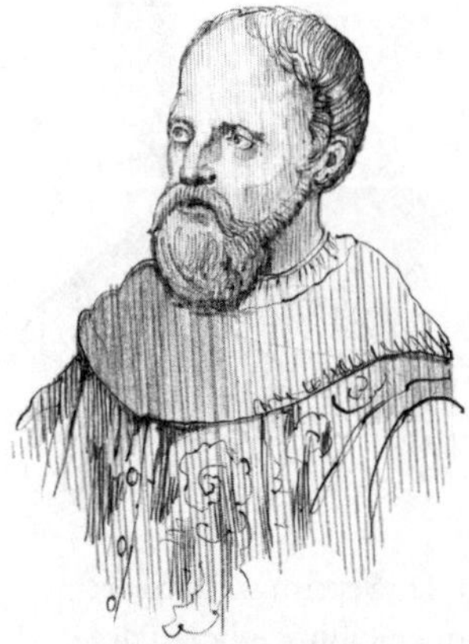

■ RUI GONZÁLEZ DE CLAVIJO († 1412)

Diplomático de la Casa del rey y camarero real de Enrique III de Castilla, debe su fama a ser el primer «embajador» de Europa en Asia en la Corte del Gran Tamerlán en Samarkanda. Fue el diplomático español que más lejos había viajado hasta entonces. Denominado el «Marco Polo español», sus crónicas describen con detalle su viaje y son documentos de gran interés sobre todo los relativos a Tamerlán y su entorno.

■ MANUELA MALASAÑA (1791- 1808)

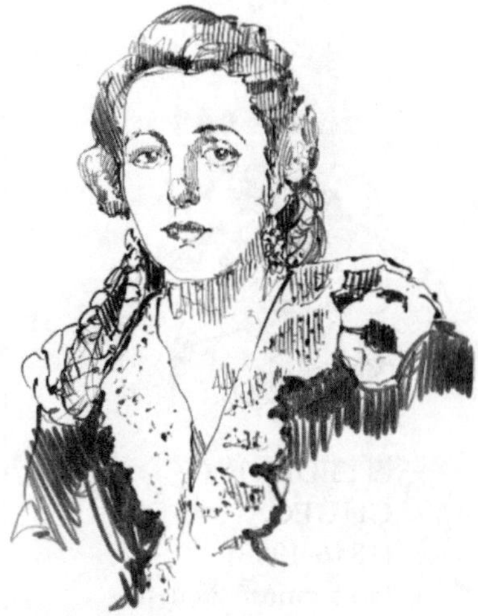

Bordadora de profesión, vivía en el número 18 de la Calle de San Andrés, en el barrio de Maravillas. Durante el Levantamiento del 2 de mayo de 1808, una patrulla francesa que recorría la ciudad desarmando a los paisanos, la asesinó en plena calle por llevar las tijeras propias de su profesión. Tenía 17 años. Fue enterrada en la iglesia de San Martín, donde también descansan los restos mortales de Daoíz y Velarde.

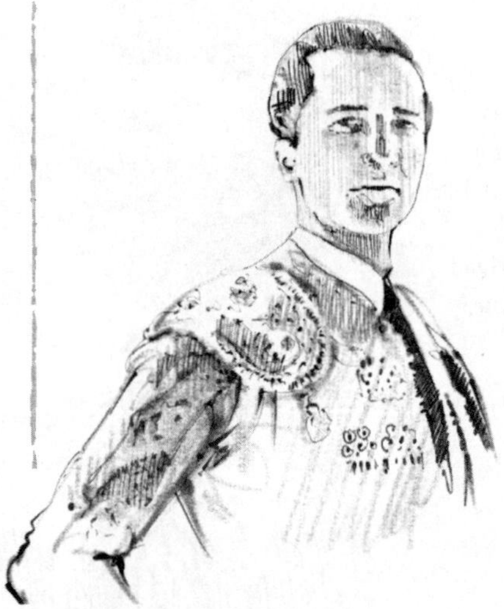

■ LUIS MIGUEL DOMINGUÍN (1926-1996)

Hijo y hermano de toreros, su valor, junto a su poderío y agilidad física lo convirtieron en el «dueño de la fiesta», permitiéndose el lujo de elegir toros y compañeros de cartel. Fue considerado uno de los mejores toreros de su tiempo y su mejor época estuvo marcada por su rivalidad en 1959 con Antonio Ordóñez, lo que inspiró a Ernest Hemingway, en su obra *El verano sangriento.*

9.

TRADICIONES RELIGIOSAS

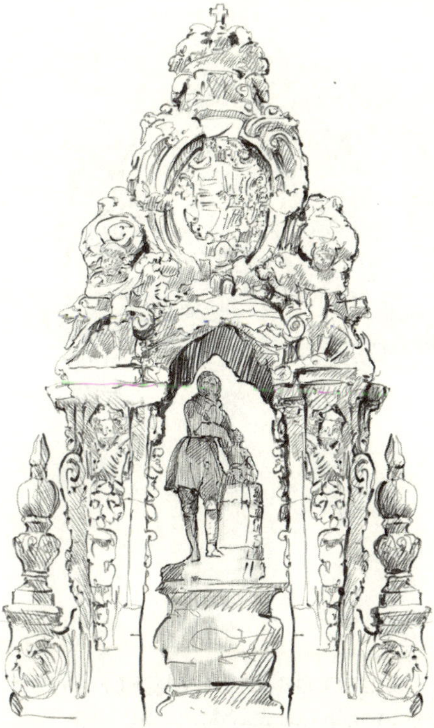

SAN ISIDRO LABRADOR

Fue un pocero y zahorí madrileño, un laico de origen humilde casado con María de la Cabeza, que también llegaría a santa. Reconocido por su piedad en el Madrid musulmán del siglo XI, no fue beatificado hasta el siglo XVII. El *Códice de San Isidro* le atribuye cinco milagros. Según la tradición, guió a las tropas castellanas en la victoria de Las Navas de Tolosa contra los almohades. El Rey Alfonso VIII levantó una capilla en su honor en la iglesia de San Andrés y colocó su cuerpo incorrupto en la llamada arca «mosaica». Desde entonces, el fervor del pueblo por el milagroso pocero no dejó de aumentar y su vida fue difundida de forma oral hasta que Felipe II trasladó la capital a Madrid y, mostrando enorme interés por el personaje, recopiló su historia de forma escrita.

VIRGEN DE LA ALMUDENA

Se desconoce en qué momento recibe el nombre de Almudena, aunque aparece por primera vez mencionada en un testamento de 1377.

Cuenta la leyenda que la imagen fue traída en el siglo I desde Jerusalén por el Apóstol Santiago, instalándola en una pequeña capilla. Escondida por los cristianos más tarde, parece que recibe su nombre de la palabra árabe *al-mudayna*, «ciudadela» o «fortaleza», debido a que fue hallada oculta en el muro que rodeaba la ciudad.

En 1908 el Papa Pío X la declaró Patrona de Madrid y fijó la celebración su festividad el 9 de noviembre, día en que, según la tradición, en 1085 se produjo el hallazgo de la imagen.

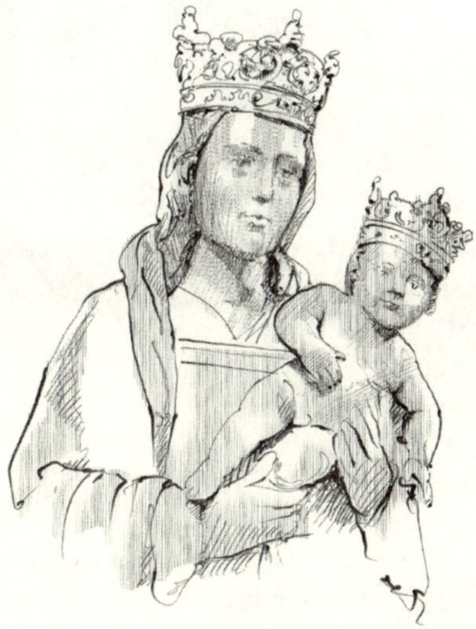

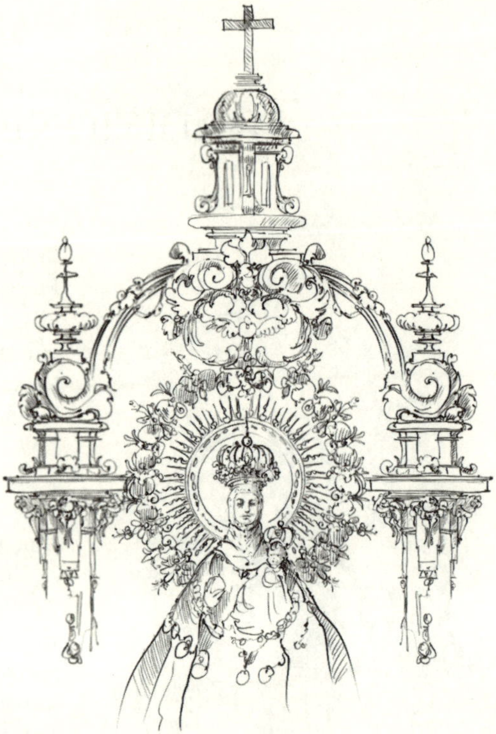

VIRGEN DE ATOCHA

Tiene una leyenda similar a la Virgen de la Almudena, ya que fue traída desde Antioquía por discípulos de san Pedro. Se cuenta que se apareció en un atochal o campo de esparto en el que más tarde se erigiría una ermita en su honor. Se venera desde el siglo VII, por lo que es la advocación mariana más antigua de Madrid. La talla de la virgen actual data del siglo XIII.

El rey Alfonso VI la llevaba en su pendón, y las huestes de Felipe II, en la batalla de Lepanto. El rey Felipe IV la nombró en 1643 «Protectora de la Familia Real y de la Corona de España», por eso es considerada la Virgen de la Corte y de la Monarquía.

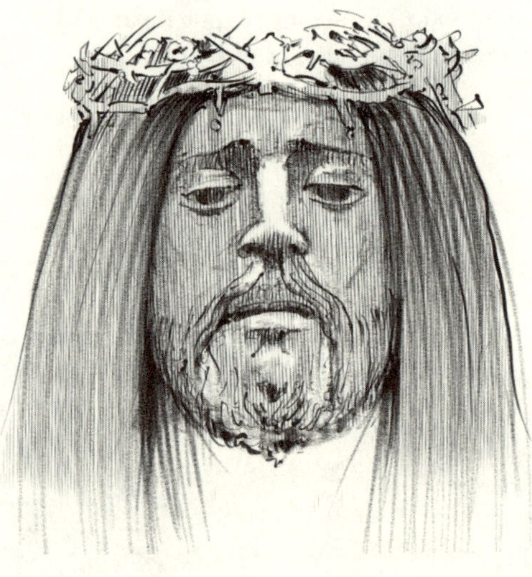

CRISTO DE MEDINACELI

Es la imagen que más devoción popular genera en Madrid y fue realizada en Sevilla en el siglo XVII. Cuenta la historia que los Trinitarios pagaron rescate a los Sarracenos por el Cristo «cautivo», para evitar su destrucción. El sultán pidió como pago el peso de la imagen en oro, cantidad que fue aportada por varios nobles y militares españoles. Este Cristo lleva la cruz trinitaria que le sirvió de salvoconducto.

Los Duques de Medinaceli —enterrados en el panteón que se encuentra a la izquierda del altar en la iglesia que lleva su nombre—, cedieron los terrenos para la edificación del templo que acoge la imagen en Madrid.

■ VIRGEN DE LA PALOMA

Su imagen se encuentra en un icono pintado, de no muy buena calidad, que representa una virgen de la Soledad cubierta con negro manto. Es una de las imágenes mas populares y castizas de Madrid y fue encontrada por unos niños en una escombrera en un local contiguo a la Calle de la Paloma. En esa calle habitaba Isabel Tintero, que recogió el cuadro, lo limpió, enmarcó y colocó en el portal de su casa. La veneración fue creciendo entre sus convecinos y la fama milagrosa de la imagen se extendió pronto, hasta la misma reina María Luisa de Parma, esposa de Carlos IV, fue muy devota de esta Virgen.

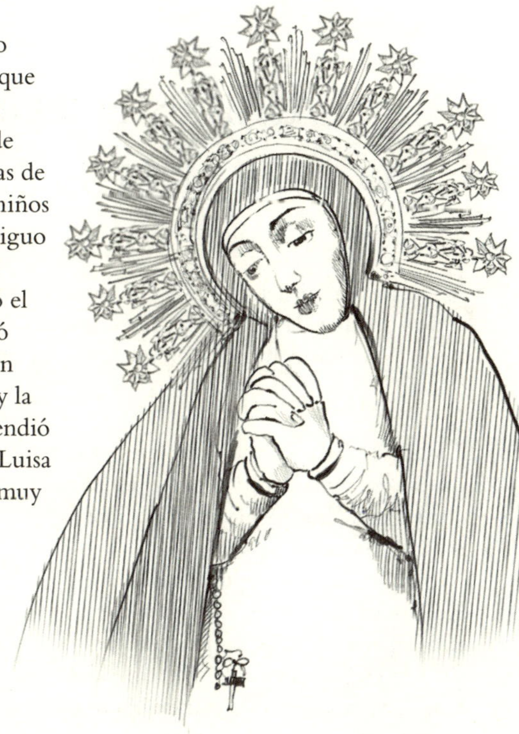

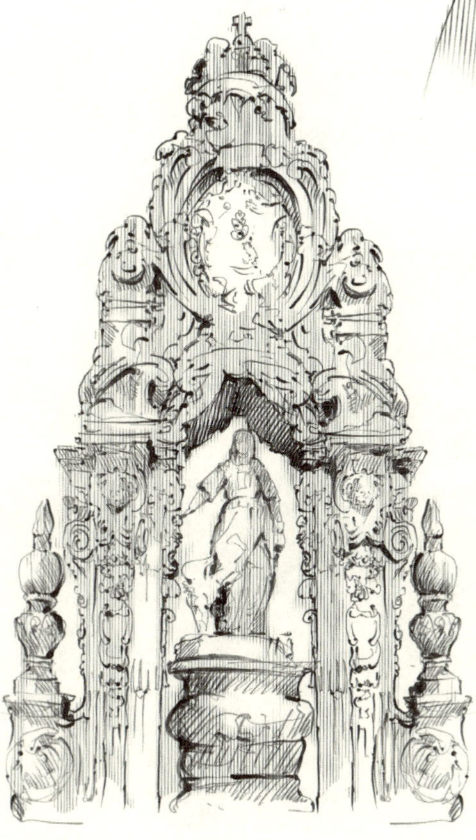

■ SANTA MARÍA DE LA CABEZA

San Isidro y María Toribia (Santa María de la Cabeza) eran esposos y llevaban una vida dedicada a Dios. Después de criar a su único hijo, María partió hacia una ermita cercana al río Jarama, donde se entregó a las meditaciones, obras de caridad y mantenimiento de la capilla, mientras san Isidro se quedó en Madrid. Al morir éste, ella volvió a Torrelaguna y falleció alrededor del año 1175.

Tras su muerte, su cráneo fue colocado en un relicario en la ermita de la Virgen de ese pueblo, y por ello recibe el nombre de Santa María de la Cabeza.

10.

Bailes populares. Chotis, zarzuelas y verbenas

A mediados del siglo XVI, la música y los bailes gozaban de gran popularidad, con instrumentos como la dulzaina y el arrabel, que siguen sonando con fuerza en las fiestas y romerías madrileñas hoy en día.

El Madrid castizo y chulapo comienza a mediados del siglo XVIII, y sus señas de identidad son el chotis y el organillo, que llegan a la Villa en el XIX.

El chotis es el baile popular madrileño por excelencia. Se puso de moda en Viena y llegó a España en 1850, bailándose por primera vez en los salones del Palacio Real de Madrid. Su nombre original en idioma alemán era «schottisch» —escocés—, ya que los vieneses atribuían su origen a las danzas de Escocia.

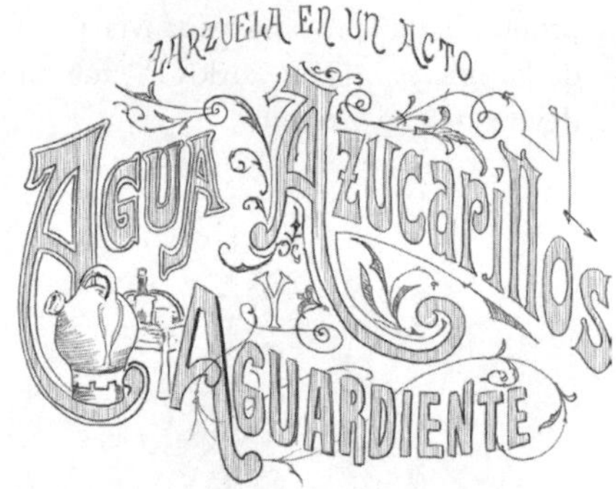

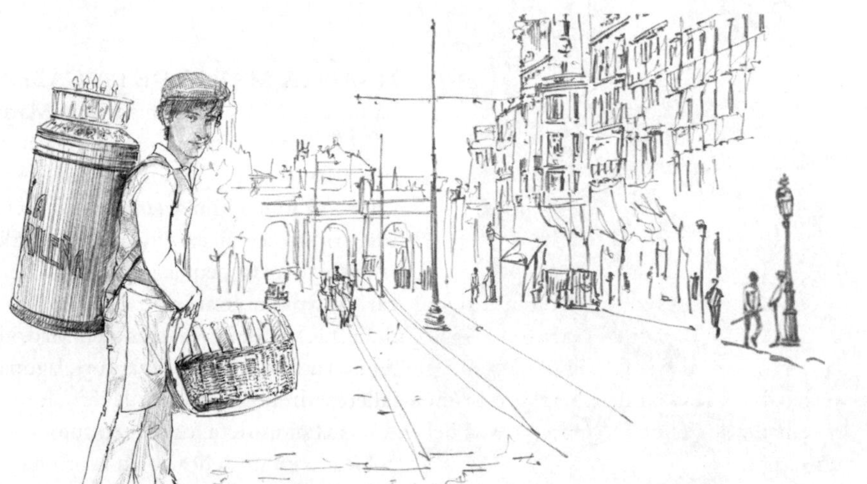

Barquillero.

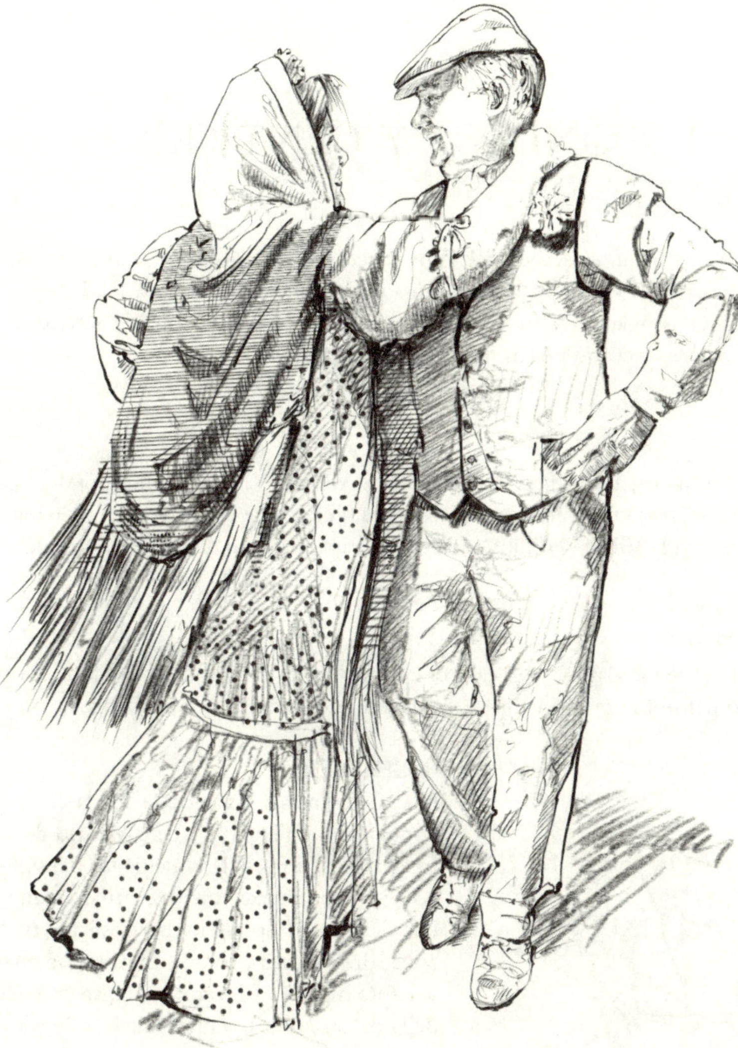

La Zarzuela es un género musical y teatral a caballo entre el teatro, el concierto, el sainete y la tonadilla. Nació en el siglo XVII en el pabellón de caza del palacio de la Zarzuela —llamado así por el gran número de zarzas que lo rodeaban—, y donde se hallaba el teatro que albergó las primeras representaciones de este género durante el reinado de Felipe IV, gran amante del teatro y aficionado a los espectáculos musicales.

Las verbenas son fiestas populares que desde antiguo se celebraban en barrios de la ciudad. De junio a agosto tienen lugar ocho de las más tradicionales, siendo una de ellas la de la Virgen de la Paloma.

11.
TOPÓNIMOS Y GENTILICIOS

Los madrileños reciben distintos apelativos como «gatos», «ballenatos», «castizos», «chulapos», «manolos» y «manolas», «chisperos», «isidros» o «majos» y «majas», que se diferencian entre sí por su zona de actividad, los colores y cortes de sus trajes y las formas de sus peinados.

■ GATO

Identificó, primero, al muchacho que ayudó a Alfonso VI en su conquista de Madrid; más tarde, cualquier persona valiente recibía este apelativo que se extendió a los nacidos en la Villa y, con los años, se convirtió en uno de sus apellidos más ilustres.

■ CASTIZO

La palabra viene de «casta», y en caso de Madrid, el apelativo «castizo» alude al típico madrileño definido por su forma de vestir y un deje «chuleta» en el habla.

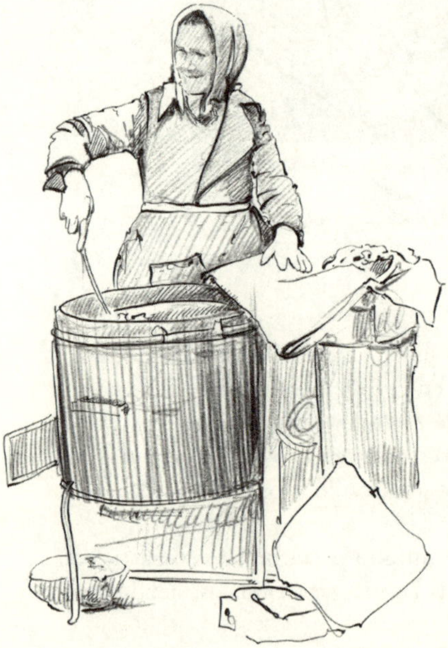

■ CHISPERO

Hace referencia a los tipos de las clases populares de la zona norte de Madrid de finales del siglo XVIII y mediados del siglo XIX, en contraposición al término «manolo», que designaba a los de los barrios bajos de la zona sur. Se utiliza como sinónimo de guapo, valiente o chulo. El término «chispero» deriva de la palabra «chispa» pues muchos de ellos tenían oficios relacionados con la fundición de metales: herreros, latoneros, cuchilleros... Un barrio de carácter chispero es la actual zona de Malasaña.

■ CHULAPO

Son así llamados los madrileños ataviados con trajes representativos de la clase trabajadora de finales del siglo XIX. La zarzuela nos ha dejado chulapos que hablaban y se comportaban de manera afectada con una mezcla de gracia e insolencia.

MAJOS/MAJAS

Solían ser jóvenes madrileños de clase alta que en los siglos XVIII y XIX adoptaban los usos y costumbres típicas de los madrileños de clase baja como manolos, chulapos y chisperos.

Se utiliza la expresión «majismo» para designar la afición de la aristocracia por el vestuario y las costumbres propias de manolos y majos de clase baja, incluyendo la música, bailes y diversiones populares (fandango, tauromaquia, etc.). La oposición a esta moda era la francesa, representada por su contrafigura: el petimetre, joven de clase alta, amanerado y ocioso. Cuando Goya pinta a su famosa maja, está retratando a una mujer de la clase alta —podría ser la Duquesa de Alba— que ha adoptado costumbres muy castizas.

MANOLO/MANOLA

Referido a los tipos pertenecientes a las clases populares de la zona sur de Madrid a finales del siglo XVIII y hasta mediados del siglo XIX. Se caracterizaban por su indumentaria peculiar y su forma de hablar castiza. Habitaban, sobre todo, en el barrio de Lavapiés, y el origen del término está en que muchos judíos conversos y moriscos poseen el nombre de Manuel.

MADRID FUERA DE ESPAÑA

Existen en el mundo otras 34 ciudades con el nombre Madrid, en Canadá (1), Chile (1), Colombia (5), República Dominicana (1), Guinea Ecuatorial (1), México (1), Filipinas (2), Puerto Rico (1), Suecia (1), Estados Unidos (11) y Sudáfrica (9).

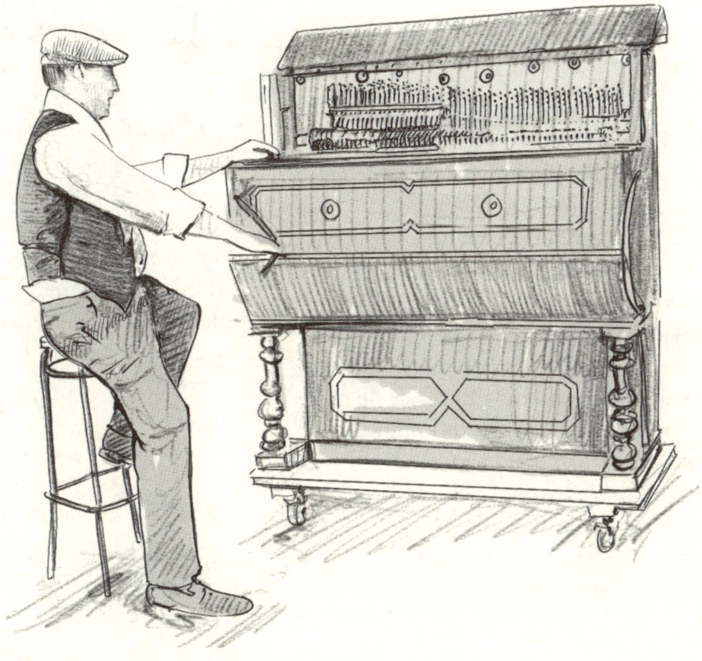

12.
FUENTES

El subsuelo de Madrid cuenta con cientos de kilómetros de galerías por los que transcurrieron durante siglos los míticos «viajes de agua», sistema de canalización que recogía los acuíferos —*mayrat*— y que los árabes trasladaron a Madrid en el siglo IX.

Se calcula que existen más de cien kilómetros de viajes de agua bajo el asfalto, estando algún tramo en funcionamiento hasta principios del siglo XX.

El agua de las fuentes y arroyos sirvió de suministro, tanto para consumo humano como para regadío y ornamento.

Durante el reinado de Isabel II se proyectó la canalización de las aguas del río Lozoya hasta la capital, empresa bautizada como Canal de Isabel II.

El abastecimiento de agua a Madrid estaba dividido por distritos. A cada uno de ellos se le asignaba un número de fuentes, caños, aguadores y una cantidad económica concreta para su mantenimiento.

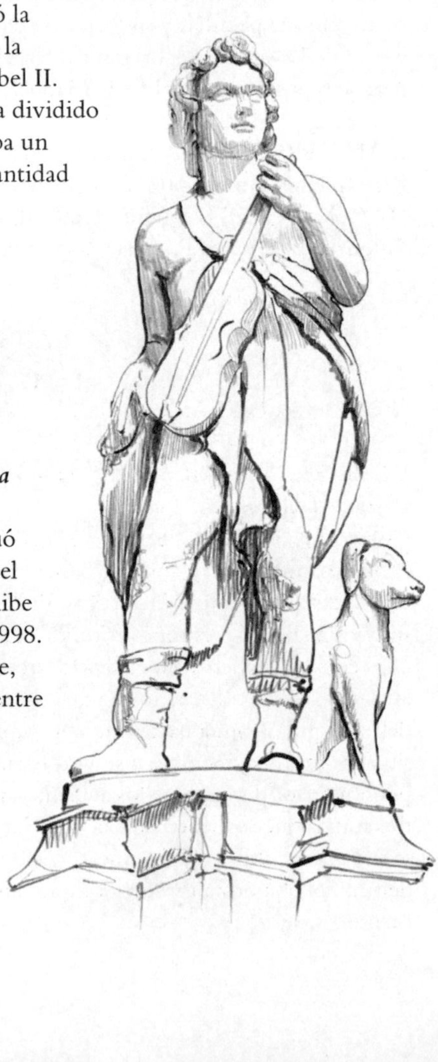

FUENTE DE ORFEO

Distrito de Centro / Barrio de Sol / Plaza de la Provincia.

La fuente original, inaugurada en 1618, se situó frente al Palacio de Santa Cruz, y hoy está en el Museo Arqueológico Nacional. La que se exhibe en la actualidad en la plaza es una réplica de 1998.

Orfeo, hijo de Apolo y de la musa Calíope, intentó rescatar a su enamorada Eurídice de entre los muertos tocando un instrumento musical. Con ello consiguió dormir al can Cerbero, vigilante del inframundo, que aparece esculpido a sus pies. Aunque se le suele representar con una lira, aquí lleva un violín o una viola, instrumentos de moda en la época.

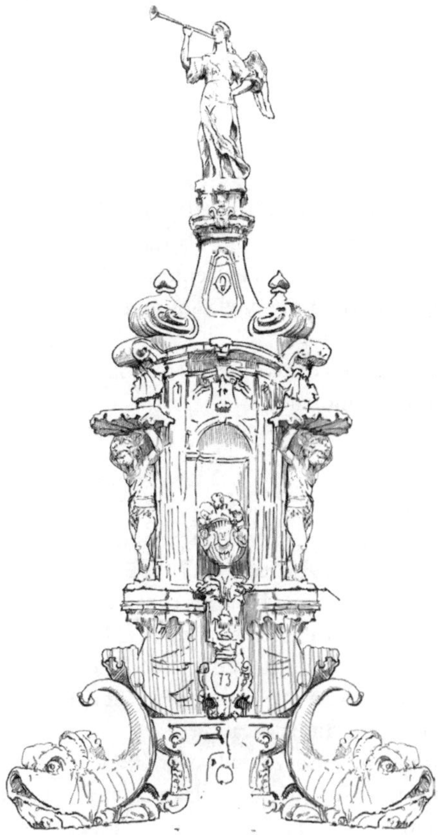

■ FUENTE DE LA FAMA (1731)

Distrito de Centro / Barrio de Justicia / C/ Barceló, 2

Fue construida en tiempos de Felipe V con el doble objetivo de mejorar los suministros de agua y embellecer la villa.

Es una alegoría de la Fama, representada mediante una victoria alada a punto de emprender el vuelo —símbolo clásico de que la fama no perdura siempre— y proclamando el triunfo tocando una trompeta. Ambos conceptos hacen referencia al interés barroco por el paso del tiempo y la futilidad de las acciones humanas, así como al célebre precepto de «Carpe diem, carpe horam» (Aprovecha los días, aprovecha las horas). Como figuras secundarias la adornan cuatro niños, cuatro delfines y escudos.

■ FUENTE DE LAS CONCHAS (1765)

Distrito de Centro / Barrio de Palacio / Paseo de la Virgen del Puerto,1

Construida en mármol blanco de Macael, está compuesta por cuatro conjuntos escultóricos que se disponen en orden vertical. En la parte inferior aparecen tres niños tritones, cada uno de ellos con una concha. En el centro, tres tritones ancianos, cuyas colas en forma de cabeza de delfín expulsan agua hacia diferentes conchas situadas más abajo y estas, a su vez, hacia el pilón inferior. Encima de los ancianos aparecen tres ninfas que sostienen la taza superior donde se sitúa la escultura de un niño abrazado a un delfín, del que brota un surtidor que remata la fuente.

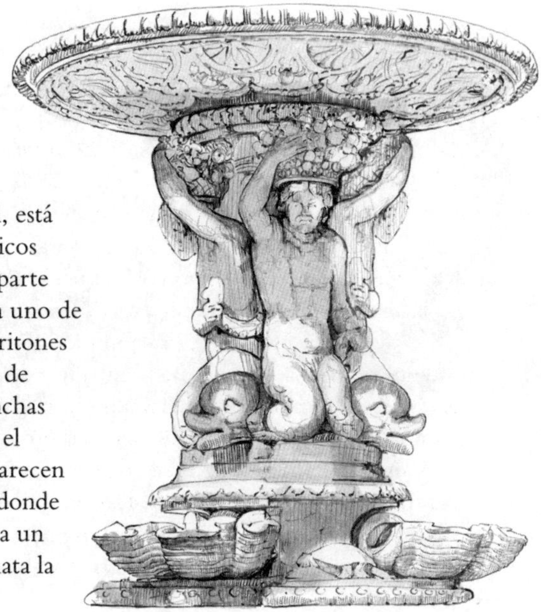

El Salón del Prado fue un proyecto urbanístico diseñado por Carlos III como lugar de paseo para los madrileños que incluía tres fuentes mitológicas. En la fuente central, Apolo, dios del Sol, personifica el aire y el fuego. A sus extremos, la diosa Cibeles, simbolizando la Tierra, la fecundidad y la agricultura, y el dios marino Neptuno, que representa el Agua.

Este diseño de fuentes emulaba la ordenación de un cosmos perfecto en la misma ciudad, regulado por el astro Sol, trasunto del monarca.

■ FUENTE DE CIBELES (1782)

Distrito de Retiro / Barrio de Los Jerónimos.

No fue sólo un monumento artístico, sino una fuente de gran utilidad para los madrileños. Tenía dos caños de agua que se mantuvieron abiertos hasta 1862. De uno se surtían los aguadores oficiales, que llevaban el agua hasta las casas, y del otro se abastecía el público general. Del pilón bebían las caballerías.

Representa el carro triunfal de la diosa Cibeles, arrastrado por dos leones, Hipómenes y Atalanta, los dos jóvenes metamorfoseados.

La corona en la cabeza de la diosa tiene pequeñas torres que simbolizan las ciudades de las que es protectora. Lleva en la mano derecha las llaves de la ciudad y en la izquierda un cetro, símbolo de poder.

Tras el carro, se encuentra otro grupo escultórico, añadido en época posterior, con dos niños desnudos. Uno de ellos vierte agua de un ánfora y el otro sostiene una caracola.

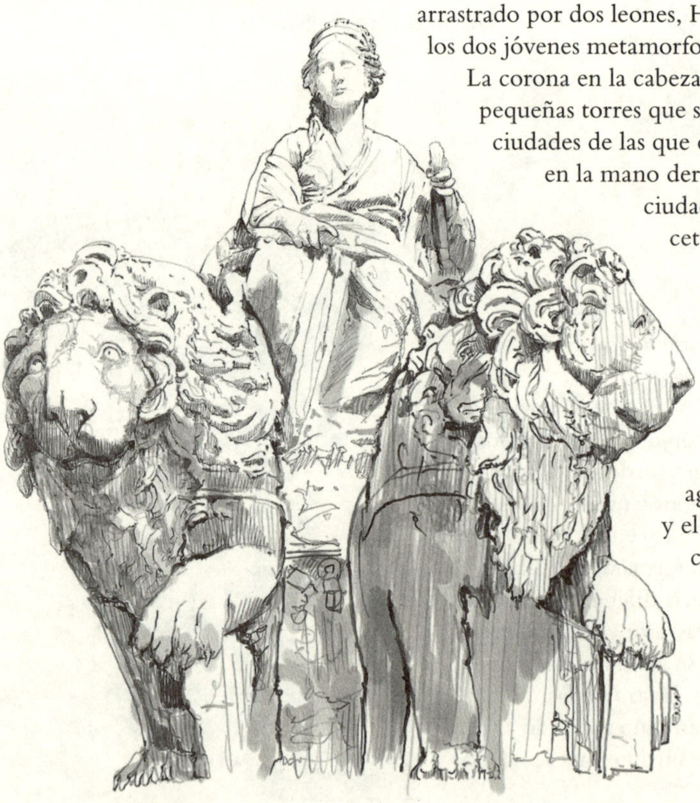

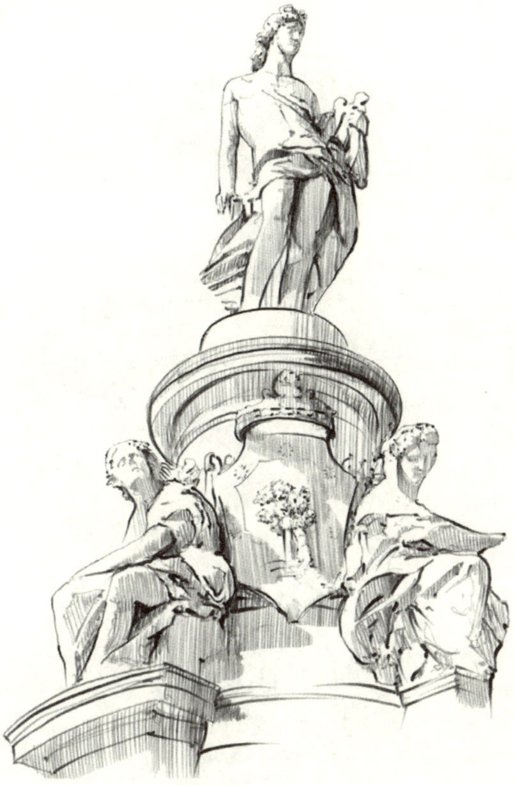

■ FUENTE DE APOLO (1777)

Distrito de Retiro / Barrio de Los Jerónimos / Paseo del Prado.

Apolo, dios de la luz y las artes, representa al monarca absoluto, que vigila atenta y eternamente a la población desde su posición central y fue tallado con los rasgos del monarca, Carlos III.

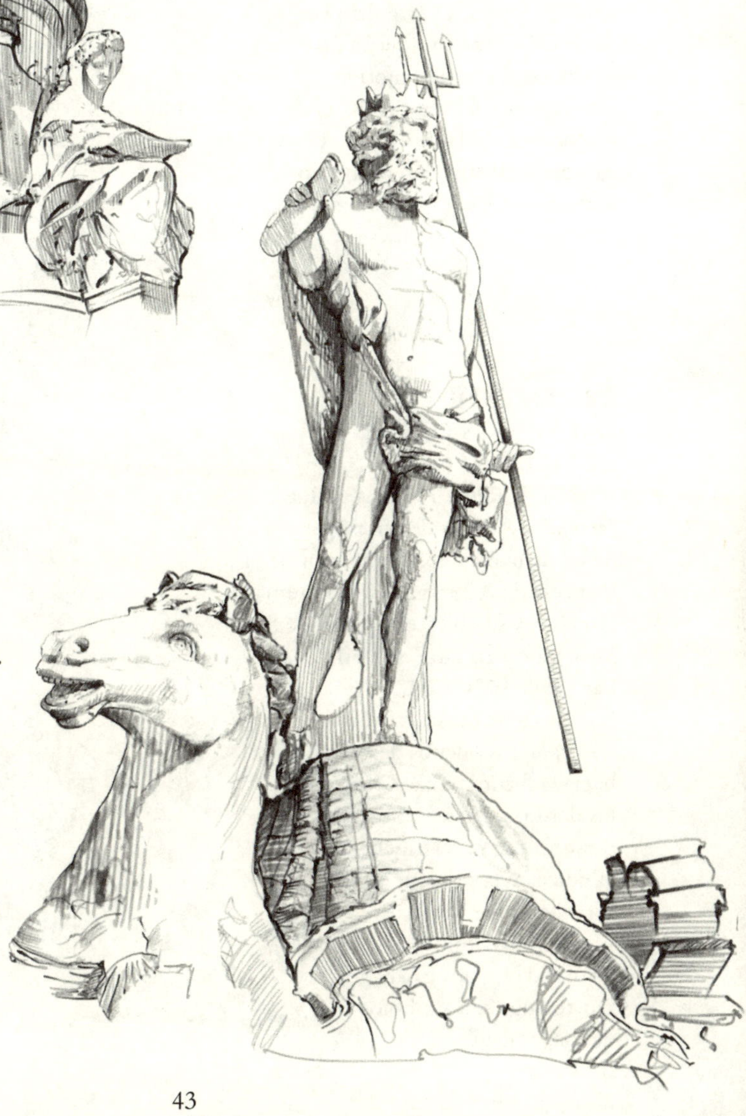

■ NEPTUNO (1780)

Distrito de Centro / Barrio de las Cortes / Pza. Cánovas el Castillo.

Con Neptuno se quiso simbolizar a los reyes españoles y su dominio sobre los mares, con posesiones en todos los confines del mundo; también refleja el poder económico español en el siglo XVIII, centrado en el comercio y sus relaciones con las posesiones de ultramar.

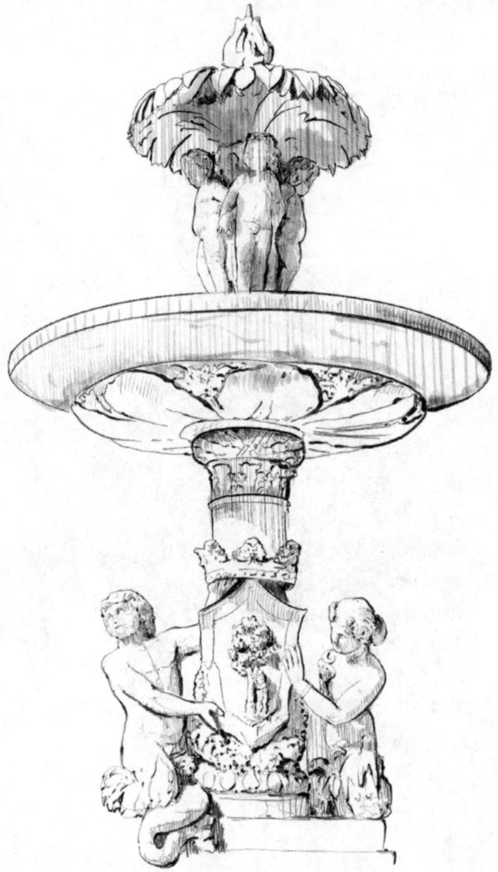

■ FUENTE DEL TRITÓN Y LA NEREIDA O FUENTE DE «LA ALCACHOFA» (1781)

Distrito de Retiro / Barrio de Los Jerónimos.

Además de las tres fuentes anteriores, la fuente del Tritón también formaba parte del plan de embellecimiento del Salón del Prado. El tráfico motivó que a finales del siglo XIX, el Ayuntamiento la trasladase al parque del Retiro, en el ángulo suroeste del Estanque Grande.

■ FUENTE DE LOS GALÁPAGOS O FUENTE DE ISABEL II (1831)

Distrito de Retiro / Barrio de Los Jerónimos / Plaza de Nicaragua.

Se construyó en 1832 en honor de la Princesa de Asturias, la futura reina Isabel II, y se ubicó en la Red de San Luis, pero más tarde se trasladó al Parque de El Retiro.

Sus elementos escultóricos encarnan los buenos deseos hacia la futura reina. Sobre los delfines, cuatro niños que personifican la inteligencia, la sabiduría y la prudencia. Los elementos marinos se relacionan con la fecundidad, y los galápagos y la tortuga son símbolos de longevidad.

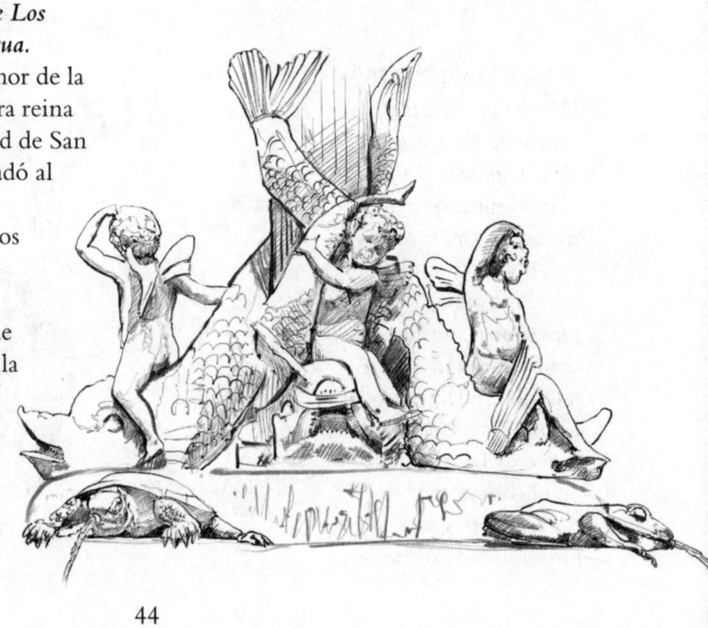

■ FUENTE DEL ÁNGEL CAÍDO (1877)

Distrito de Retiro / Barrio de Los Jerónimos / Gta. del Ángel Caído.

Captura el momento de la expulsión de Luzbel del Paraíso, provocada por desafiar a Dios; el instante en el que el espíritu del mal, representado en forma de serpiente, se introduce en el cuerpo del ángel. La escultura es obra de Ricardo Bellver, que se inspiró en unos versos de *El Paraíso perdido*, de John Milton y realizó el molde de yeso durante su pensionado en Roma. La fama de la obra llegó a oídos de la Real Academia de Bellas Artes de San Fernando, y el rey Alfonso XII decidió costear los gastos de su reproducción en bronce.

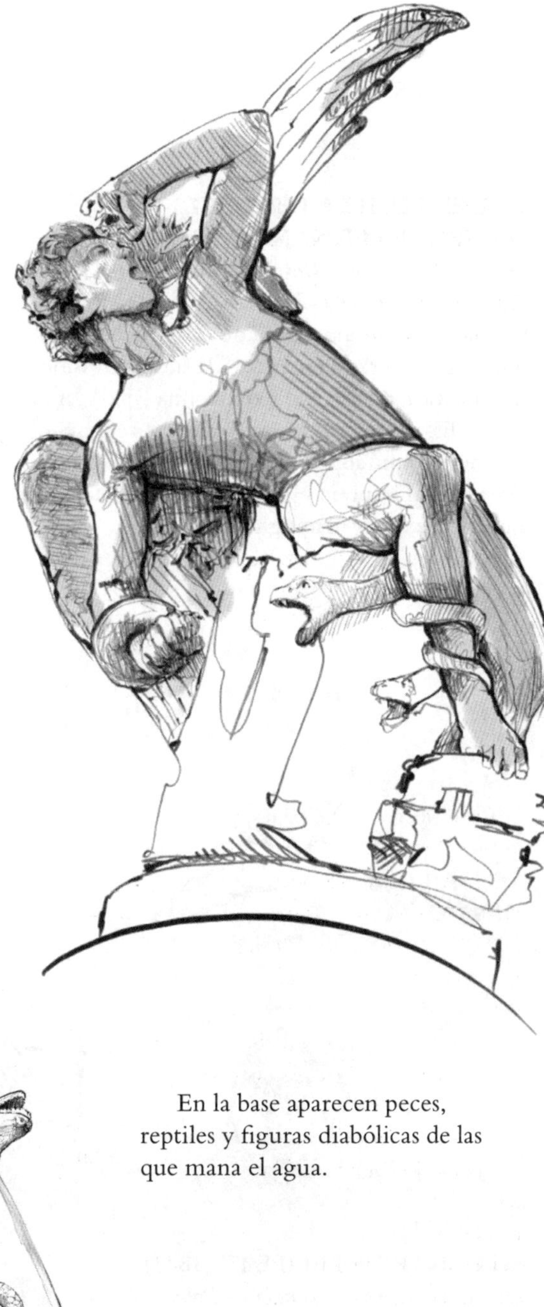

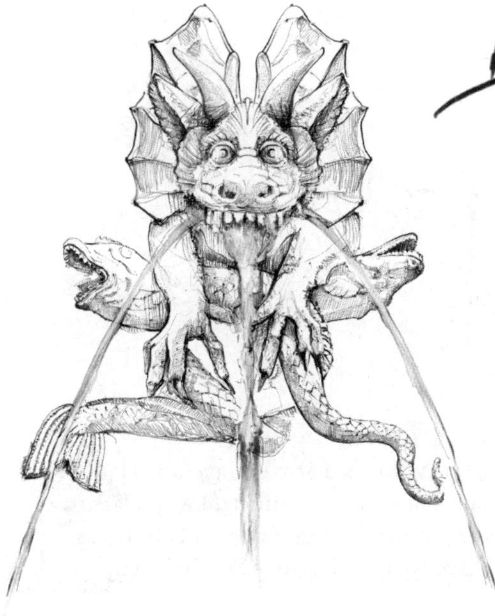

En la base aparecen peces, reptiles y figuras diabólicas de las que mana el agua.

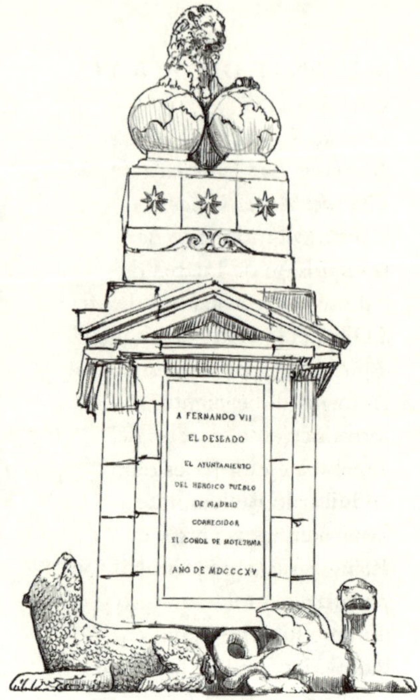

■ FUENTECILLA DEL LEAL O FUENTE FERNANDO VII (1815)

Distrito de Centro / Barrio de Embajadores / Plaza de Arganzuela, 2.

Es una fuente monumental que conmemora la restitución del rey Fernando VII tras la invasión napoleónica, tal y como expresa una lápida en su frente. Está coronada por un león que representa a la monarquía, abrazando los dos mundos en referencia al imperio español. El oso y el dragón aluden al actual y al antiguo escudo de la Villa.

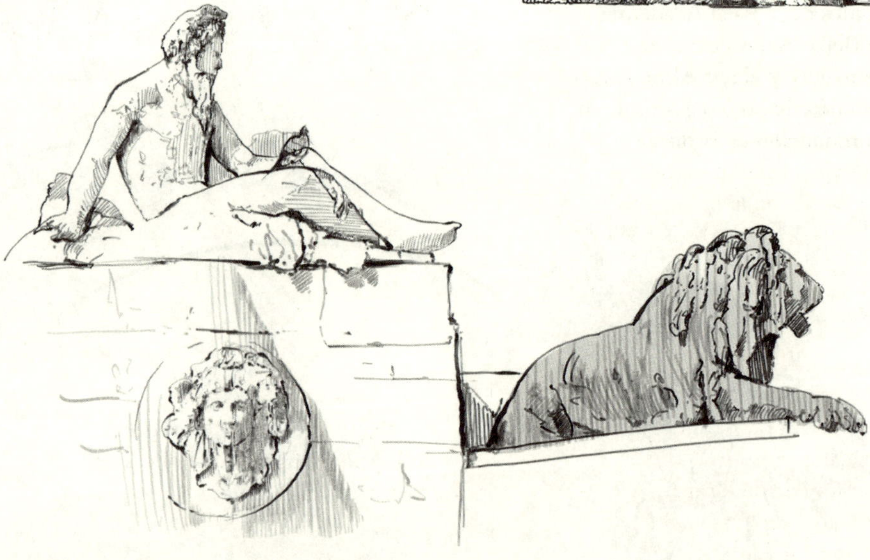

■ FUENTE DE FELIPE IV (1843)

Distrito de Centro / Barrio de Palacio / Plaza de Oriente.

Forma parte del monumento a Felipe IV, cuya estatua ecuestre corona todo el conjunto. El agua cae desde dos figuras de ancianos que personifican los ríos Jarama y Manzanares. El primero mira hacia Palacio junto a dos niños que simbolizan sus afluentes. El otro anciano, Manzanares, lo hace hacia el Teatro Real. En las esquinas descansan cuatro leones de bronce.

■ FUENTE DEL RÍO LOZOYA. PRIMER DEPÓSITO DEL CANAL DE ISABEL II (1911)

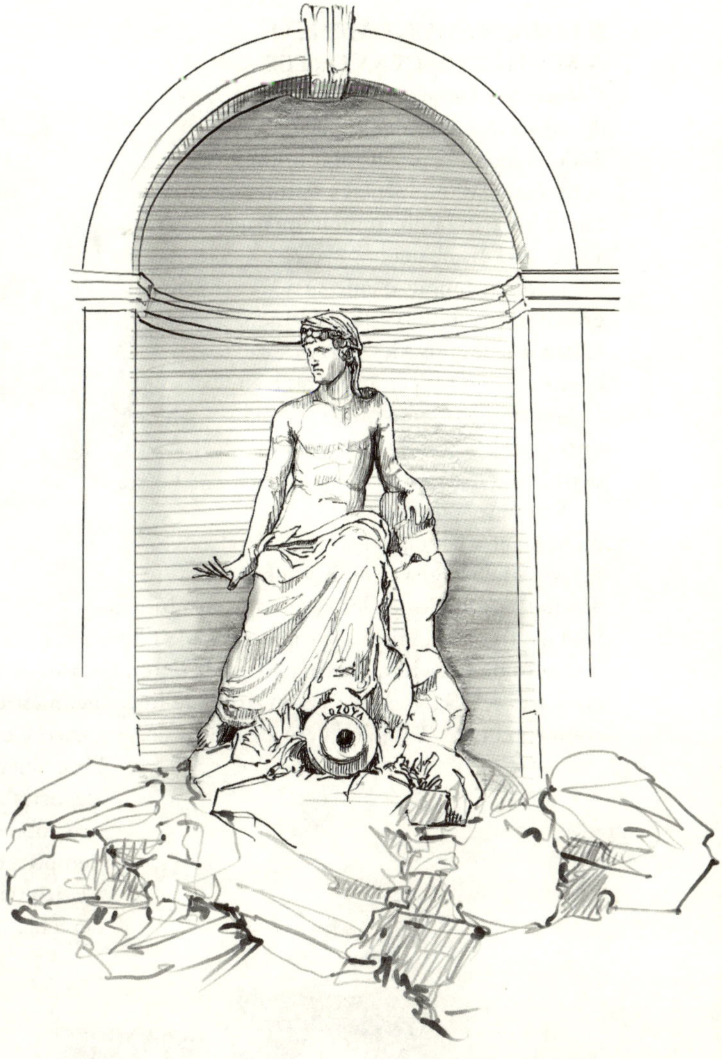

Distrito de Chamberí / Barrio de Vallehermoso / Calle de Bravo Murillo, 49.

Conjunto escultórico monumental, presenta en el centro una figura masculina que personifica al río Lozoya, cuyas aguas se canalizaron hacia Madrid. Coronado con laurel, apoya su brazo izquierdo en una roca; en el derecho, lleva un manojo de cañas, mientras la pierna izquierda pisa un ánfora tumbada con la palabra Lozoya de la que brota el agua.

En los nichos laterales aparecen dos figuras: a la izquierda, la representación de la Agricultura, una mujer ataviada al modo clásico con un haz de espigas en su mano derecha y una hoz en su izquierda. A la derecha, y simbolizando a la Industria, una figura femenina sostiene un compás y un grupo de ruedas dentadas. Sobre ambas estatuas se encuentran las placas con los escudos de Isabel II y del Ayuntamiento de Madrid.

FUENTE-MONUMENTO A MIGUEL DE CERVANTES

Distrito de Moncloa-Aravaca / Barrio de Argüelles / Plaza de España.
Todo el monumento es un híbrido entre fuente monumental y fuente mural, pero es también un homenaje a la lengua castellana.

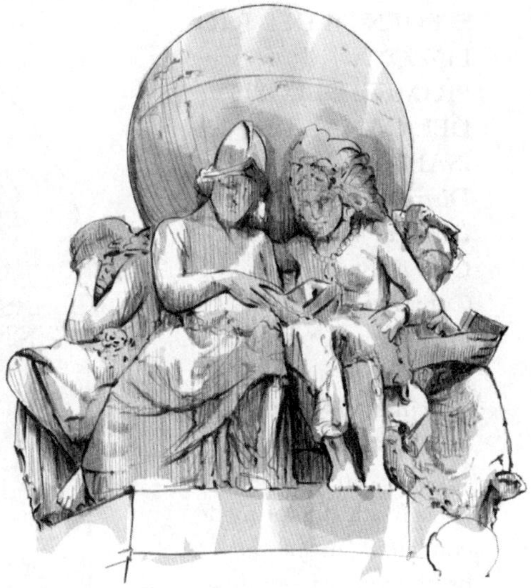

Corona el monumento una gran bola que representa el Mundo. Cinco mujeres jóvenes, una por cada continente, lo rodean mientras leen *El Quijote*, como una muestra de la universal difusión que ha tenido y tiene la obra.

En la cara posterior del monumento, bajo la representación del Mundo, el agua se desliza sobre diecinueve escudos de los países de habla hispana.

Una figura sedente, que representa a la Literatura española, preside todo el conjunto de la fuente. Peinada y vestida según los usos de la época como una mujer de la aristocracia, se sienta en un trono de líneas geométricas y apoya sus pies en un cojín con borlas. La mano derecha reposa en su regazo y la izquierda sostiene un libro abierto. La acompañan dos alegorías masculinas con los rasgos más sobresalientes del español de tiempos cervantinos: el Misticismo a la izquierda y el Valor Militar a la derecha.

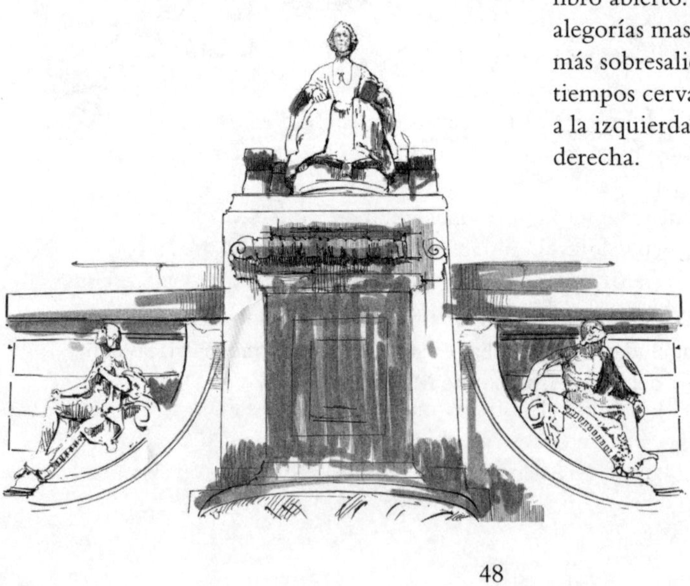

13.
Patrimonio y lugares de fundación real

Son considerados «Patrimonio Nacional» todos aquellos bienes de la Corona gestionados por el Estado, aunque conserven su derecho de uso. Como organismo público administra ocho palacios reales, cinco residencias y diez monasterios y conventos.

Patrimonio gestiona en Madrid el Monasterio de las Descalzas Reales, el Palacio Real, el Real Monasterio de la Encarnación, el Real Convento de San Pascual, el Panteón de Hombres Ilustres y la Real Basílica de Nuestra Señora de Atocha. En los alrededores de la ciudad, El Real Sitio de El Pardo, el Monasterio de San Lorenzo de el Escorial, y el Real Sitio de Aranjuez.

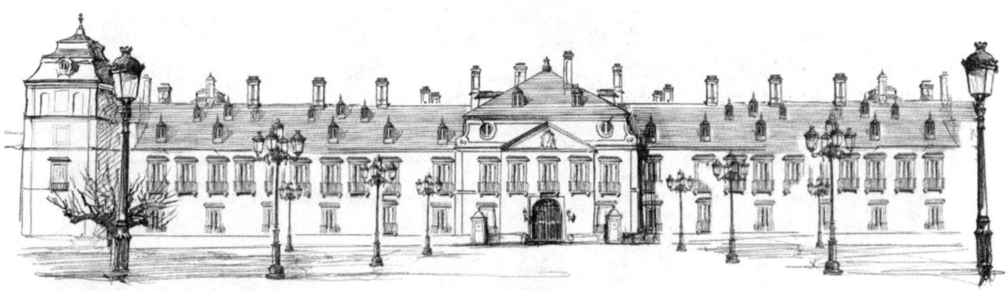

■ PALACIO REAL DE EL PARDO (1540)

Se construyó sobre el solar de un pequeño castillo del siglo XIV y está rodeado por cerca de 16 000 hectáreas de bosque. El rey Carlos I ordenó su reedificación y el resultado fue un pequeño alcázar cuadrado con torres en las esquinas y rodeado por un foso.

Felipe II se encargó de terminarlo, introduciendo por primera vez los techos de pizarra al estilo flamenco. El interior estaba decorado a la moda italiana, con frescos y una galería de retratos con obras maestras de Tiziano, Antonio Moro y sus discípulos. Aunque la mayor parte se destruyó tras un incendio en 1604, conserva aún los techos pintados con frescos de época de los Austrias, ejemplo único en la Comunidad de Madrid.

Los Borbones, Felipe V y Carlos III ampliaron el interior para albergar a la Corte durante el invierno. Fue entonces cuando se decoró con tapices, algunos firmados por Goya o los Bayeu. El palacio atesora también mobiliario de los siglos XVIII y XIX.

■ REAL MONASTERIO DE SAN LORENZO DE EL ESCORIAL (1563 y 1584)

Situado a 51 km de Madrid, en el municipio de San Lorenzo de El Escorial, en la Sierra de Guadarrama, fue declarado Patrimonio de la Humanidad por la Unesco en 1984, y clasificado como «Valor Universal Excepcional» en 2014.

Lo mandó construir Felipe II entre 1563 y 1584 para conmemorar la victoria sobre los franceses en la Batalla de San Quintín en 1557 y como Panteón Real por la monarquía española. Considerado la octava maravilla del mundo, está rodeado de cotos de caza, bosques y jardines.

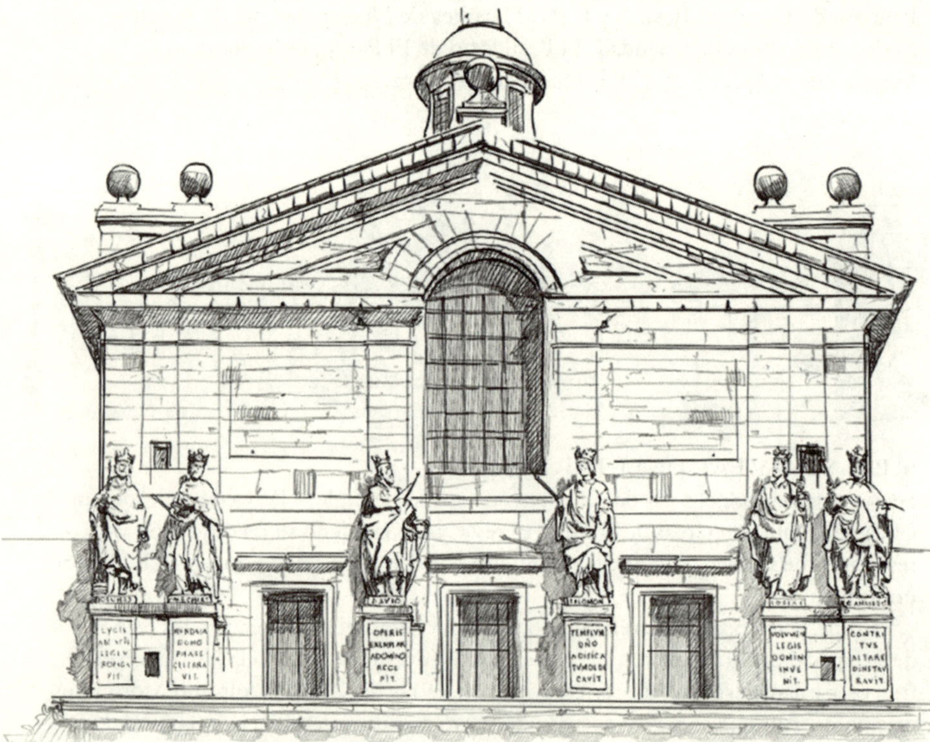

Patio de los Reyes. Galería presidida por los seis reyes constructores del templo de Jerusalén; Salomón, David, Josías, Manasés, Josafat y Ezequías. Las figuras de granito de 5 metros de altura portan tributos reales y coronas en bronce dorado. Presidiendo a un lado y otro encontramos a David y Salomón (alegorías de Carlos I y Felipe II). En el extremo derecho Manasses que porta los atributos geométricos del arquitecto; la escuadra y el compás.

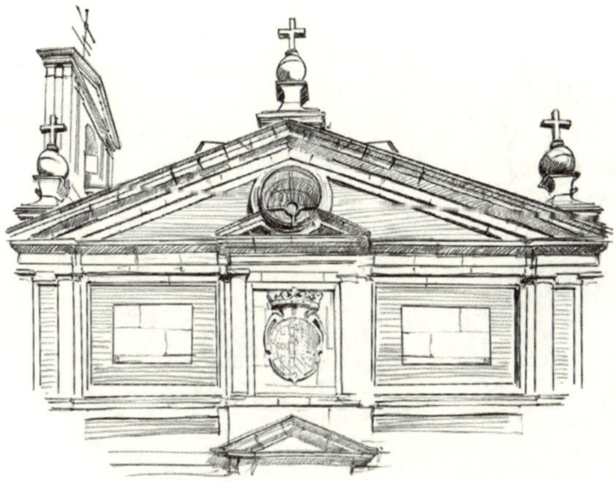

■ MONASTERIO DE LAS DESCALZAS REALES (1559-1564)

Distrito de Centro / Barrio de Sol / Plaza de las Descalzas, s/n.

Juana de Austria nació en esta residencia real, sede de la Tesorería durante el reinado de su padre, Carlos I. Años más tarde, lo transformó y fundó en él un monasterio de monjas clarisas donde se instaló a su regreso de Portugal. Su cuerpo descansa en una capilla de la iglesia.

Palacio renacentista, remodelado y ampliado en sucesivas ocasiones, el conjunto actual consta de dos grandes claustros, escalera, dependencias conventuales, iglesia, huerta y museo. Del primitivo palacio se conserva el zaguán, la puerta de acceso, el patio con columnas de granito y la traza de la escalera, que fue decorada en el siglo XVII.

No afectaron al monasterio ni la desamortización de Mendizábal ni la Guerra Civil, por lo que aún conserva una importante colección de obras de arte.

■ REAL MONASTERIO DE LA ENCARNACIÓN (1611-1616)

Distrito de Centro / Barrio de Palacio / Plaza de la Encarnación, 1.

Este es uno de los dos conventos de clausura que podemos visitar junto con el Monasterio de las Descalzas Reales, en pleno centro de Madrid.

Su fundación se debe a la reina Margarita de Austria, esposa de Felipe III, quien en 1610, quiso celebrar la expulsión de los moriscos. A las primeras religiosas que ocuparon este lugar se las llamaría «las margaritas», en honor a la reina fundadora que no pudo ver finalizada la obra, ya que moriría ese mismo año al dar a luz a su octavo hijo. El rey, en honor de la memoria de su esposa, terminó la construcción.

El edificio responde a la arquitectura religiosa española del siglo XVII. El interior de la iglesia fue reformado por Ventura Rodríguez en colaboración con los mejores pintores y escultores de su tiempo.

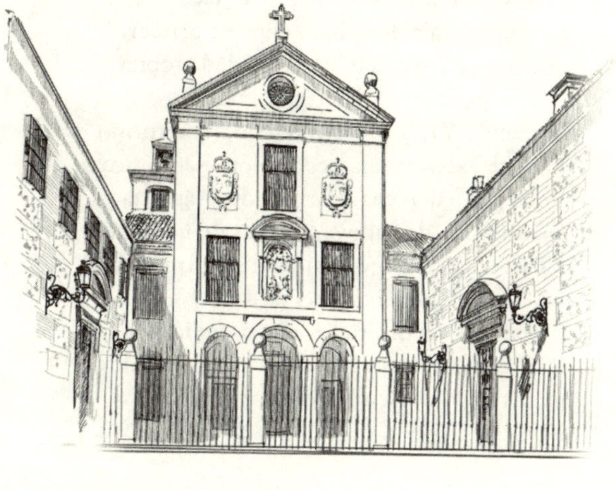

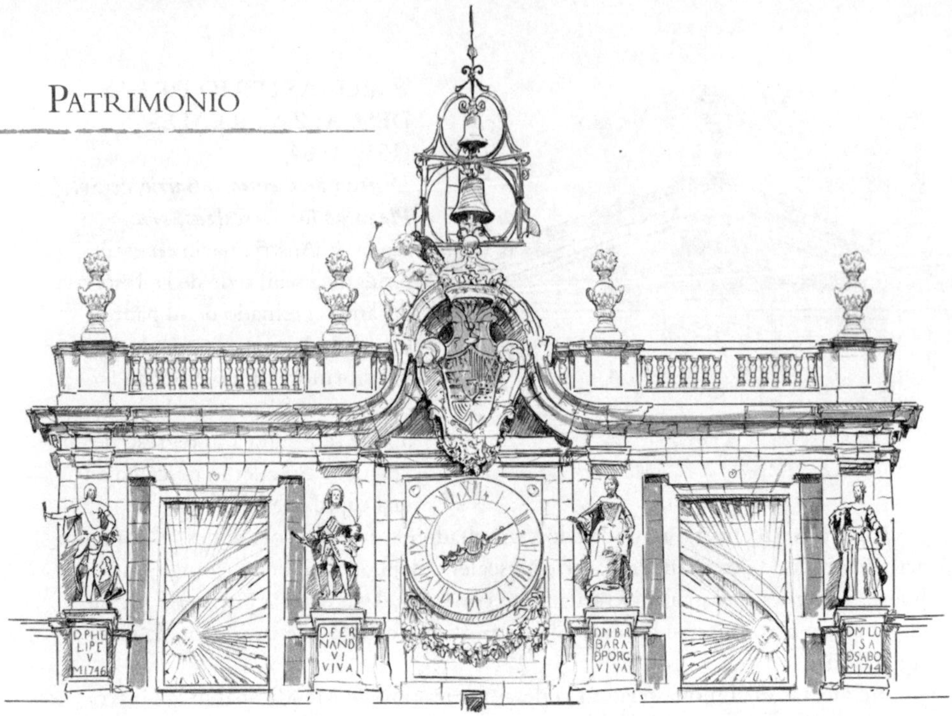

PALACIO REAL (1735 -1778)

Distrito de Centro / Barrio de Palacio / Calle de Bailén, s/n.

El Palacio Real de Madrid, también conocido como el Palacio de Oriente, fue diseñado durante el siglo XVIII y es considerado el mayor de Europa occidental con 135 000 m² de extensión.

En la cornisa del palacio se sitúan diversas esculturas de reyes y reinas. De izquierda a derecha: Felipe V, primer Borbón en España e iniciador de las obras de este palacio, a su derecha, su hijo Fernando VI, bajo cuyo reinado se terminó la parte exterior y la decoración escultórica. En la parte derecha, Bárbara de Braganza y María Luisa de Saboya, esposas de Fernando VI y Felipe V respectivamente. Entre ambos reyes está representado el ocaso del sol, después de recorrer el zodiaco, indicando la dirección de poniente. En el centro un gran reloj y el escudo con las armas de los Borbones.

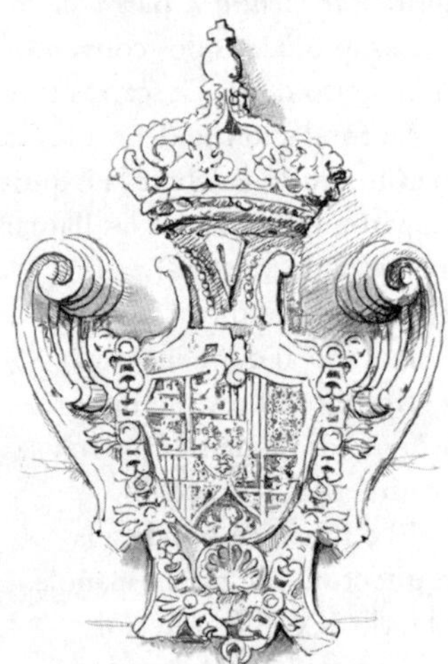

Detalle de la puerta de acceso al Palacio Real. Escudo con Toisón.

■ REAL HOSPICIO DE SAN FERNANDO (1668)

Distrito de Centro / Barrio de Justicia / Calle de Fuencarral, 78.

En 1674, unas viviendas en la carretera hacia Fuencarral servían de refugio a mendigos, huérfanos, ancianos e inválidos, que aquí encontraban atención y asilo. En su solar se levantó en 1722 el edificio del Hospicio de San Fernando, según diseño de Pedro de Ribera, que realizó la famosa portada de su fachada, donde resume la simbología del edificio y lo convierte en uno de los más notables del barroco madrileño.

De la primitiva construcción solo se conserva la capilla, la fachada y la primera crujía. Desde 1929 el edificio alberga el Museo de Historia de Madrid.

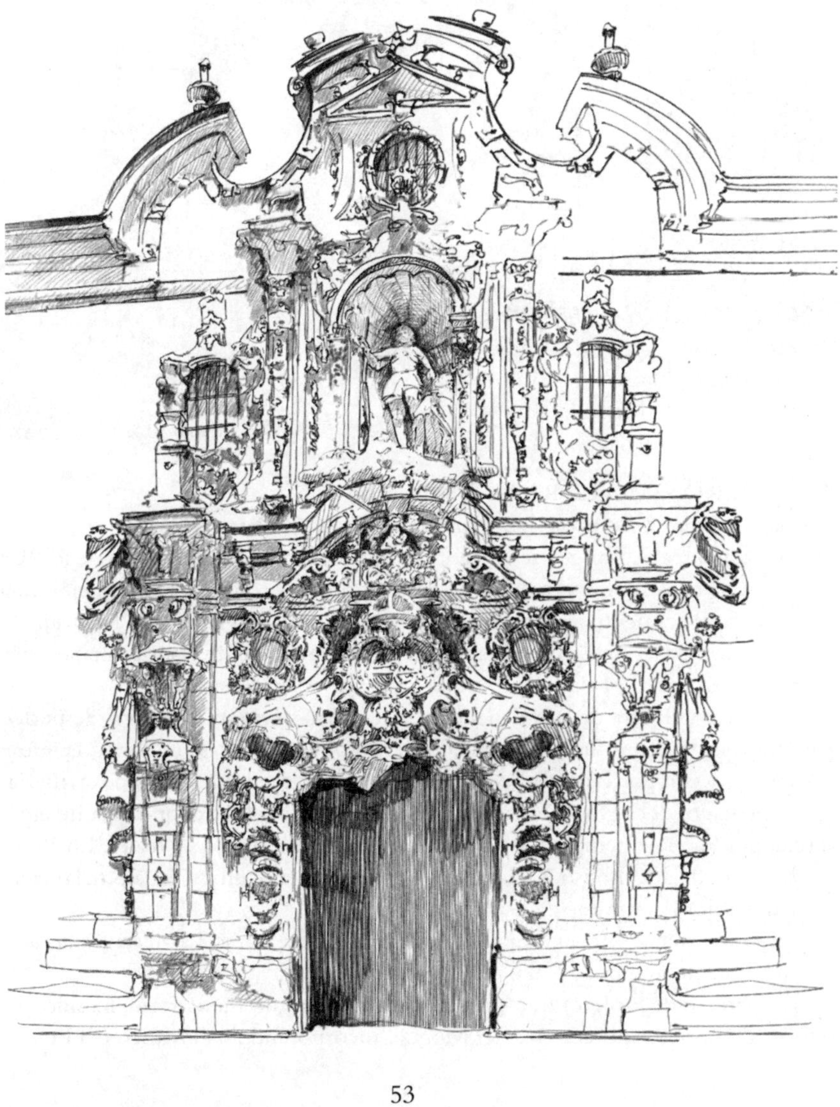

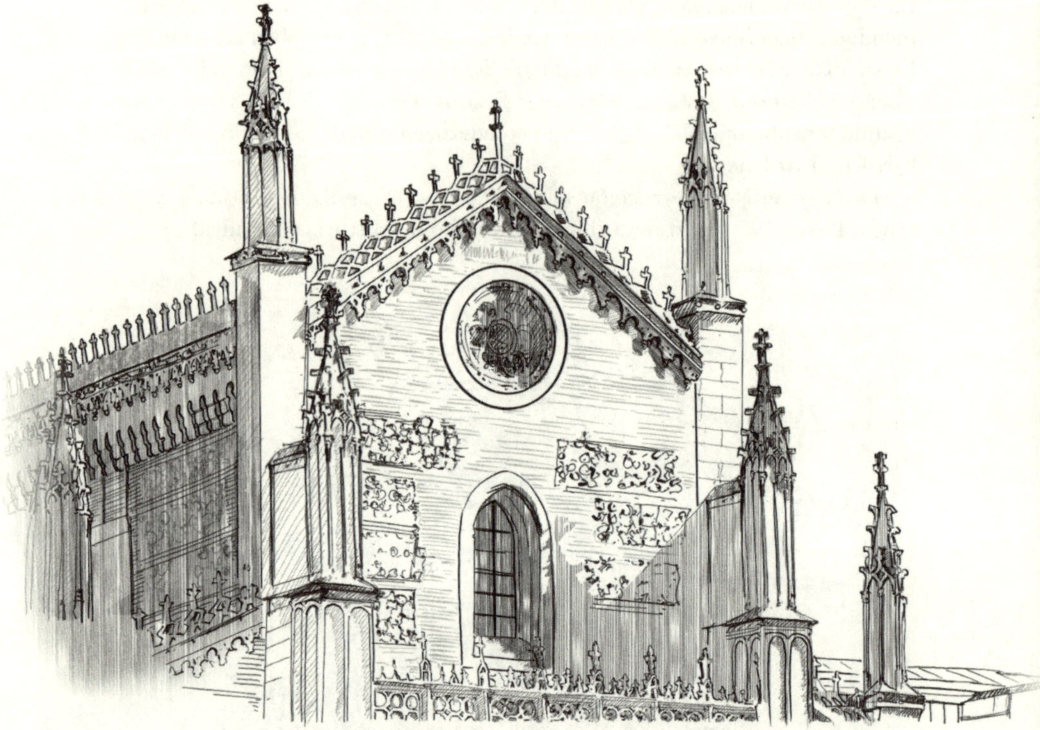

■ SAN JERÓNIMO EL REAL (1503-1505)

Distrito de Retiro / Barrio de Los Jerónimos / Calle de Moreto, 4.

De fundación real, su origen se remonta al siglo XV cuando, por orden de los Reyes Católicos, se construyó un monasterio para los frailes jerónimos cuya función fuera la de servir de alojamiento a los reyes durante sus estancias en la villa de Madrid.
Fue escenario de las juras como herederos de la Corona de diversos príncipes, siendo el primero en hacerlo Felipe II, como Príncipe de Asturias en 1528.

Durante la Guerra de la Independencia, el monasterio sufrió graves desperfectos y los frailes jerónimos fueron expulsados. Del convento sólo se conservó la iglesia y el claustro, y con posterioridad el edificio se convirtió en un cuartel de artillería.

A mediados del siglo XIX volvió a reformarse y la iglesia adquirió la imagen actual, por lo que el templo fue nuevamente sede de ceremonias reales. En 1906 se celebró la boda de Alfonso XIII con Victoria Eugenia, y en 1975, la proclamación de Juan Carlos I como rey de España.

En su interior se encuentran valiosas obras de arte, como La *Adoración de los pastores*, obra de Francisco Rizi, del siglo XVII.

El Claustro de los Jerónimos, procedente del antiguo monasterio, ha sido reformado por el arquitecto Rafael Moneo, incorporándolo al Museo del Prado.

■ ERMITA DE SAN ANTONIO DE LA FLORIDA (1792)

Distrito de Moncloa-Aravaca / Barrio de Casa de Campo / Glorieta San Antonio de la Florida, 4.

De aspecto sobrio y elegante, esta ermita de estilo neoclásico fue construida por Filippo Fontana, por orden de Carlos IV. Los frescos que Goya realizó en 1798 en su interior hacen de esta ermita un lugar especial. En el ábside se representa la Adoración de la Trinidad. En la cúpula, alrededor de una falsa barandilla, se asoman una multitud de personajes del pueblo, chulapos y chulapas de la época, que asisten al Milagro de san Antonio. Sobre la cornisa, querubines y «ángelas» de gran belleza descorren amplios cortinajes. Fue declarada Monumento Nacional en 1905 y en la actualidad es un museo y no está destinada al culto.

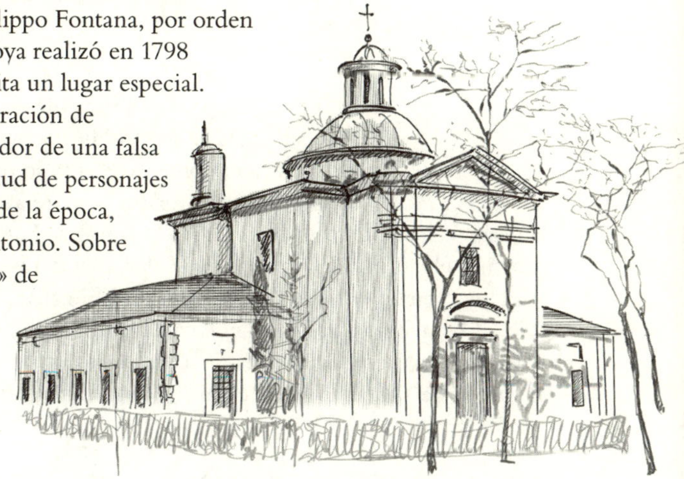

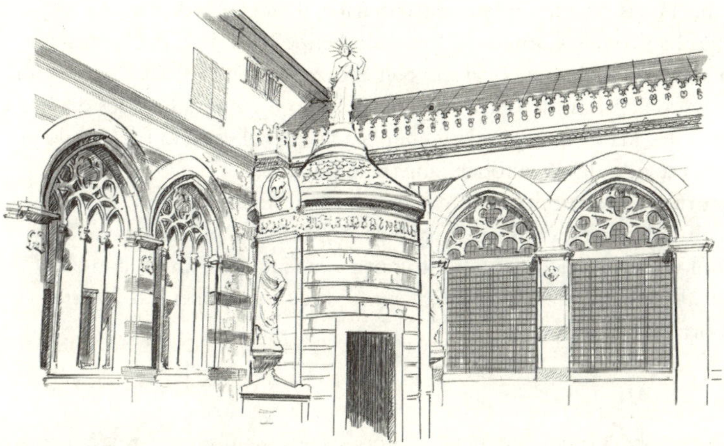

■ PANTEÓN DE HOMBRES ILUSTRES (1890)

Distrito de Retiro / Barrio de Pacífico / Calle de Julian Gayarre, 3.

En principio estaba destinado a ser parte del claustro de la Basílica de Nuestra Señora de Atocha y, más tarde, se consideró el lugar ideal para instalar el Panteón de Hombres Ilustres. Con una arquitectura neobizantina, custodia las esculturas funerarias de siete mausoleos de extraordinaria belleza, casi todos dedicados a hombres que han marcado la vida política, social y militar de España en los últimos siglos. Son excepcionales los sepulcros esculpidos por Mariano Benlliure a Sagasta, Canalejas y Eduardo Dato, y los del escultor Agustín Querol autor del monumento a Cánovas del Castillo, la escultura más admirada del Panteón.

14.
JARDINES Y PARQUES

Madrid ofrece un patrimonio verde de excepcional extensión y diversidad. Más de seis mil hectáreas de parques y zonas verdes, tanto históricos como de avanzado diseño de jardinería.

Los parques históricos o singulares son: la Dehesa de la Villa, la Plaza de Oriente, la Quinta de los Molinos, la Fuente del Berro, los Jardines de Sabatini, el jardín «El Capricho» y los Jardines del Buen Retiro.

Otras zonas verdes serían: el Monte de El Pardo, la Casa de Campo, Madrid Río, el Parque de San Isidro, el Real Jardín Botánico, el Jardín de las Vistillas, el Parque del Oeste, la Quinta de Torre Arias, los Jardines del Descubrimiento, el Parque de Vallecas Villa y el Jardín Tropical Estación de Atocha, entre otros.

■ LA CASA DE CAMPO (1520)

Sus más de 1500 hectáreas convierten este espacio natural en el mayor parque público de Madrid. La Casa de Campo nace cuando Felipe II traslada la Corte a Madrid y se crea una finca que une el Palacio con el cazadero de El Pardo. Alrededor de este núcleo se fueron agregando tierras de labor y campos comprados a los dueños colindantes. Con la llegada de la Segunda República (1931), el espacio fue cedido al pueblo de Madrid, estando desde entonces abierta al público.

Es un parque urbano con un marcado carácter forestal. En su interior se localizan diversas instalaciones, como el Parque de Atracciones, el Lago de la Casa de Campo, el Zoológico, el Teleférico —que conecta la Casa de Campo con el Parque del Oeste, al otro lado del río Manzanares—, recintos feriales y diferentes instalaciones deportivas populares.

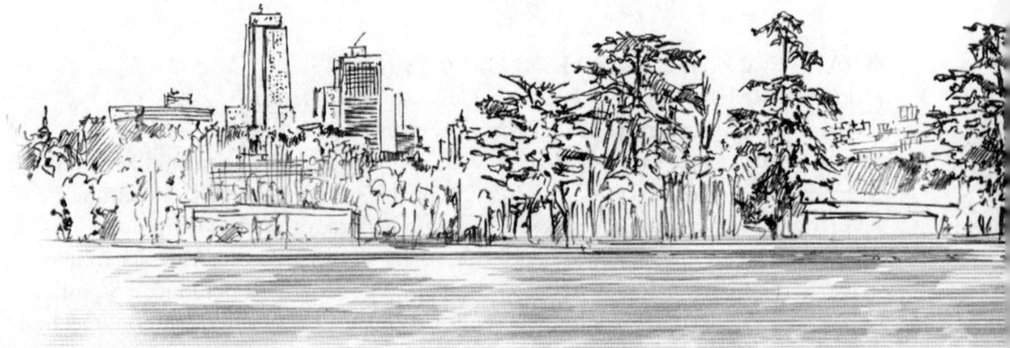

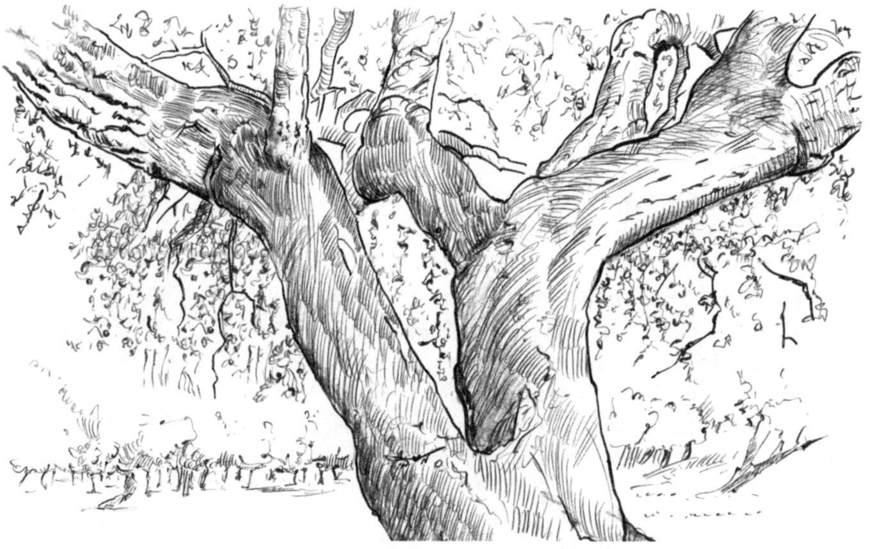

■ MONTE DE EL PARDO

Espacio natural de extraordinario valor, situado al Norte de la capital, es el bosque mediterráneo más importante de la Comunidad de Madrid y uno de los mejor conservados de Europa. Gran reserva ecológica y biológica de tipo mediterráneo, contiene encinas, enebros, alcornoques, fresnos, sauces y chopos, entre otras especies de vegetales.

La diversidad faunística de este monte cuenta con especies emblemáticas como el águila imperial y el buitre negro, además de ciervos, gamos, jabalíes, gatos monteses, y zorros.

El *Libro de la Montería* de Alfonso XI (siglo XIV) ya menciona con elogio estos montes, pero es con Enrique III cuando pasa a ser propiedad real. La Real Cédula de Felipe II, en 1571, determina su superficie y zonas de protección que son ampliadas durante el siglo XVII. Durante el reinado de Fernando VI se llevó a cabo la construcción de la actual tapia, de casi 100 km de perímetro.

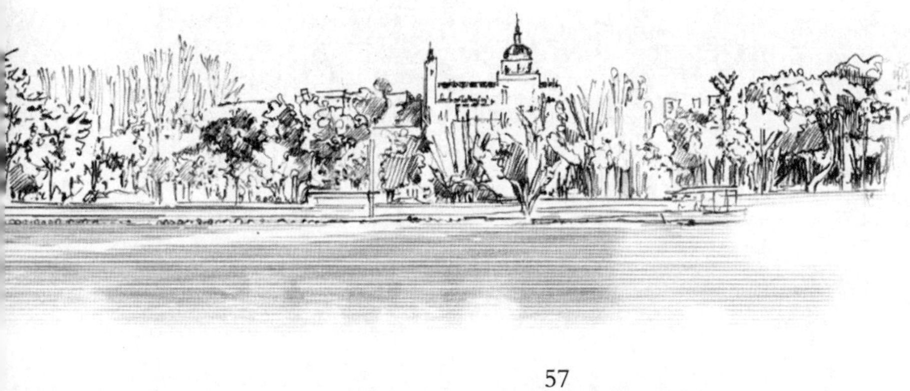

■ JARDINES DEL REAL SITIO DEL BUEN RETIRO (1632)

Con más de 100 hectáreas, el parque de El Retiro es un remanso verde en el centro de Madrid, uno de los pulmones de la ciudad, que ofrece también cultura, ocio y deporte a madrileños y visitantes. Entre sus elementos arquitectónicos e históricos más importantes se encuentran: el Estanque Grande, el Palacio de Velázquez y el Palacio de Cristal, ambos utilizados actualmente como salas de exposiciones.

Alberga esculturas, fuentes y monumentos notables como son el dedicado a Alfonso XII, la estatua de El Ángel Caído, la fuente de los Galápagos, la Ermita de San Pelayo y San Isidoro, el Bosque del Recuerdo, el Teatro de Títeres, la Casa del Pescador, la Montaña Artificial y la Casa del Contrabandista, en la actualidad un restaurante.

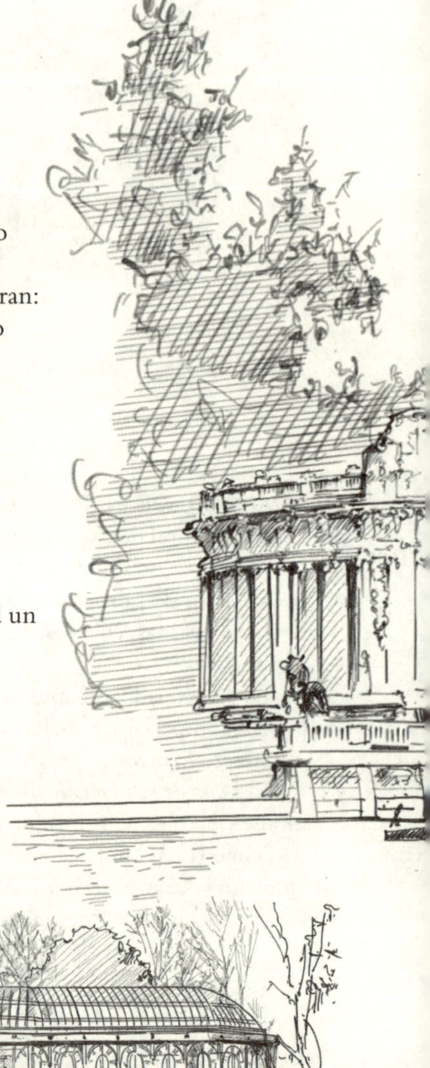

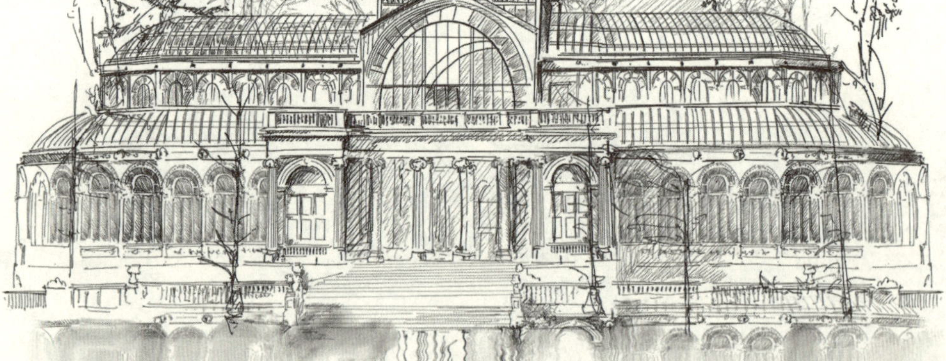

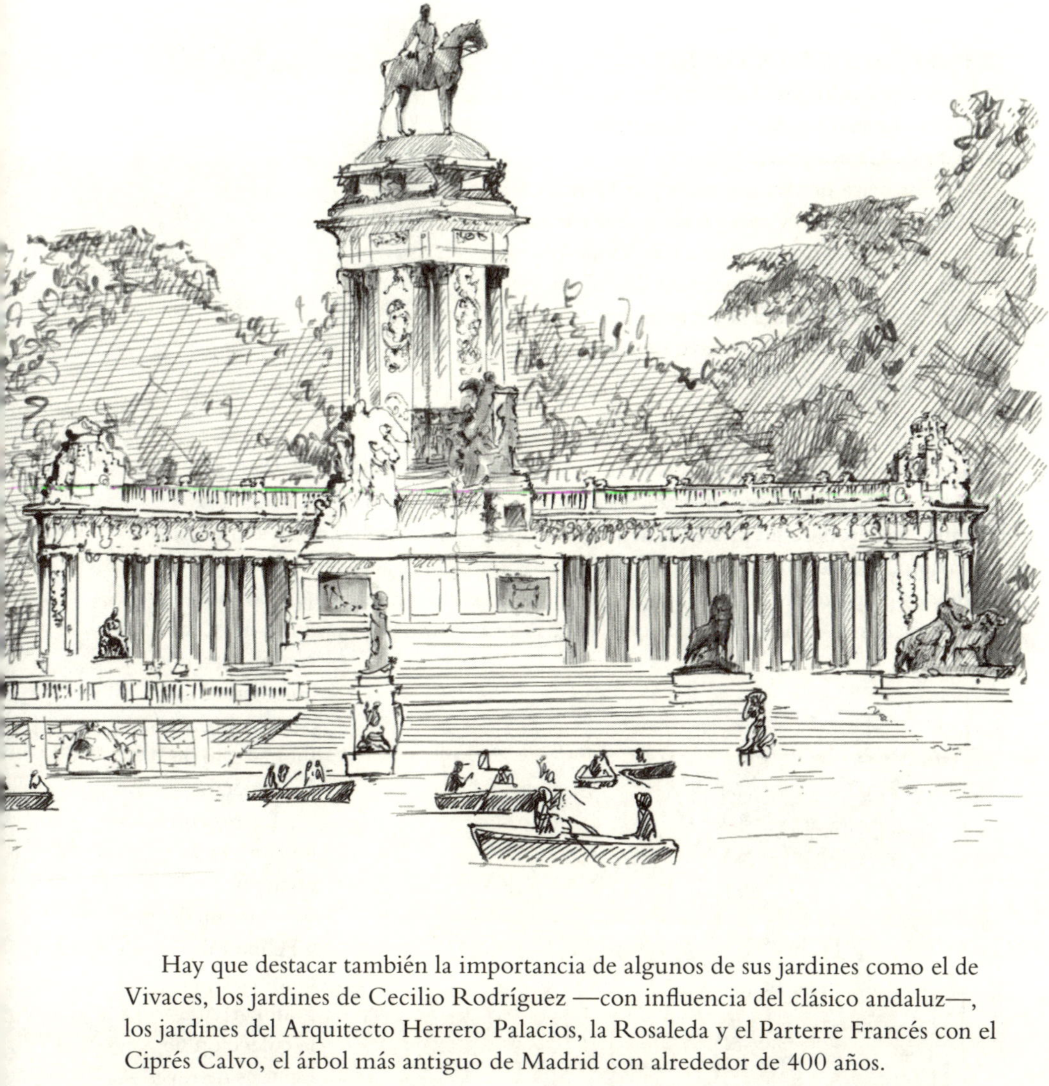

Hay que destacar también la importancia de algunos de sus jardines como el de Vivaces, los jardines de Cecilio Rodríguez —con influencia del clásico andaluz—, los jardines del Arquitecto Herrero Palacios, la Rosaleda y el Parterre Francés con el Ciprés Calvo, el árbol más antiguo de Madrid con alrededor de 400 años.

El Palacio de Cristal, pabellón romántico creado para dar cabida a la muestra de plantas exóticas en la Exposición de Filipinas de 1887, es uno de los principales ejemplos de la arquitectura del hierro en España. Fue construido por Ricardo Velázquez Bosco en 1887.

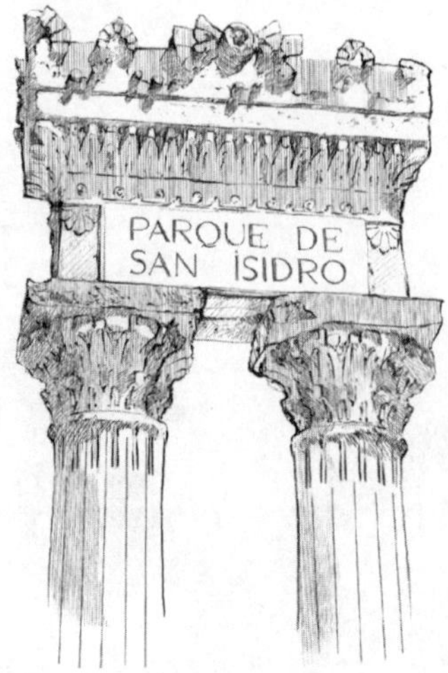

PARQUE DE SAN ISIDRO

También llamado popularmente Pradera de San Isidro, es una amplia zona verde situada en el distrito de Carabanchel.

La histórica pradera, pintada por Francisco de Goya en 1788, fue catalogada como parque en 1970 por el ayuntamiento de la Villa. Tras su ampliación en 2006, alcanza más de 335 m^2 que incluyen el recinto para la Feria de San Isidro, que se celebra cada 15 de mayo con motivo de la festividad del patrón de Madrid.

JARDINES Y PARTERRES DE LA PLAZA DE ORIENTE (1941)

Frente al Palacio Real, en uno de los conjuntos más turísticos de Madrid, estos jardines nacieron de un proyecto de José Bonaparte para ampliar el espacio urbano de la zona. Desde entonces han sufrido muchas reformas y actualmente están divididos en parterres con formas geométricas. Se encuentran flanqueados por dos arboledas cuadradas: los llamados Jardines de Lepanto y los Jardines del Cabo Noval, terrenos que formaron parte del cercano monasterio de la Encarnación.

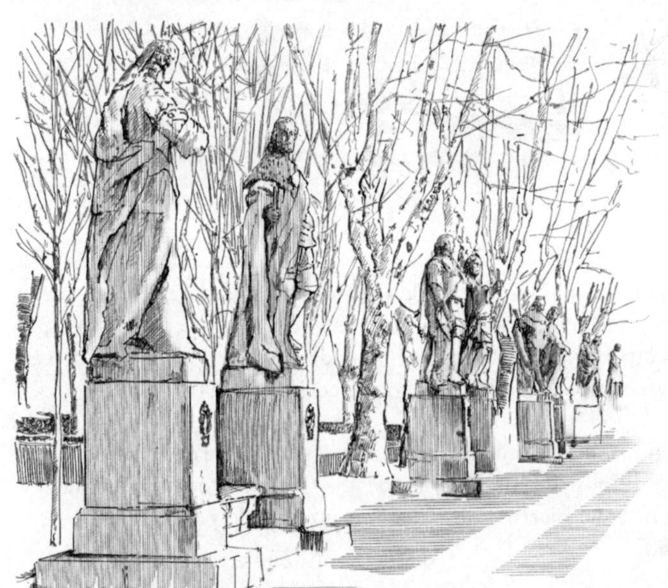

En el centro de la plaza se encuentra el monumento a Felipe IV, escoltado por gran parte de la colección de estatuas de reyes españoles que tendría que haber coronado el Palacio Real.

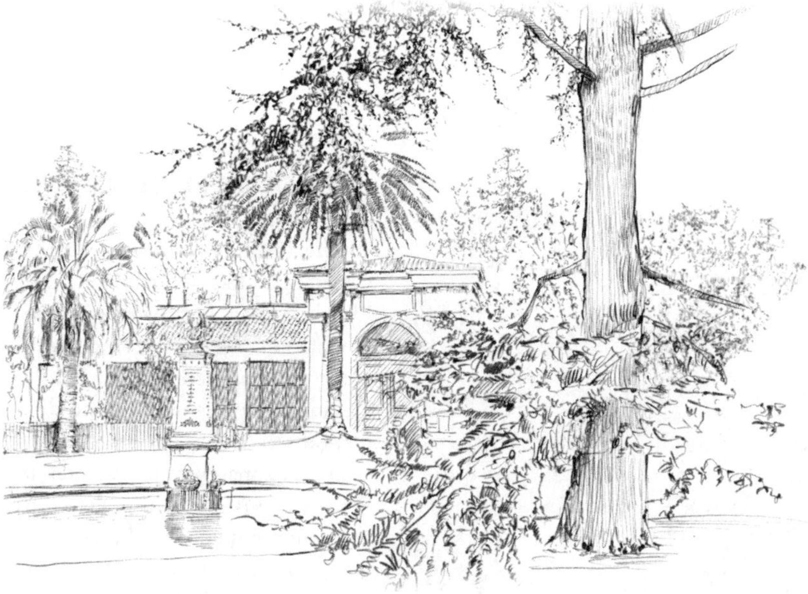

■ REAL JARDÍN BOTÁNICO (1776)

Declarado Jardín Artístico en 1942, entre sus colecciones destacan un herbario con más de un millón de pliegos, la biblioteca, el archivo —con cerca de diez mil dibujos— y la muestra de cinco mil especies de plantas vivas.

En el recorrido por el jardín y sus invernaderos se combinan contenidos botánicos generales, curiosidades, historia y el uso de las plantas y su importancia.

Su emplazamiento no es casual y responde al interés del monarca ilustrado, Carlos III, por crear en Madrid un complejo dedicado a las ciencias naturales; de ahí su ubicación junto al actual Museo del Prado, que a finales del siglo XVIII era un gabinete para su estudio.

Conserva su histórico espíritu científico, ya que el espacio está gestionado por el Consejo Superior de Investigaciones Científicas, que organiza actividades de carácter divulgativo, como jornadas y exposiciones.

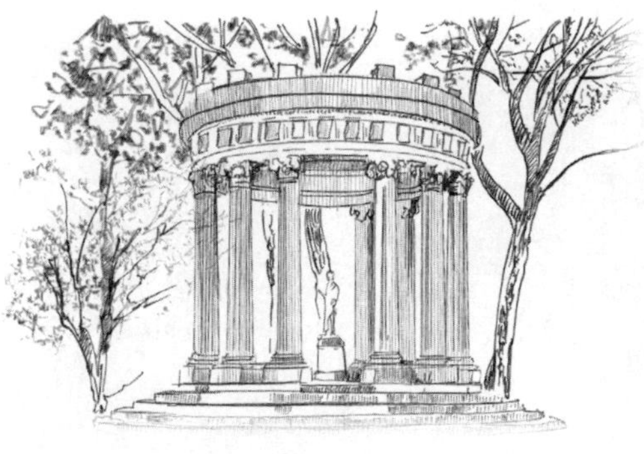

■ FINCA EL CAPRICHO EN LA ALAMEDA DE OSUNA (1784)

Fue creado por los Duques de Osuna como un lugar de retiro y ocio. Es un jardín clásico con tres estilos muy diferentes: parterre francés, paisaje inglés y *giardino* italiano. Contiene templetes, ermitas, un laberinto, una casita de madera, el palacio de los duques y un «búnker» construido por el Gobierno republicano durante la Guerra Civil, que puede visitarse.

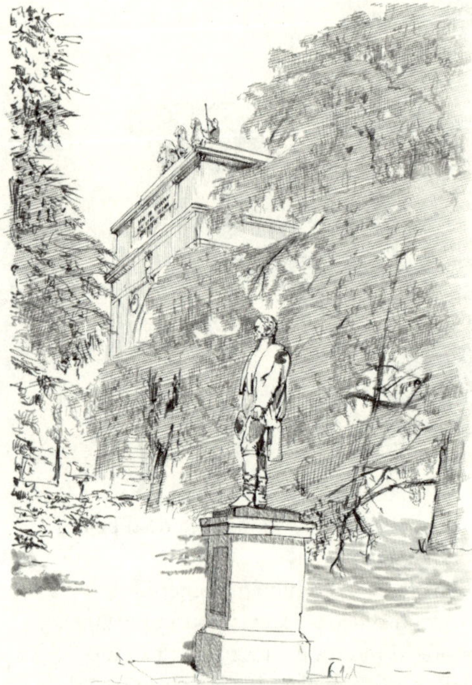

PARQUE DEL OESTE (1906)

Con una superficie cercana a las 100 hectáreas, se encuentra entre la carretera de La Coruña, la Ciudad Universitaria y la zona de Moncloa. Cuenta con lugares tan singulares como el Teleférico, la Escuela de Cerámica o el templo egipcio de Debod.

En la zona entre la Avenida de Séneca y el Paseo de Ruperto Chapí se encuentran aún tres búnkeres para ametralladoras de los veinte que se construyeron allí durante la Guerra Civil. Esa misma zona cuenta con un riachuelo artificial que puede recorrerse por un sendero lateral.

En el extremo sur del parque se ubica la Rosaleda Ramón Ortiz, escenario, desde 1956, del Concurso Internacional de Rosas Nuevas de la Villa de Madrid. El parque tiene carácter monumental y paisajista con un trazado general de jardín inglés.

MADRID RÍO

Es un enorme espacio destinado al ocio, el deporte y la cultura. Tiene un trazado lineal, junto al cauce del río Manzanares, aprovechando el soterramiento de la autovía M-30.

Cuenta con distintas áreas destinadas a diferentes actividades como las de juegos infantiles; para paseantes y ciclistas en el llamado Salón de Pinos o la Playa de Madrid Río, con tres recintos acuáticos ovalados con chorros de agua, rodeada de una amplia zona de descanso.

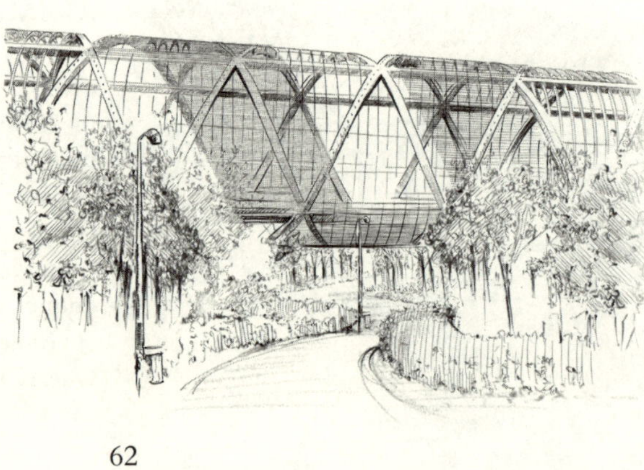

15.
Instituciones culturales

La ciudad de Madrid es un referente cultural a nivel mundial, con museos y salas de exposiciones de talla internacional, edificios y monumentos declarados Patrimonio Artístico; así como de lugares destinados al ocio —teatros, cines, salas de música y conciertos— y a la restauración, con una gran cantidad de restaurantes, bares y cafeterías.

La Comunidad de Madrid, por su parte, alberga tres monumentos declarados Patrimonio de la Humanidad: el Monasterio y Real Sitio de San Lorenzo de El Escorial, el Paisaje Cultural de Aranjuez y la Universidad y recinto histórico de Alcalá de Henares.

Entre ambas contienen nueve monumentos, entre conjuntos históricos, artísticos y paisajísticos, declarados Patrimonio de la Humanidad por la Unesco, una de las mayores concentraciones de esta categoría del mundo.

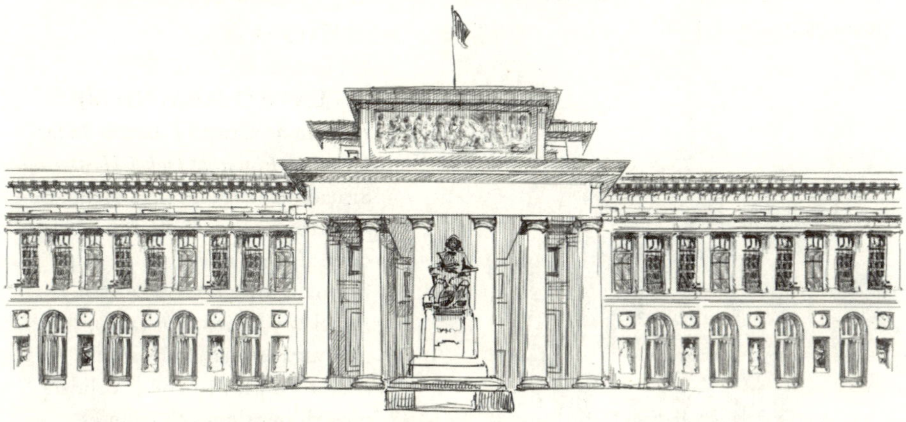

■ MUSEO DEL PRADO (1785-1808)

Distrito de Retiro / Barrio de Los Jerónimos / Calle Ruíz de Alarcón, 23.

Inaugurado en 1819, reinando Fernando VII, como Museo Real de Pinturas, recibió su nombre al ser construido en el llamado «Prado de los Jerónimos», terrenos próximos al Monasterio de San Jerónimo El Real.

No hay museo público o colección particular en el mundo que lo supere en número de obras pertenecientes a algunos de los más grandes genios de la pintura como Goya, Velázquez, El Greco o Ribera. Cuenta también con obras de extraordinario valor de artistas extranjeros, entre ellos Rubens, Luca Giordano, Tiziano o El Bosco.

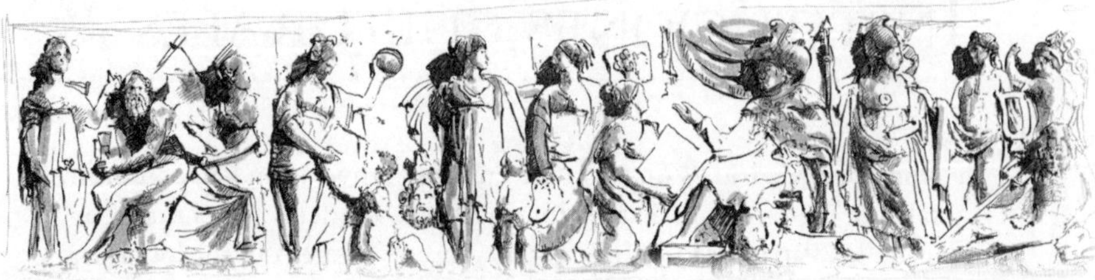

Entre los cuadros más destacados podemos citar *La maja desnuda* y *El 3 de mayo de 1808 en Madrid* o los fusilamientos de Goya, *Las meninas* de Velázquez, *El caballero de la mano en el pecho* de El Greco y *Las tres Gracias* de Rubens.

Del Prado son conocidas sus pinturas, dibujos, estampas y esculturas, pero también posee otras colecciones artísticas como el Tesoro del Delfín —referido a Luis, hijo del rey de Francia Luis XIV— con más de 120 piezas de los siglos XVI y XVII, con bellas piedras ornamentales de ágatas, jaspes, jade y turquesas entre otras. Con una importante colección de medallas, cerámicas, porcelanas, abanicos, bordados, tapices flamencos, armas y mobiliario, el Museo del Prado tiene un número inigualable de fondos artísticos, aunque sólo se encuentran expuestos una pequeña muestra de ellos.

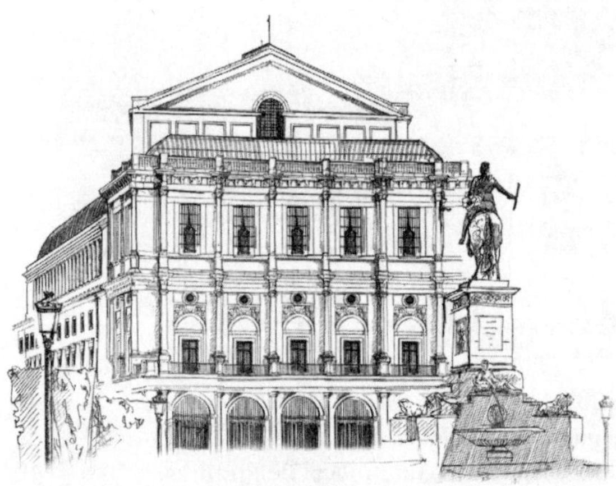

■ TEATRO REAL (1818)

Distrito de Centro / Barrio de las Cortes / Plaza de Isabel II, s/n.

Situado en la Plaza de Oriente, se construyó sobre el solar del teatro de los Caños del Peral.

Lo inauguró en 1850 la reina Isabel II y estaba, por tanto, muy ligado a la Corona, que deseaba un teatro con la calidad y las dimensiones suficientes para competir con los mejores de Europa. Sigue la estructura clásica de teatros del siglo XVIII, planta irregular hexagonal, con dos fachadas, una orientada a la Plaza de Isabel II, y la otra al Palacio Real, más ornamentada. En el interior destaca el techo de la Gran Sala pintado por Eugenio Lucas y la lámpara de bronce dorado.

Durante la Guerra Civil fue utilizado como polvorín y quedó sin uso hasta 1965. Se reformó en 1991, recuperando su primitiva actividad.

Su programa no sólo abarca la ópera, sino también el ballet y los conciertos.

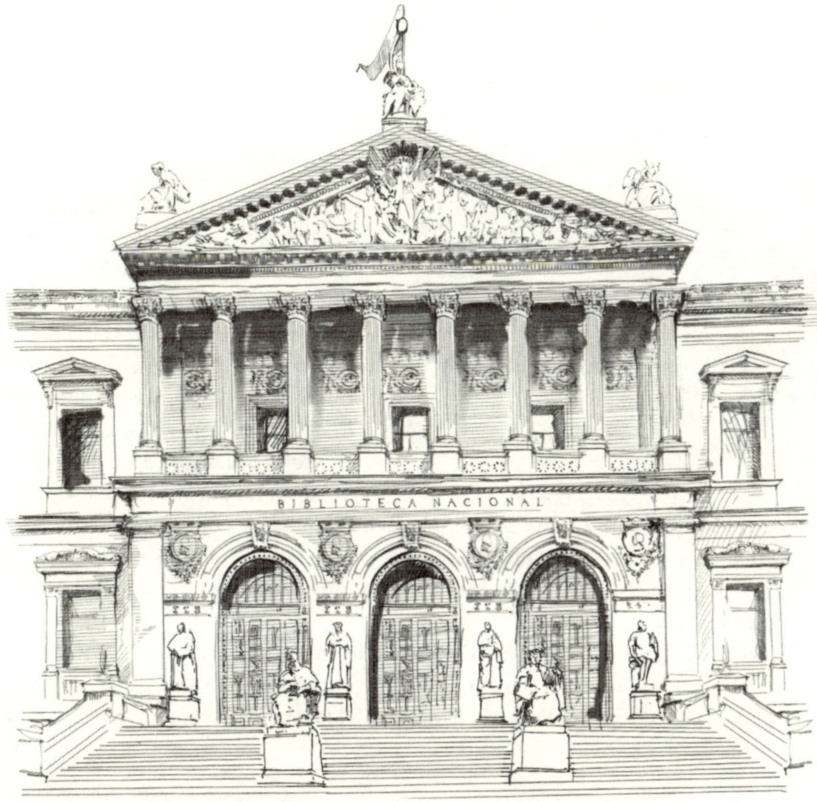

BIBLIOTECA NACIONAL DE ESPAÑA (1865-1866)

Distrito de Centro / Barrio de las Cortes / Paseo de Recoletos, 20-22.

Fundada por Felipe V, en 1712, en los bajos del Real Alcázar como Real Biblioteca Pública. En 1836, dejó de ser propiedad de la Corona y pasó a depender del Ministerio de la Gobernación, recibiendo por primera vez el nombre de Biblioteca Nacional. Treinta años después se puso la primera piedra del edificio actual.

Sus colecciones son de una riqueza patrimonial excepcional.

• Manuscritos con exquisitos códices miniados como los *Comentarios al Apocalipsis* del Beato de Liébana, el *Misal Rico* de Cisneros, el *Libro de Horas de Carlos VIII* o el códice del *Cantar del Mío Cid*.

• Excepcionales colecciones de dibujos, estampas y grabados de los principales artistas españoles, como Goya o Velázquez, y extranjeros como Durero o Rubens, entre otros.

• La colección musical, manuscrita e impresa, recoge la evolución de la edición fonográfica desde los primeros soportes del sonido. Discos para organillo, cilindros de cera o rollos de pianola son algunas de las piezas aquí custodiadas.

Sus fondos se aproximan a los 35 millones de ejemplares entre libros, revistas, periódicos, partituras, mapas, dibujos, fotografías, manuscritos, grabaciones sonoras y vídeos, lo cual lo convierte en el principal centro informativo y documental sobre cultura escrita, gráfica y audiovisual española e iberoamericana.

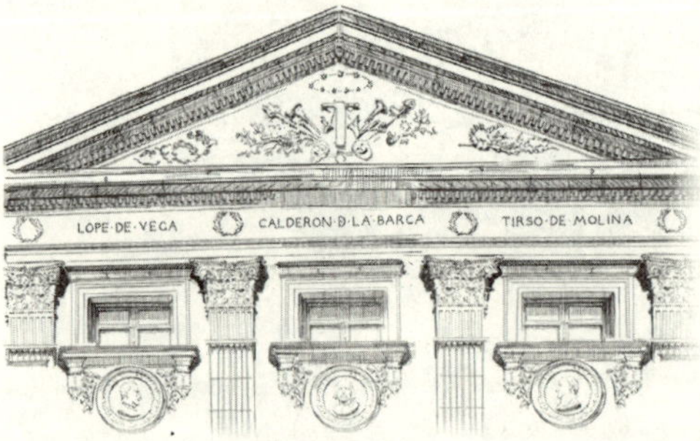

■ TEATRO ESPAÑOL (1802)

Distrito de Centro / Barrio de las Cortes / Calle del Príncipe, 25.

Fue bautizado como Corral del Príncipe, al estar en el traspatio de una casa en la calle del mismo nombre. En 1802, un gran incendio lo destruyó, dejando solamente la estructura exterior. Fue Juan de Villanueva, arquitecto del Museo del Prado, quien lo restauró, dando lugar a la fachada que hoy conocemos.

Reinando Isabel II, pasó a llamarse Teatro Español y, dos años más tarde, en 1851, el Ayuntamiento de Madrid recuperó su propiedad, conservando el nombre hasta nuestros días.

La Sala Principal cuenta con 735 localidades con una excelente visibilidad y acústica. En sus tablas se estrenaron obras de grandes de la lengua española como Cervantes, Lope de Vega, Tirso de Molina, Calderón, Benavente y García Lorca, entre otros.

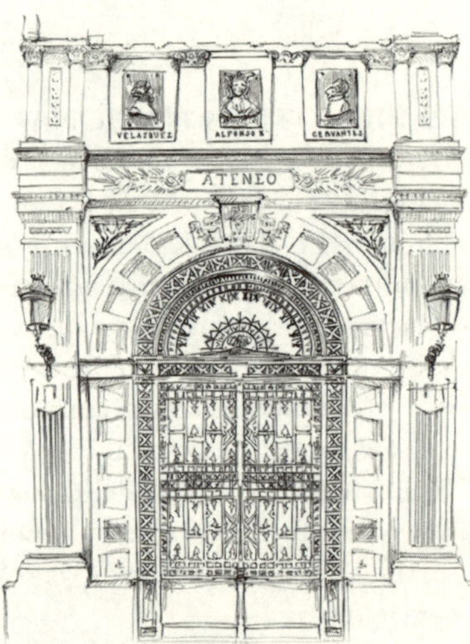

■ ATENEO (1882-1884)

Distrito de Centro / Barrio de las Cortes / Calle del Prado, 21.

Es una de las instituciones culturales más importantes de la segunda mitad del siglo XIX y comienzos del XX.

Creada como Ateneo Científico y Literario, ha sido el lugar de reunión de presidentes de Gobierno, premios Nobel, investigadores y literatos. Nació amparado por el liberalismo europeo y se convirtió en un referente intelectual.

Catalogado Bien de Interés Cultural en 1992, la zona más interesante del edifico es el Salón de Actos. El objetivo de este espacio era el encuentro de los grandes intelectuales de aquella época.

Alberga tres figuras mitológicas conectadas con la sabiduría: Hermes, Atenea y Apolo, encargado de la luz del sol, aquí como símbolo del «hombre iluminado». Hoy en día se encuentra abierto al público para conferencias, exposiciones o eventos culturales y musicales.

■ PLAZA DE TOROS MONUMENTAL DE LAS VENTAS (1929)

Distrito de Salamanca / Barrio de la Guindalera / Calle de Alcalá, 237.

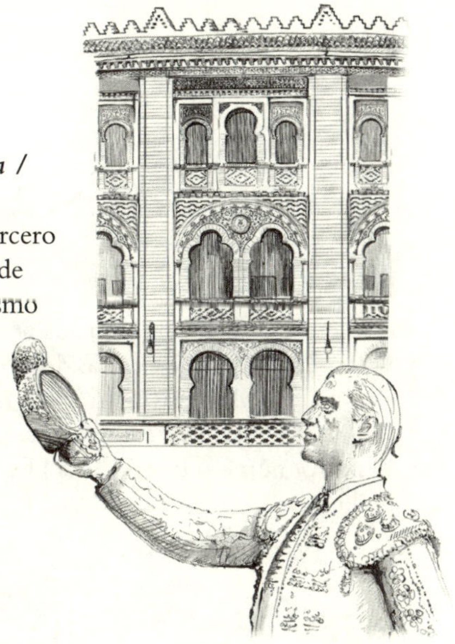

Este coso taurino es el mayor de España y el tercero con más aforo del mundo tras la Monumental de México y la de Valencia (Venezuela). Es asimismo la segunda plaza de toros con un diámetro de ruedo mayor después de la plaza de Ronda (Málaga). Suele estar considerada por profesionales, aficionados y críticos como la de más solera del mundo.

Inaugurada con el nombre de Plaza de Las Ventas del Espíritu Santo, tomó su nombre del terreno donde se asienta.

Luce un estilo neomudéjar con ladrillo visto sobre una estructura metálica y en su decoración, de azulejo cerámico ornamental, figuran los escudos de todas las provincias españolas.

Tiene capacidad para cerca de 24 mil espectadores, con un ruedo de 60 metros de diámetro. Sus localidades se distribuyen en diez tendidos, divididos en bajo y alto, grada y andanada.

Las Ventas fue la gran ilusión del torero José Gómez Ortega, conocido como Joselito, El Gallo. Fue declarada Patrimonio Histórico-Artístico en el año 1994.

En un lateral de la plaza, una estatua dedicada al doctor Fleming, expresa el agradecimiento de los toreros por la cantidad de vidas que salvó con su descubrimiento de la penicilina.

■ CINE DORÉ. Sala de exhibiciones de la Filmoteca Española (1982)

Distrito de Centro / Barrio de las Cortes / Paseo de Santa Isabel, 3.

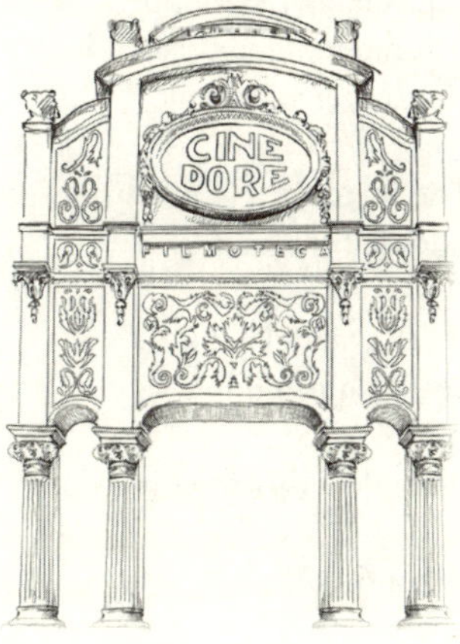

Actualmente, es la sala de exhibiciones de la Filmoteca Española y se utiliza tanto para las proyecciones de su programación como para llevar a cabo actividades de divulgación: presentación de libros, seminarios, mesas redondas, coloquios y conferencias.

El Cine Doré nació como un local para diversas actividades sociales de ocio; lo que entonces se llamaba «un salón».

En 1982, el Ayuntamiento de Madrid adquiere el local como edificio de interés arquitectónico y ambiental, restaurando su fachada y los muros exteriores y destinándolo a proyecciones de la Filmoteca Española.

16. ESCULTURAS

Madrid está jalonada de estatuas, conjuntos escultóricos y láminas de agua con temas de lo más diverso: mitológicos (angelotes, héroes, alegorías), históricos (personajes ilustres o escenas célebres) o simplemente artísticos.

El mayor número de ellas está localizado en el distrito de Centro, con cerca de dos mil piezas.

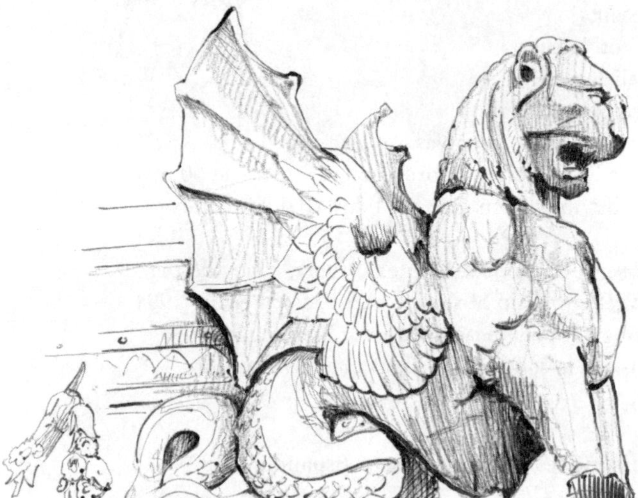

■ CORNISA. ESTACIÓN DE ATOCHA

Plaza del Emperador Carlos V.

El exterior de la estación destaca por su rico conjunto decorativo, donde sobresalen las quimeras y el globo terráqueo que corona la marquesina, así como la mezcla de distintos materiales, como hierro, ladrillo, cerámica y piedra.

Las quimeras —cuerpo de cabra, cabeza de león y cola de serpiente—, por su carácter «apotropaico», de alejamiento del mal, tienen una doble función:

— De protección sobre el mismo edificio.

— De símbolo, por el logro técnico y arquitectónico notable para la época. Según la mitología escupían fuego y tenían una gran rapidez, lo que alude a las características del ferrocarril.

Esta doble particularidad las convierte en talismanes, tanto del edificio como de los pasajeros.

Alberto de Palacio y Elissagüe fue el arquitecto que se ocupó del diseño y la decoración de este proyecto en 1888.

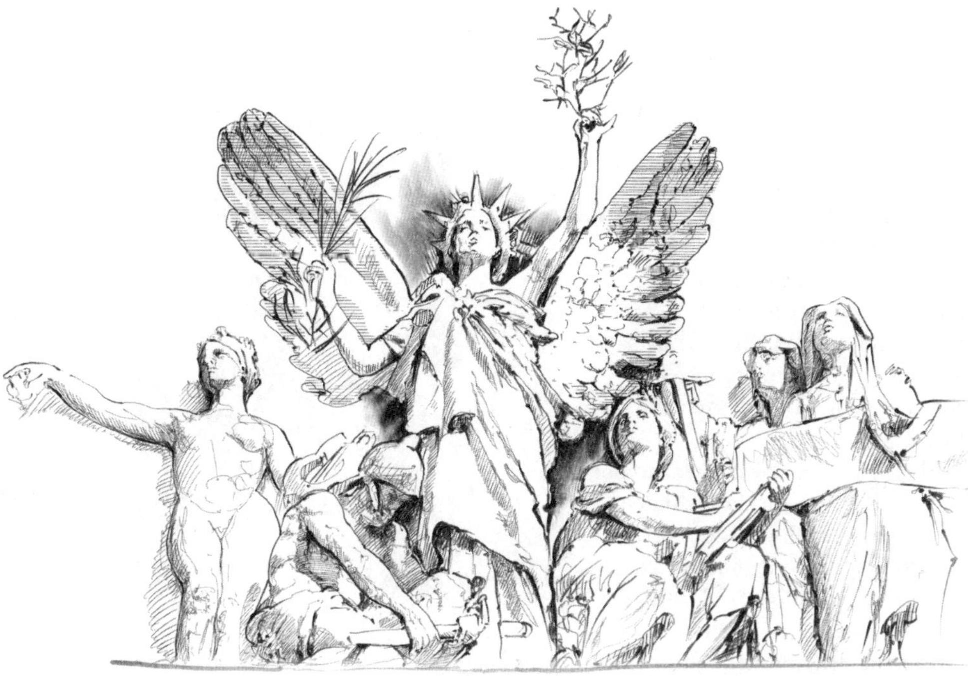

Este maravilloso friso de la Biblioteca Nacional representa el triunfo de las artes y la ciencias, con un total de 21 figuras que representan alegóricamente 21 "saberes".

BIBLIOTECA NACIONAL

Paseo de Recoletos, 20-22.

En la escalinata se encuentran las esculturas sedentes de dos grandes figuras de las letras españolas: Alfonso X el Sabio y san Isidoro de Sevilla. Ambas fueron realizadas por el escultor José Alcoverro.

El frontón de la fachada está realizado por Agustín Querol. Sobre el vértice central, una representación alegórica de España junto con un león que simboliza Castilla.

En la zona central del frontón, una joven representa a la Paz triunfante y alada.

En cada uno de los extremos hay dos estatuas que representan: una, el Genio y otra, el Estudio.

Acompañan a la Paz: de rodillas la Guerra, rompiendo su espada, la Elocuencia, la Poesía, la Música, la Arquitectura, la Pintura, la Escultura, la Filología, la Industria, el Comercio y la Agricultura.

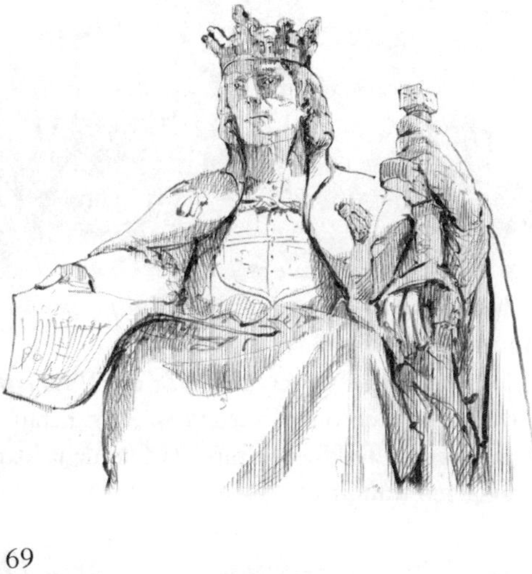

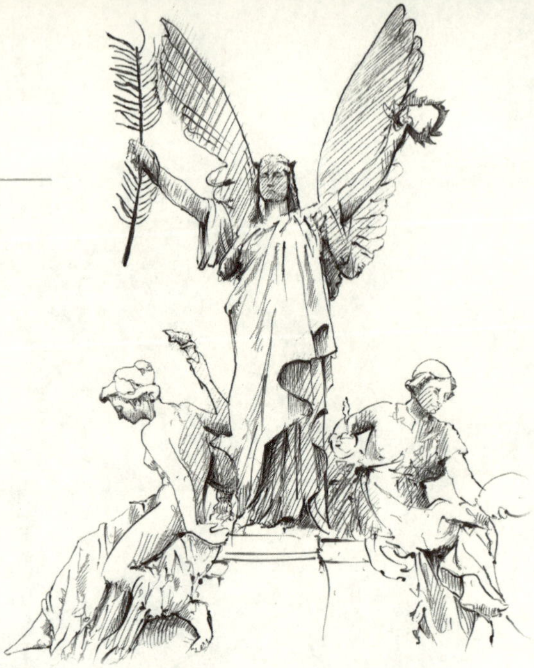

■ **LA GLORIA Y LOS PEGASOS.**
Ministerio de Agricultura
Paseo de la Infanta Isabel, 1.
Juan de Ávalos, en 1976, sustituye con estas esculturas en bronce las originales en mármol de Agustín Querol.

El grupo central está formado por tres figuras alegóricas dominando el conjunto «La Gloria», con forma de victoria alada, que muestra los símbolos del triunfo a las dos figuras que la flanquean: la Ciencia, —emblema del Conocimiento—, a su izquierda y el Arte —junto a un capitel corintio en representación de la Arquitectura—, a su derecha. Porta los símbolos —una rama de palma y una corona de laurel— que se entregaban a los vencedores en los Juegos Píticos de Delfos, celebrados en Grecia en honor al dios Apolo.

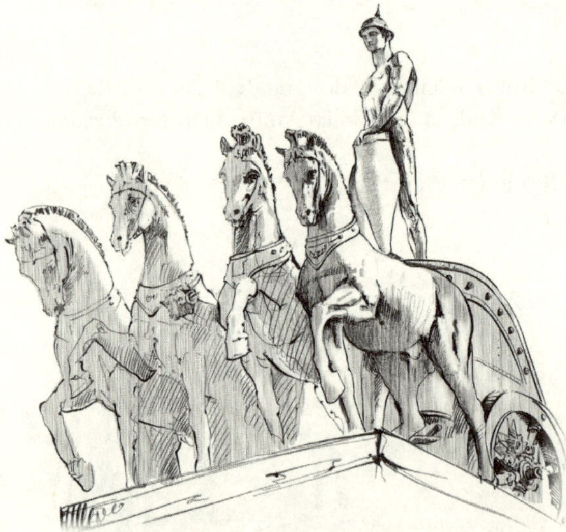

■ **CUADRIGAS.**
Edificio del BBVA (Banco Bilbao Vizcaya Argentaria)
Calle de Alcalá, 16.
La fuerza y el poder, estos son los valores que quiso transmitir el BBVA con estas 12,5 toneladas de bronce, plomo y hierro, al coronar su sede con ellas. Están recubiertas de latón dorado y durante la Guerra Civil fueron pintadas de negro para evitar que sirvieran de referencia a la aviación franquista.

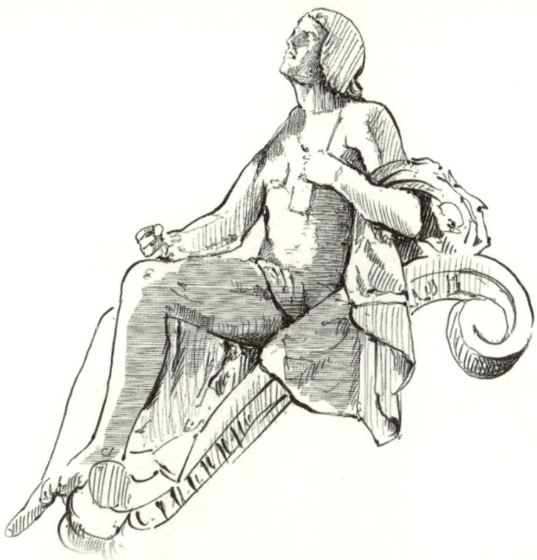

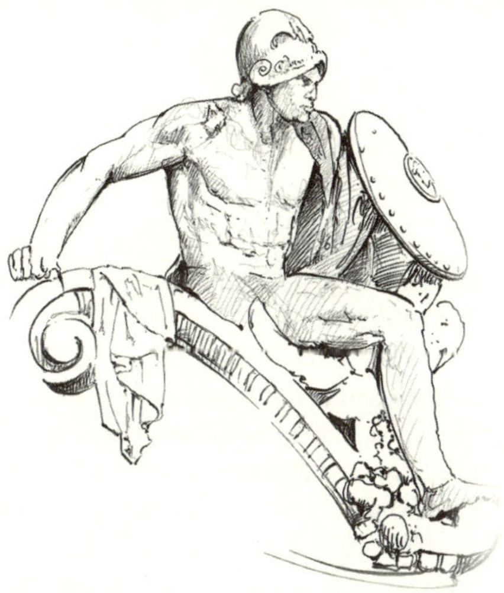

■ **MONUMENTO A CERVANTES. Plaza de España**

Paseo de la Infanta Isabel, 1.

Detalle de la *Mística* y el *Valor militar*, obras del escultor Federico Coullaut-Valera que representan virtudes muy reconocidas en tiempos cervantinos. Forman parte del monumento a Cervantes en la Plaza de España que, con 35 metros de altura, es de gran complejidad por su doble función de monumento y fuente, así como por la cantidad de figuras simbólicas que contiene, que aluden a la difusión del idioma español en el mundo.

■ **MONUMENTO A ALFONSO XII. Parque de El Retiro**

Paseo de la Infanta Isabel, 1.

Es un conjunto escultórico y arquitectónico diseñado por José Grases Riera y en el que trabajaron otros muchos artistas entre arquitectos y escultores. En el centro, sobre una torre, se erige la estatua ecuestre del monarca Alfonso XII, que, vestido de Capitán General de los ejércitos, sujeta con la mano izquierda la brida y en la derecha empuña un sable en actitud de pasar revista a las tropas.

Mariano Benlliure fue el autor de la estatua ecuestre, con un tamaño doble del natural, dado que a esa altura la figura del rey podría resultar pequeña a la vista.

Bajo la estatua del rey se sitúa una estructura de bronce a modo de mirador que puede visitarse. Todo este conjunto central está rodeado por columnas, pensado para ser recorrido por dentro como una plaza pública. Termina en una escalinata que desciende hasta la misma orilla del Estanque Grande.

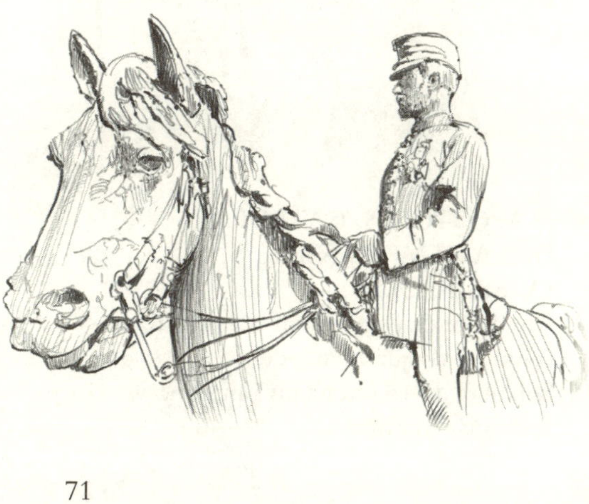

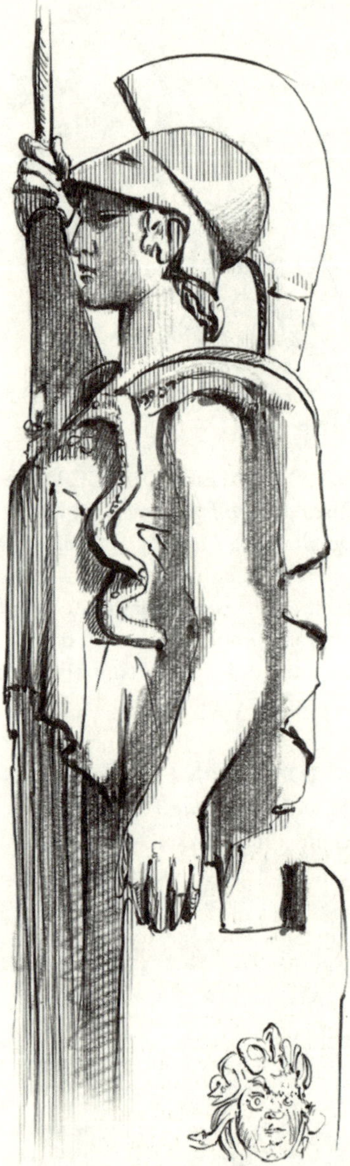

■ MINERVA. Círculo de Bellas Artes

Calle de Alcalá, 42.

Situada en la azotea del Círculo de Bellas Artes, a 46 metros del suelo y con más de seis metros de altura, esta escultura de hierro es obra de Juan Luis Vassallo. Representa a Minerva, diosa romana de la sabiduría, las artes y la guerra, que se identifica con la Atenea griega. Corona el edificio desde 1966 y lleva todos los atributos que la definen, como la lanza, el casco, el escudo y el búho a su costado, que representa la sabiduría.

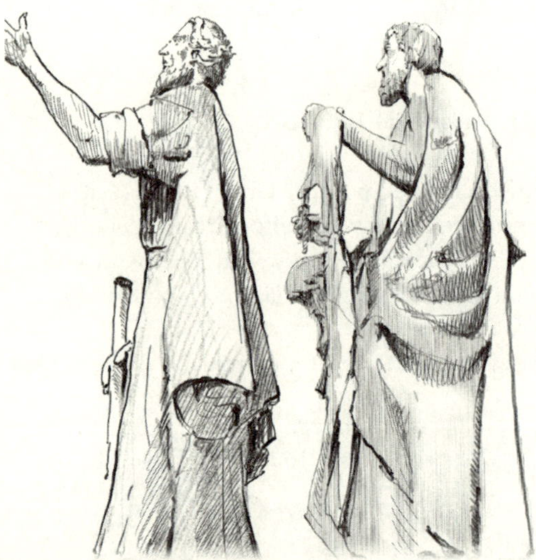

■ APÓSTOLES. CATEDRAL DE LA ALMUDENA

Calle de Bailen, 10.

Alrededor de la cúpula de la catedral, se yergue el conjunto de los doce apóstoles. Son obra del escultor Luis Sanguino y están realizadas en bronce.

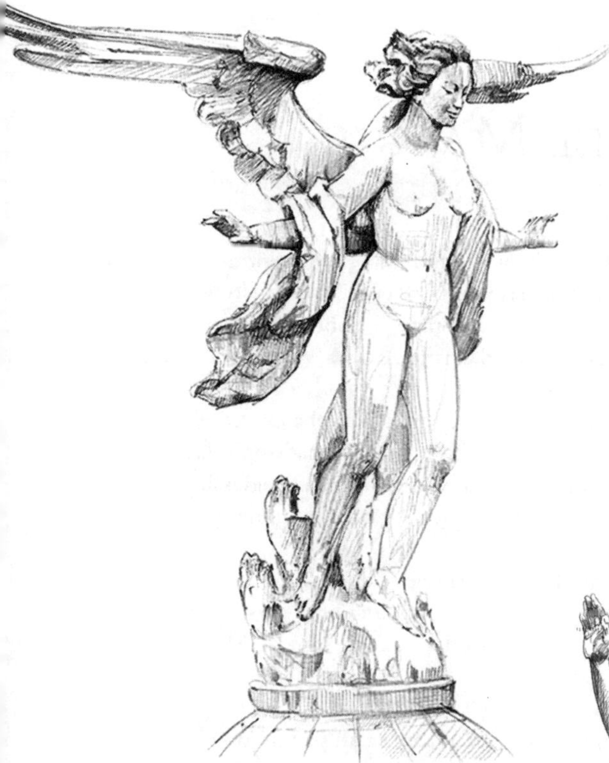

■ VICTORIA ALADA.
Edificio Metrópolis
Calle de Alcalá, 39.
Corona el edificio Metrópolis, uno de los más emblemáticos de Madrid. Es una escultura en bulto redondo realizada por Federico Coullaut Valera que representa a la diosa griega Niké, hija de Zeus, cuya figura solía acompañar a Atenea. Niké podía volar y correr a gran velocidad, repartiendo buena suerte.

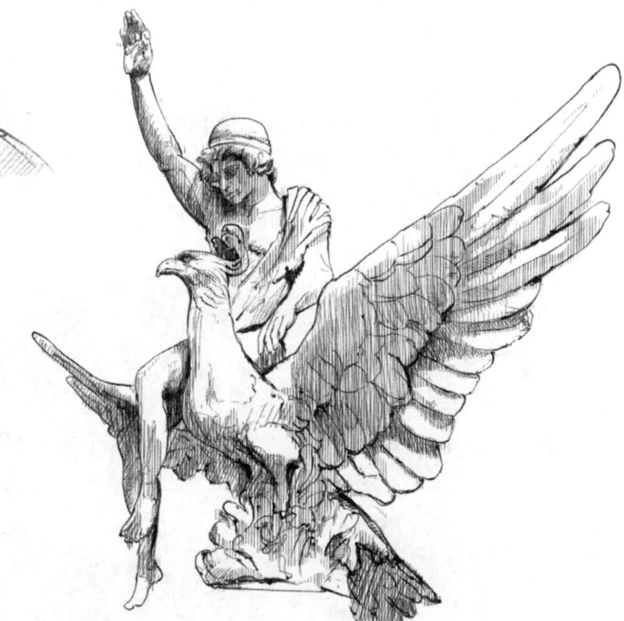

■ GANÍMEDES Y EL AVE FENIX
Paseo de la Castellana, 33.
El joven que vuela sobre el ave fénix es Ganímedes, príncipe de Troya, secuestrado por Zeus, que lo convirtió en su amante. Es obra del escultor Charles René de Saint-Marceaux.

A principios de los años setenta, la compañía Mutua Madrileña vendió el edificio a la aseguradora Metrópolis. Los antiguos propietarios decidieron llevarse la estatua —por entonces elemento familiar del paisaje madrileño— a su edificio en el Paseo de la Castellana. Finalmente, fue reemplazada por otra que representa la Victoria Alada, obra de Federico Coullaut Valera. La figura original de Ganímedes y el Ave Fénix se encuentra ahora en el jardín de la sede de la Mutua Madrileña, en el número 33 del Paseo de la Castellana.

17.
Puertas de Madrid

Madrid fue durante siglos una ciudad amurallada y, para entrar y salir de ella, había que pasar por varias puertas y portillos. Cinco de las puertas eran reales o de registro, y a su paso se cobraban impuestos. Fue el caso de las de Segovia, Guadalajara, Atocha, Alcalá y Toledo, de las cuales solo se conservan las dos últimas.

Los pagos iban destinados a la Hacienda Real o a al señor si estaba en un señorío jurisdiccional. El importe estaba fijado en unos aranceles confeccionados por las autoridades, y solían mantenerse estables durante bastantes años. Se consideraba carga mayor la transportada por una mula, caballo o yegua, y menor la que llevaba un asno.

Tanto puertas como portillos tenían un horario, ya que se abrían con las primeras luces y cerraban a las diez de la noche en invierno, una hora más tarde en verano. Los portillos cerraban al anochecer. Nadie podía entrar o salir de Madrid durante la noche.

La ley de 31 de diciembre de 1881 suprimió este tributo definitivamente, y también el de «pontazgo» y «barcaje», que se pagaban al cruzar un puente o un río.

Con los años se construyeron otras puertas monumentales en diferentes emplazamientos de la ciudad.

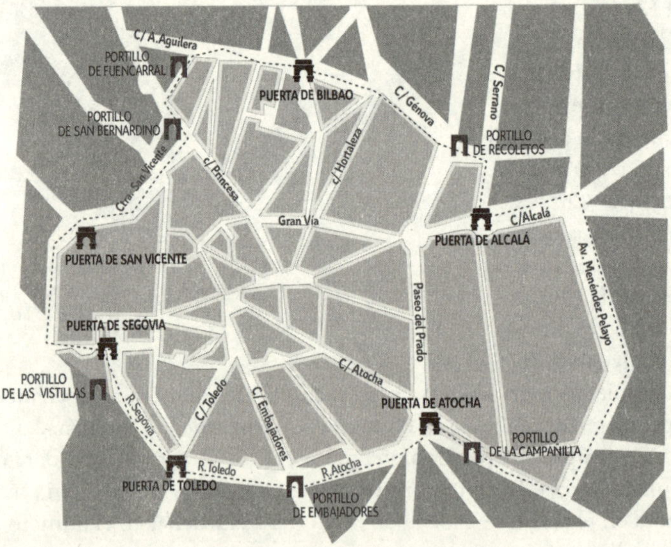

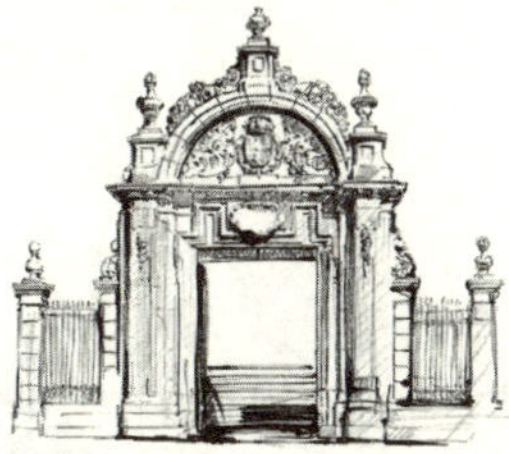

PUERTA DE FELIPE IV

Distrito de Retiro / Barrio de Los Jerónimos.

Se construyó para conmemorar la entrada en Madrid de doña Mariana de Neoburgo, segunda esposa de Carlos II y, primeramente, se situó junto a la actual Plaza de Cánovas del Castillo, ya que en aquella época El Retiro llegaba hasta esa zona. En 1922, se instaló en su actual ubicación, frente al Casón del Buen Retiro, dando acceso al Parterre del parque.

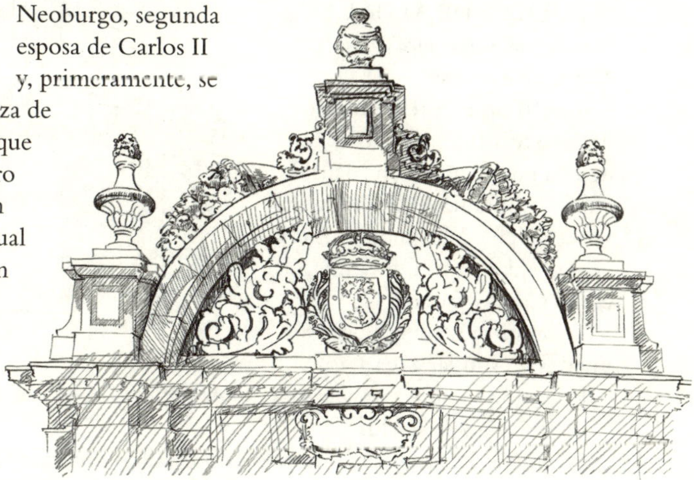

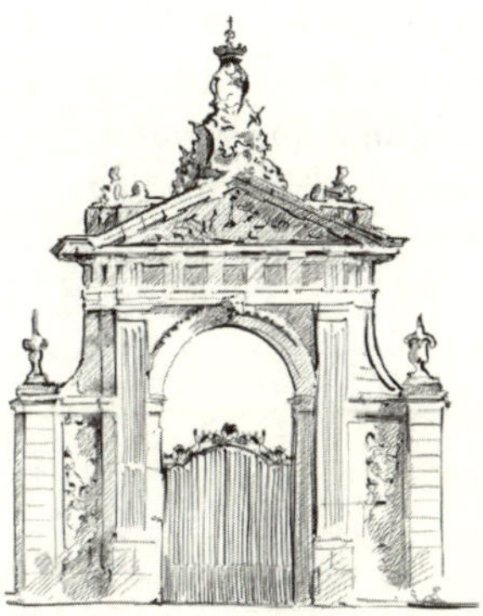

PUERTA DE HIERRO

Distrito Moncloa-Aravaca / Barrio de Universidad.

Fue erigida como entrada al Real Sitio de El Pardo, zona de caza tradicional de los reyes de España, a mediados del siglo XVIII, durante el reinado de Fernando VI. Su nombre hace alusión a la verja de hierro que cierra sus vanos. Esta construida en piedra blanca y granito, rematada por un frontón y decorada con un escudo real, dos esfinges y ornamentos militares y de caza.

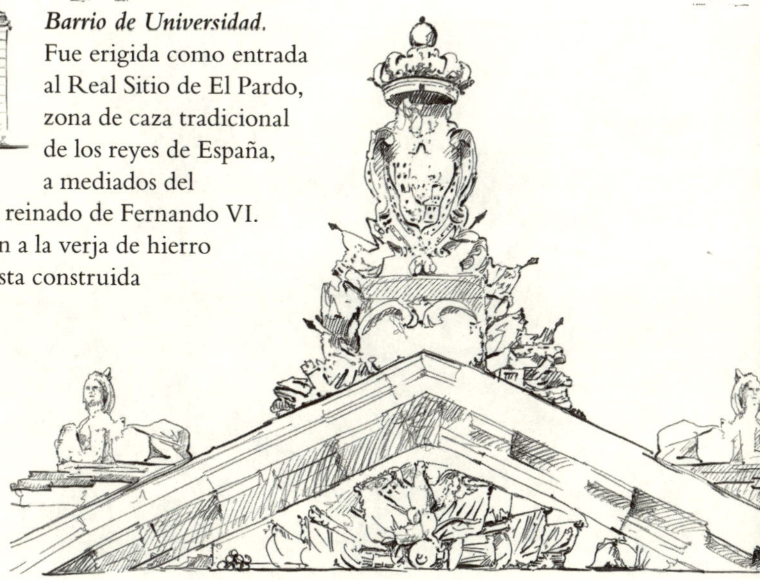

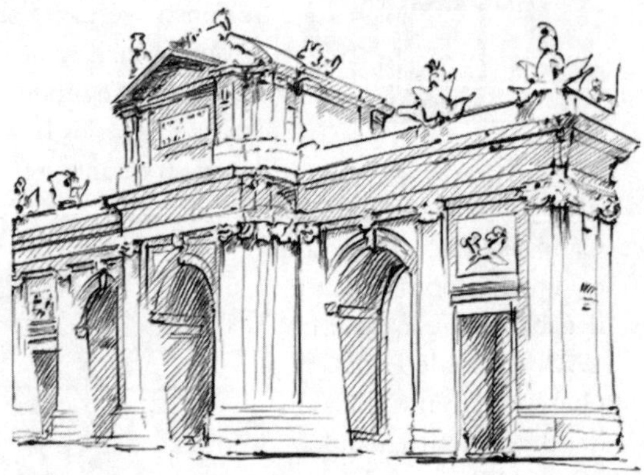

■ PUERTA DE ALCALÁ

Distrito de Salamanca / Barrio de Recoletos.

Carlos III ordenó al arquitecto italiano Sabatini la construcción de una nueva puerta en Madrid en el Camino de Alcalá, un gran proyecto que debía modernizar la ciudad y darle una nueva imagen como Corte ilustrada.

Con sus tres arcos y dos puertas, es similar a los arcos del triunfo romanos y precursora del Arco del Carrusel de París y la Puerta de Brandenburgo de Berlín.

Como es habitual en las puertas de entrada a una ciudad, las dos caras son distintas en cuanto a su decoración, generalmente más adornada la exterior. Las esculturas del lado oeste, el que mira al centro de la ciudad, representan trofeos militares formados por banderas, armas, corazas y cascos, esculturas que su autor, Roberto Michel, denominó «torsos». Sobre la cornisa descansan cuatro armaduras vacías que simbolizan la paz.

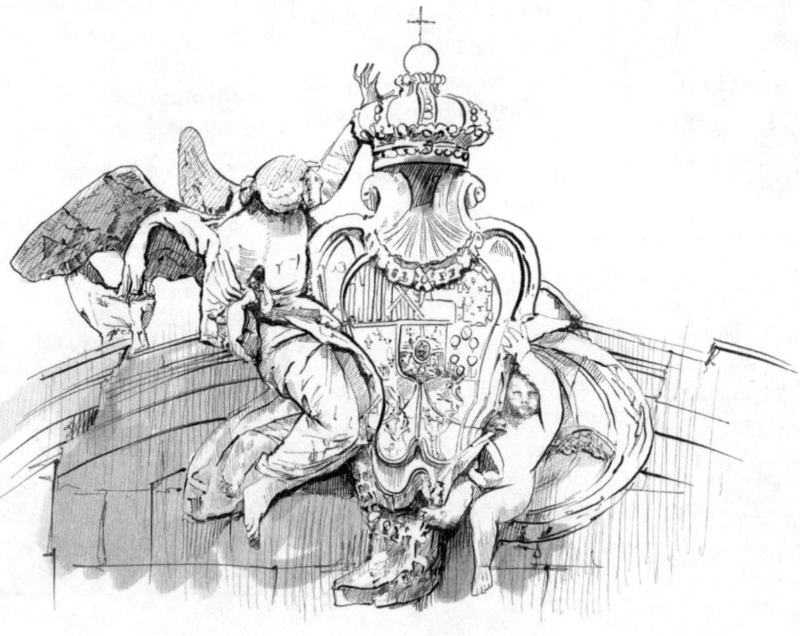

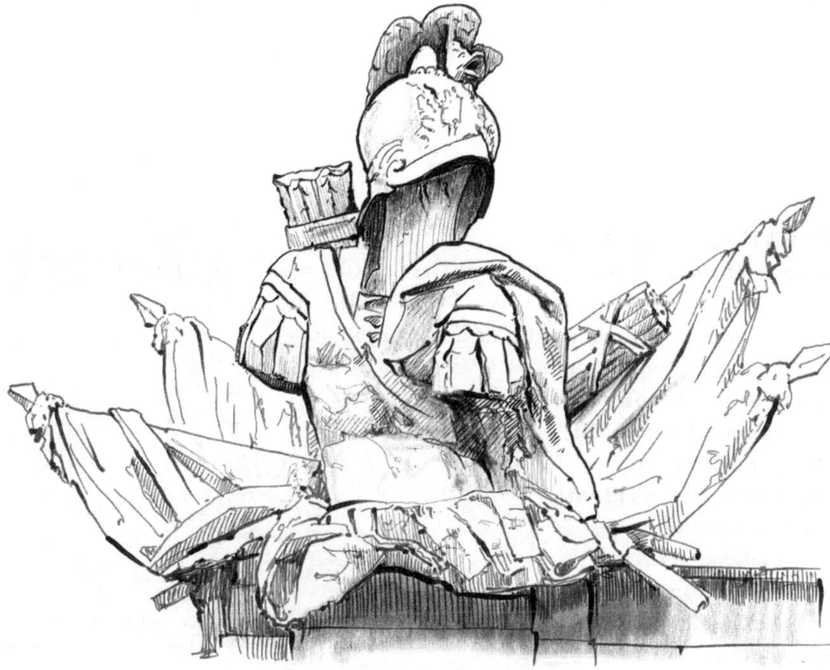

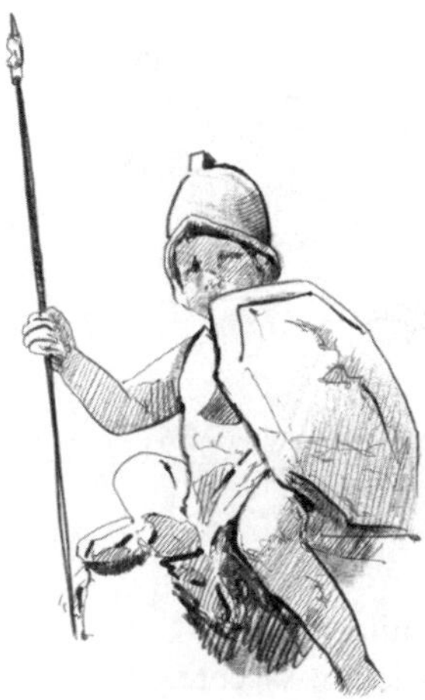

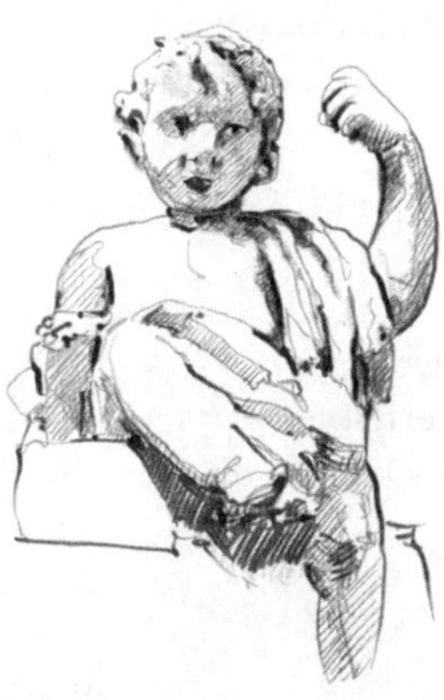

En su cara este, coronando la puerta y sobre el arco central, se encuentra el escudo real sostenido por la Fama —sin su característica trompeta— y un Genio en forma de niño.

Son esculturas de gran tamaño, pues la Fama y el escudo miden casi 4 metros y medio de alto. La Fama en mitología representa la voz pública. Se encargaba de narrar los hechos de los héroes y de difundir las grandes gestas. Por su parte, los Genios eran espíritus protectores.

Los niños representan las virtudes cardinales: la Fortaleza, con escudo y lanza; la Justicia, con un «fascio» y una balanza, hoy desaparecida; la Templanza, con un estribo, y la Prudencia, con un espejo que hace alusión a las virtudes reales.

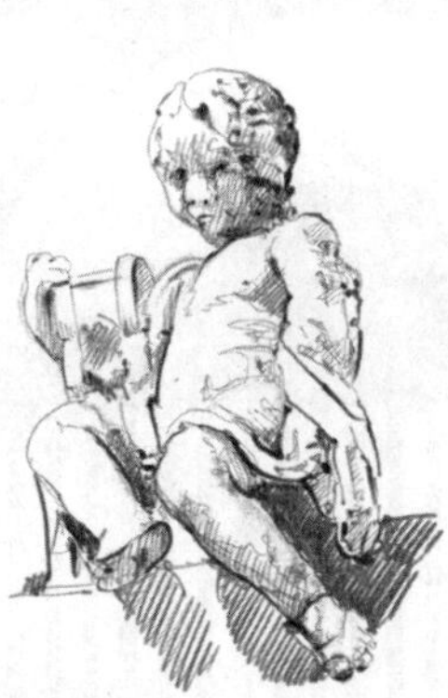

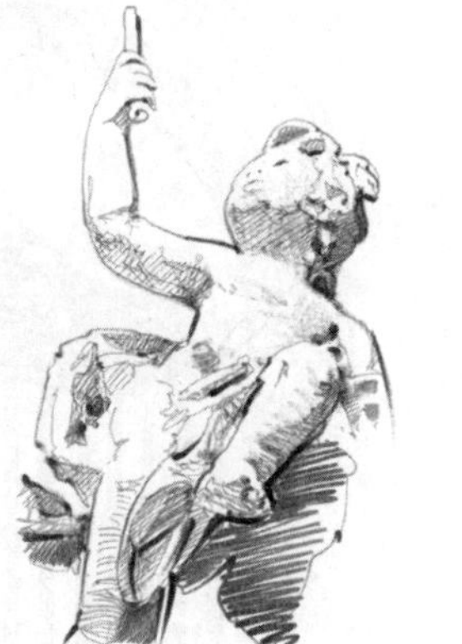

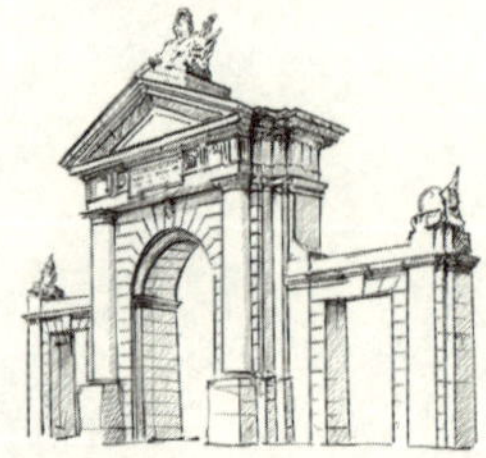

PUERTA DE SAN VICENTE

Distrito de Moncloa-Aravaca / Barrio de Casa de Campo.
Construida por Carlos III sobre la cerca de la ciudad, fue desmontada hacia 1892 y sus restos desaparecieron, por lo que hubo de ser reconstruida en 1995, según la puerta original de Sabatini de 1775. Debe su nombre a una estatua de san Vicente que tuvo la puerta original.

Su posición hoy es inversa a la puerta primitiva, ya que en la actualidad se ha perdido la función de las puertas como imagen de la ciudad, por ello la cara exterior original, más ornamentada, se contempla desde el interior de la villa.

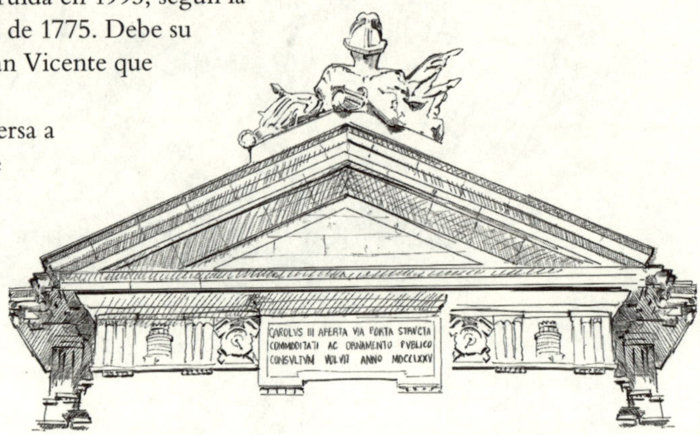

PUERTA REAL

Distrito de Retiro / Barrio de Los Jerónimos.
La Puerta Real o Puerta de Carlos III se erigió en el último tercio del siglo XVIII, en granito y con un diseño muy similar al de la Puerta de San Vicente. Se encuentra en el Paseo del Prado y fue diseñada por Sabatini como entrada principal del Real Jardín Botánico. A través de ella se accede a uno de los ejes más importantes del citado jardín: el Paseo de Carlos III.

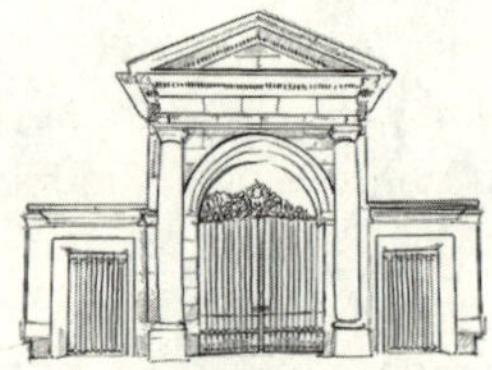

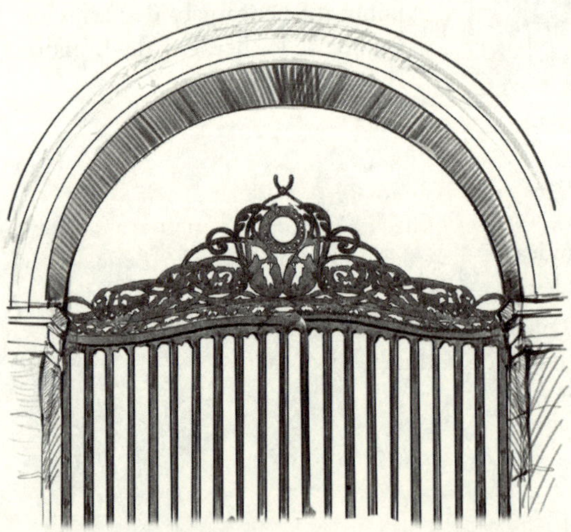

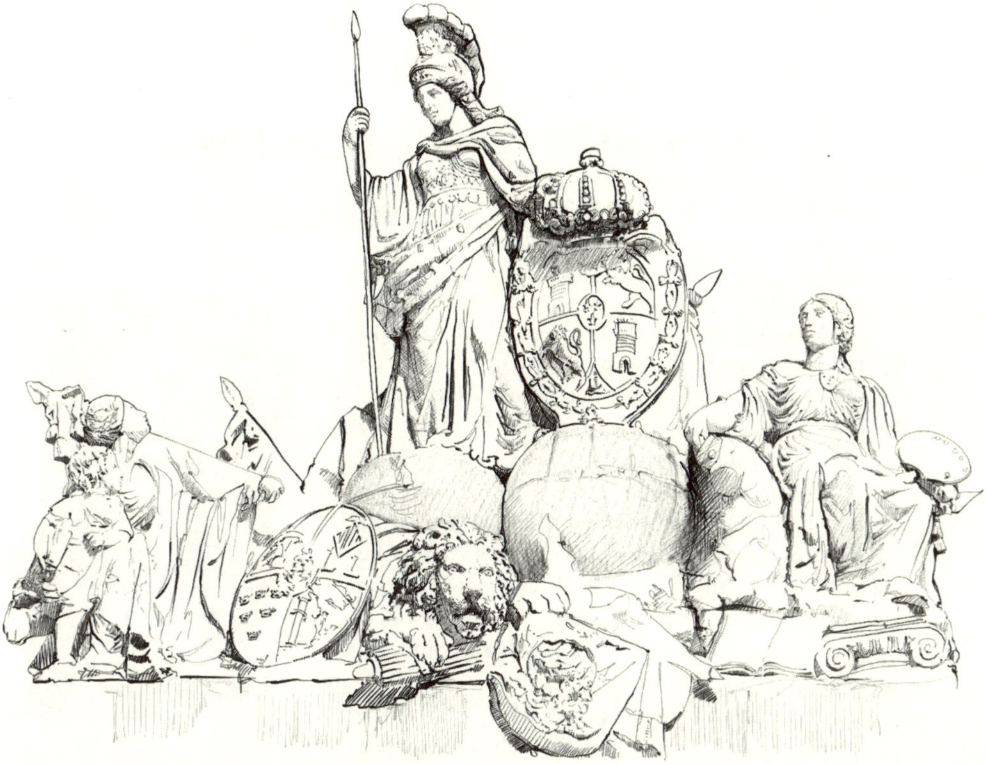

■ PUERTA DE TOLEDO

Distrito de Centro / Barrio de Embajadores.

Es la última puerta monumental erigida en el antiguo recinto de Madrid. Se diseñó en 1813 para celebrar la llegada de José Bonaparte al trono español, pero ese mismo año los franceses fueron expulsados y el proyecto se paralizó. A la vuelta de Fernando VII, se retomó dedicándose el monumento al nuevo monarca y a la victoria española sobre los invasores.

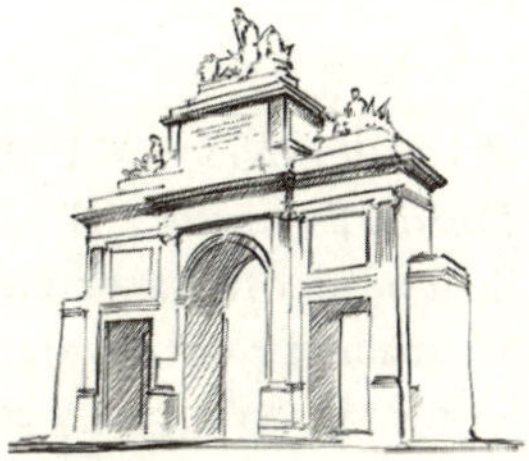

El grupo escultórico central de la Puerta de Toledo está formado por una alegoría de España y sus provincias. Sostiene el escudo real y se posa en dos esferas que simbolizan el poder de la monarquía en los dos hemisferios. Está rodeada por las alegorías de las Artes y las Provincias, representadas por dos matronas.

En los laterales hay diversos trofeos militares —armaduras, cañones y escudos— que simbolizan el triunfo en la Guerra de la Independencia.

18.

Locales y comercios centenarios

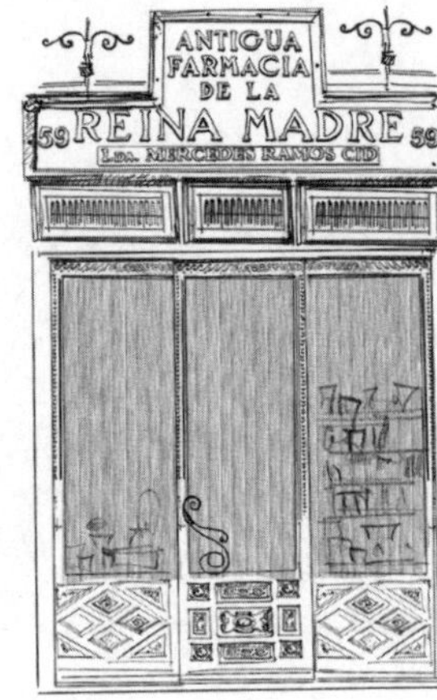

■ **FARMACIA DE LA REINA MADRE (1578). El comercio más antiguo de Madrid**
Distrito de Centro / Barrio de Sol / Calle Mayor, 59.
Algunos investigadores recogen que fue fundada en 1578 por un alquimista veneciano. Abasteció la Casa Real durante décadas. Felipe V escogió esta farmacia para adquirir distintos productos, pues temía envenenamientos de los farmacéuticos del Alcázar de Madrid. Fue este monarca quien le concedió el escudo oficial y el nombre de Reina Madre en alusión a su segunda esposa, Isabel de Farnesio, italiana como el fundador de la botica y madre del futuro Carlos III, para quien fabricaban una pomada especial.

Se cuenta que había un pasadizo subterráneo que conectaba directamente con el Palacio Real. Hoy el túnel está tapiado a los 5 o 6 metros, pero se conserva la trampilla y el inicio del pasadizo.

■ **LA POSADA DEL PEINE (1610). El hotel más antiguo de Madrid**
Distrito de Centro / Barrio de Sol / Calle de Postas, 17.
Se funda en 1610, cuando su propietario, Juan Posada, transforma una casa particular en una hospedería. Estratégicamente situada entre la Plaza Mayor y la Casa de Postas —lugar de recepción y envío del correo real de postas y punto de llegada de carruajes a Madrid—, debe su nombre a la colocación de un peine en cada habitación para los clientes, pero atado de una cuerda para impedir su robo. Dicen que tenía 150 habitaciones, siendo las más caras las que disfrutaban de ventana. Una leyenda cuenta que la habitación 126 poseía un armario que ocultaba una estrecha escalera secreta que conducía a una habitación oculta en el piso superior del edificio.

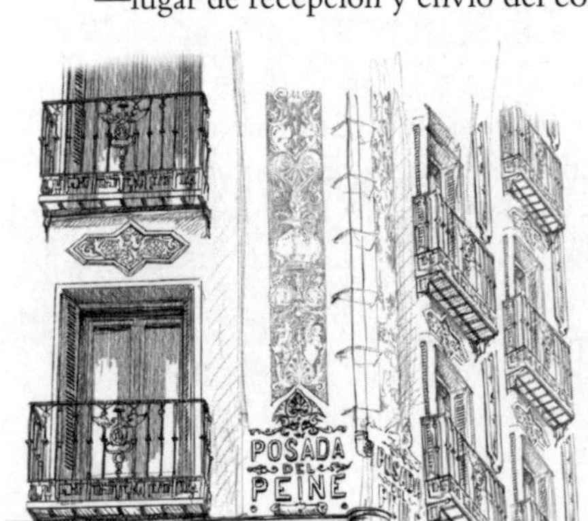

Desde el 2005 y tras su rehabilitación, abrió nuevamente como un hotel.

■ LIBRERÍA DE SAN GINÉS (1650)

Distrito de Centro / Barrio de Sol / Pasadizo de San Ginés, 2.

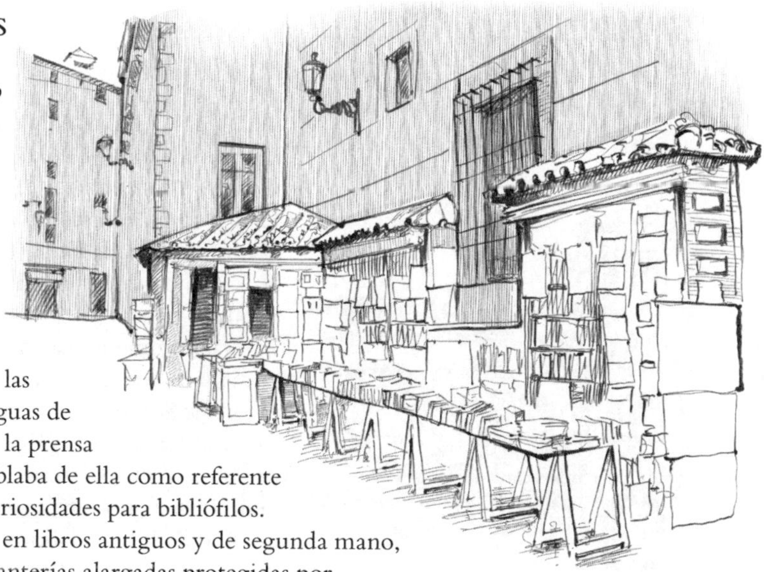

En un tranquilo pasaje junto a la calle del Arenal, cerca de la Puerta del Sol, se encuentra una de las librerías más antiguas de España. En 1805, la prensa de la época ya hablaba de ella como referente para encontrar curiosidades para bibliófilos.

Especializada en libros antiguos y de segunda mano, la forman dos estanterías alargadas protegidas por persianas, y una casita de madera que sirve de almacén y refugio al librero. Junto a ella, unas mesas a pie de calle exponen los títulos más variados.

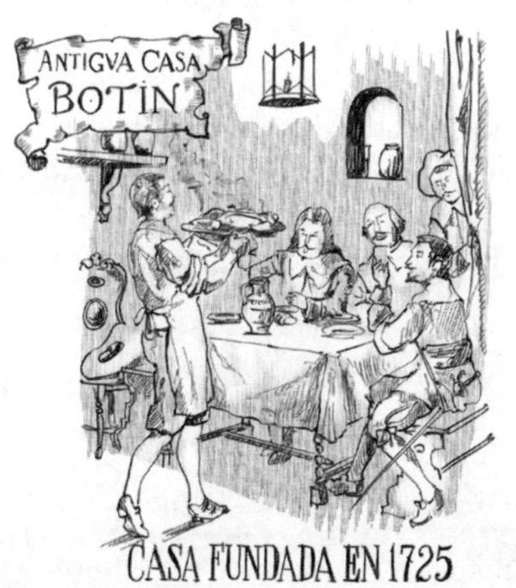

■ CASA BOTÍN (1725)

Distrito de Centro / Barrio de Sol / Calle Mayor, 59.

Fue fundada por Cándido Remis, pariente del cocinero francés Jean Botín, que abrió una pequeña posada en la calle de Cuchilleros y le dio el nombre familiar al establecimiento.

Es considerado el restaurante más antiguo del mundo según el *Libro Guinness de los Récords* y uno de los referentes de la mejor cocina tradicional en Madrid. Para la revista *Forbes* ocupa el tercer puesto entre los diez mejores restaurantes clásicos del mundo.

Su larga historia ha quedado plasmada en algunas obras literarias, como *Fortunata y Jacinta*, de Pérez Galdós, o las *Greguerías* de Gómez de la Serna.

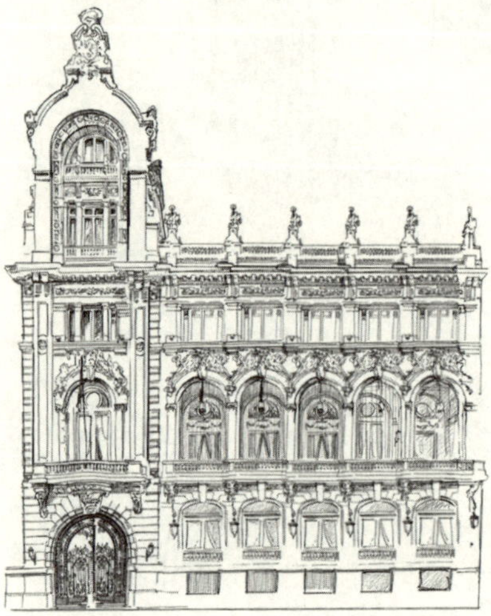

■ CASINO DE MADRID (1836)

Distrito de Centro / Barrio de Sol / Calle de Alcalá, 15

El club social, embrión del futuro Casino de Madrid, fue fundado en 1836, trasladándose en 1910 a su actual sede de la Calle de Alcalá.

Nació como iniciativa de un pequeño número de tertulianos que se reunían en el café de Sólito, en la Calle del Príncipe, frente al actual Teatro Español. El aumento del número de socios hizo que en 1903 se decidieran a construir un local propio dejando de lado la política y como lugar de entretenimiento. Por ello eligieron el nombre de origen italiano, «Casino», y no el de Sociedad, con una mayor significación política.

Fue todo un hito de la arquitectura madrileña de principios del siglo XX y en el diseño del edificio, de estilo ecléctico, participaron arquitectos y artistas españoles y extranjeros.

Toda la obra, tanto en el exterior como en el interior, fue construida con los mejores materiales y sufragada con el aporte de los socios. Su patrimonio artístico es inmenso, tanto por el edificio en sí, como en pintura y artes decorativas.

Fue declarado Bien de Interés Cultural en 1993. En la actualidad acoge eventos sociales diversos, como congresos y visitas oficiales.

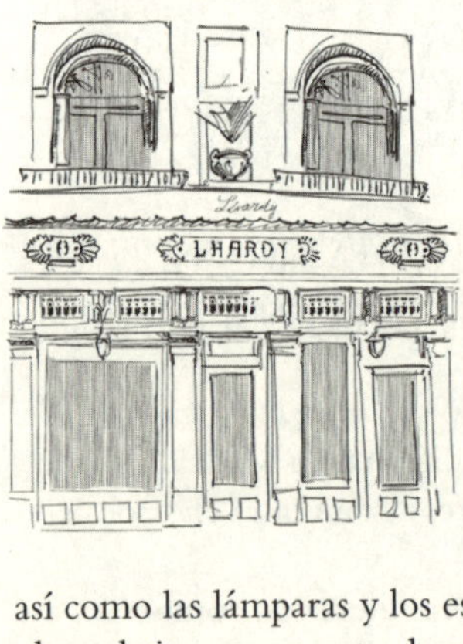

■ RESTAURANTE LHARDY (1839)

Distrito de Centro / Barrio de Cortes / Calle de la Carrera de San Jerónimo, 8.

Es el primer restaurante español creado según las normas de la restauración actual. Fue fundado por Emilio Huguenin Lhardy en 1839, y hoy es famoso por su cocina madrileña con un toque de la clásica afrancesada. Tienen fama sus barquetas de riñón o el consomé que se puede autoservir desde en un samovar ruso de plata.

La hermosa fachada de caoba y cristal de bohemia, así como las lámparas y los espejos del interior, nos trasladan al siglo XIX. En la planta baja, se encuentra la pastelería que fue el negocio original.

■ **MERCADO DE SAN MIGUEL (1909).**
Distrito de Centro / Barrio de Palacio / Plaza de San Miguel, 1

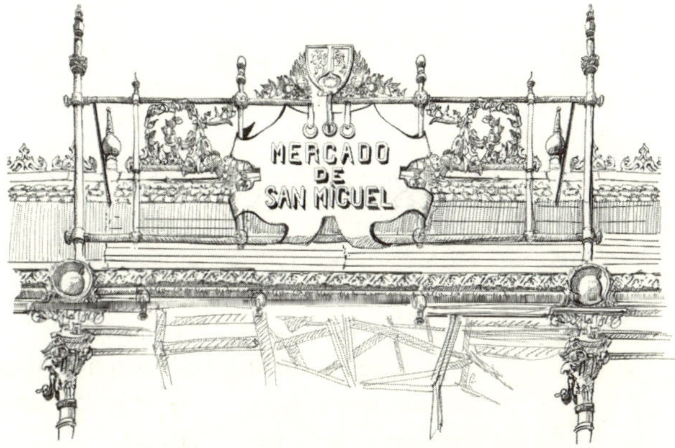

Se encuentra en el corazón del Madrid castizo, donde hubo un mercado medieval y más tarde la iglesia de San Miguel, demolida por José Bonaparte para la construcción de una plaza de la que toma su nombre.

Fue construido en 1916 con una estructura de hierro fundido —también en las cubiertas y el sistema de desagües— con una crestería de cerámica.
Es el único mercado que se conserva de la denominada arquitectura del hierro, tras la desaparición de los mercados de La Cebada, La Paz y Los Mostenses.
Está considerado Bien de Interés Cultural en la categoría de Monumento.

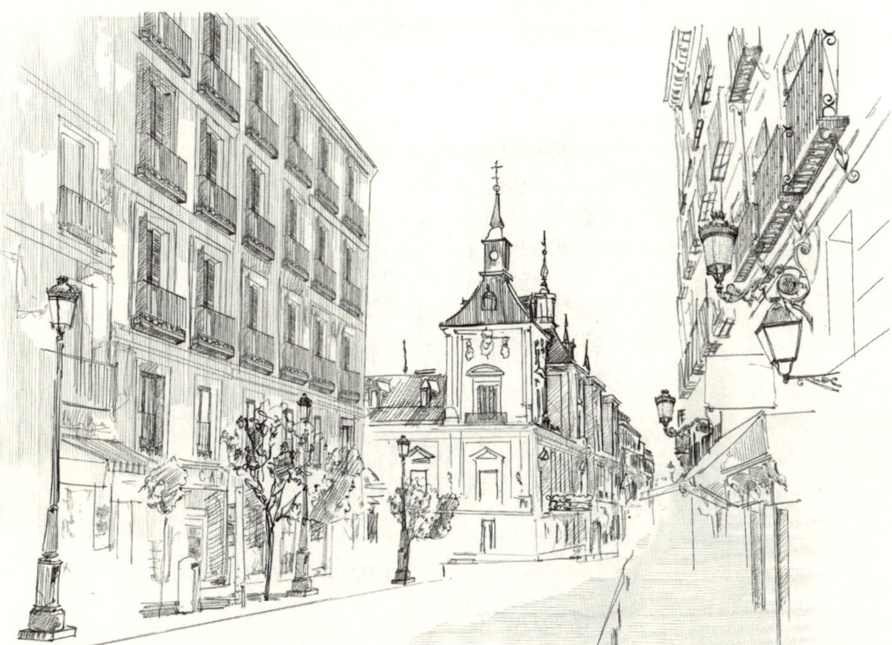

Calle Mayor y al fondo la Plaza de la Villa

19.
Distritos de Madrid

Madrid tiene 21 distritos y 131 barrios, aunque hay que destacar que no siempre hay correspondencia entre los barrios históricos o populares y los administrativos.

Dentro de la «almendra central», que comprende los barrios del interior de la vía de circunvalación M-30, encontramos siete distritos: Centro, Arganzuela, Retiro, Salamanca, Chamartín, Tetuán y Chamberí.

El distrito que más barrios contiene es Ciudad Lineal, con nueve, y el que menos, el de Villa de Vallecas, con solo tres.

La población se reparte de una forma desigual por la superficie de Madrid, siendo las zonas más habitadas las situadas en la «almendra» central.

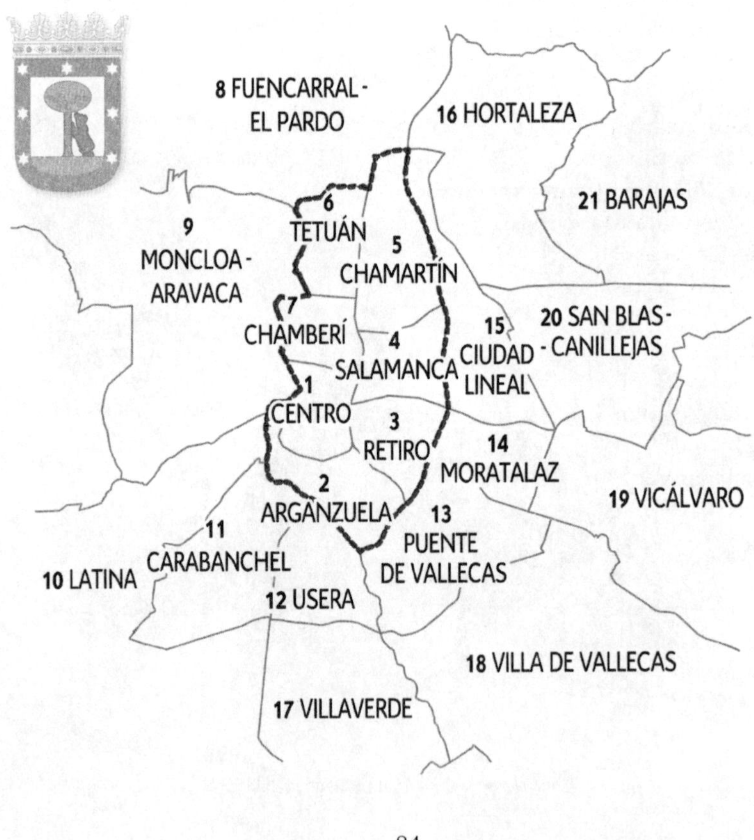

Los distritos más poblados son: Chamberí, Tetuán, Salamanca y Centro. El menos poblado es el distrito Fuencarral-El Pardo, debido al gran espacio natural del Monte del Pardo.

Madrid tiene tantas facetas y caras diferentes como barrios. Muchos son sus rincones, monumentos y lugares con encanto y de recreo, pero numéricamente destaca por su cantidad en interés histórico el distrito Centro. Entre estatuas, grupos escultóricos y ornamentales, así como puertas y fuentes, es el que más patrimonio aglutina con más de trescientos monumentos.

DISTRITO DE CENTRO

Se considera el corazón de Madrid, pues guarda los más antiguos y relevantes monumentos de la ciudad, las calles más comerciales, así como los órganos del poder municipal, regional y nacional más importantes. Con unas escasas 523,73 hectáreas de extensión, tiene una población que ronda los 150 mil habitantes.

Engloba los barrios de Palacio, Embajadores, Cortes, Justicia, Universidad y Sol.

Incluye las siguientes zonas:

- **Madrid de los Austrias**
- **Barrio de Lavapiés**
- **Barrio de La Latina**
- **Madrid de los Borbones**
- **Barrio de Malasaña (también conocido como Barrio de Maravillas)**
- **Zona de Chueca**
- **Barrio de las Letras**

Dos de las diez calles más transitadas de Europa, se encuentran en este distrito de Centro: la Gran Vía y Preciados.

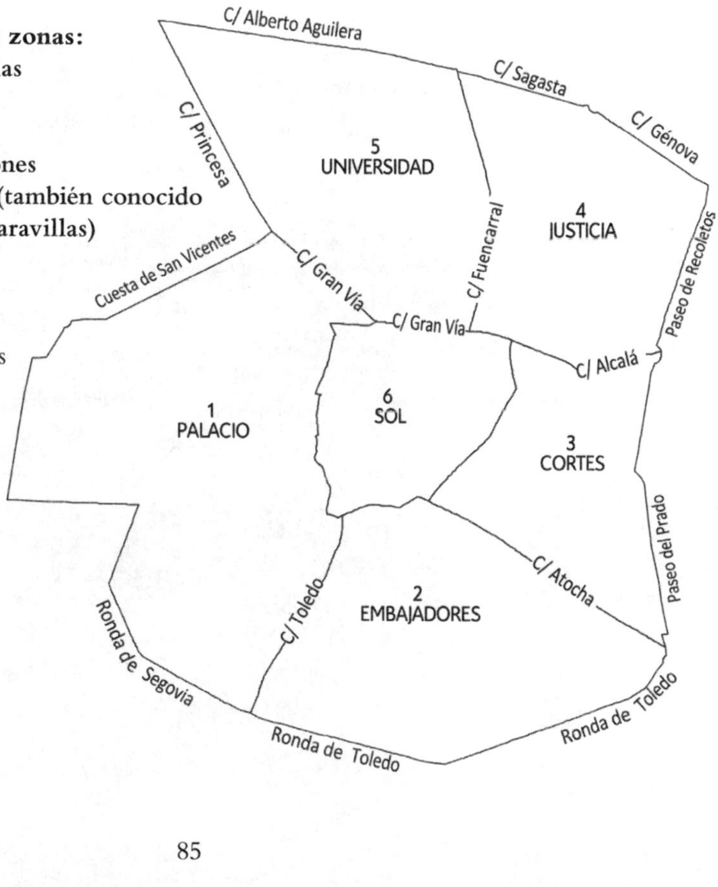

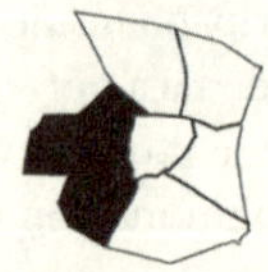

BARRIO DE PALACIO

En este barrio, la historia habla en cada esquina y convive con el bullicio y la calma, el arte popular y lo erudito, la piedra y el hormigón, la religión y la vanguardia.

Con una antigüedad de doce siglos, es uno de los más transitados de la ciudad y el más habitado.

Aunque su nombre oficial es «Barrio de Palacio», está compuesto por otros barrios «no oficiales»: La Latina, Las Vistillas y el barrio de los Austrias.

La zona entre la Calle de Segovia, las Vistillas, Puerta de Toledo, el Rastro y la Plaza de la Cebada se conoce como La Latina y sus calles conservan hoy el mismo trazado que observamos en el plano de la Villa de 1656. Algunos de sus nombres, como la Plaza de la Puerta de Moros, Plaza de la Cebada o Calle de la Morería, dan testimonio de aquella época. El barrio debe su nombre a doña Beatriz Galindo, humanista y preceptora de la familia de los Reyes Católicos, llamada «la Latina» por ser maestra de latín de la reina y sus hijas. Ella fundó el Hospital de la Latina en el solar donde hoy se encuentra el Teatro del mismo nombre.

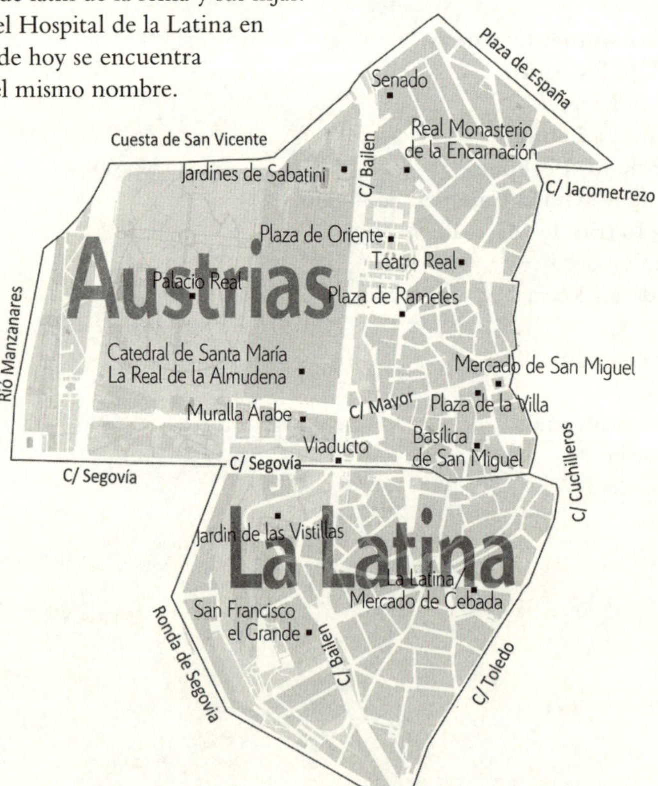

■ PLAZA DEL HUMILLADERO (h. 1500)
■ IGLESIA DE SAN ANDRÉS (1642)
■ MUSEO DE SAN ISIDRO (1989)

Distrito de Centro / Barrio de La Latina

La plaza toma su nombre del «humilladero» de san Francisco que existía en este lugar. Aquéllos eran lugares de devoción en la encrucijada de los caminos señalados con una cruz, símbolo de la entrada o salida de un asentamiento cristiano, y se tenía la costumbre de «humillarse» o inclinar levemente la cabeza al pasar ante ellos en señal de respeto.

La iglesia de san Andrés se construyó en el antiguo arrabal mozárabe y sobre la mezquita más importante de la ciudad. Según la documentación, ya existía en el siglo XII, pero no sabemos la fecha exacta de su construcción. Allí está enterrado el patrón de Madrid, san Isidro, que habitaba junto a su esposa en la vecina casa de los Vargas, que hoy alberga un museo con su nombre. Los Reyes Católicos escogieron San Andrés como capilla real, accediendo a ella a través de un pasadizo alto cuando se alojaban en casa de los Lasso de Castilla, su residencia en Madrid.

Fue reconstruida a mediados del siglo XVII y, en 1925, declarada Monumento Nacional.

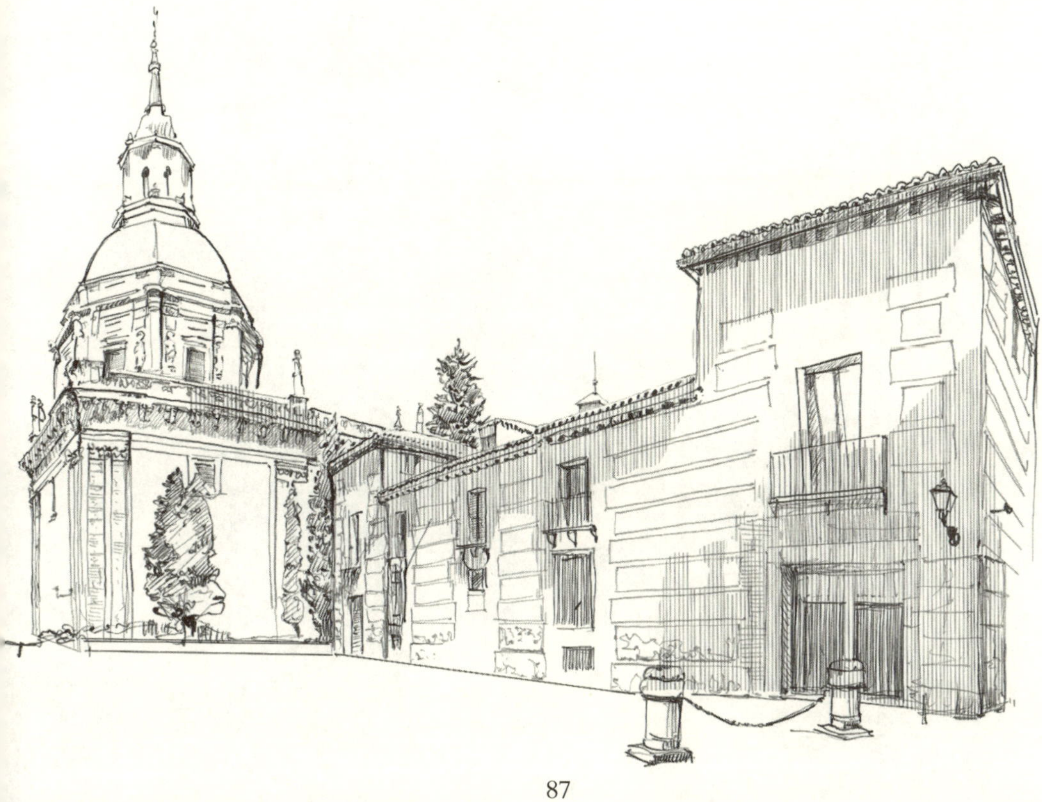

■ CAVA DE SAN MIGUEL (1566)

Distrito de Centro / Barrio de La Latina

En los límites del barrio de La Latina se encuentra la Cava de San Miguel, que sigue el recorrido de una fosa o «cava», añadido defensivo a la muralla de nueve metros de altura construida tras la reconquista cristiana.

Cuando Felipe II integró en la villa la Plaza del Arrabal (Plaza Mayor), hubo que derribar la muralla y rellenar la cava con toneladas de tierra para igualar el terreno, convirtiendo esta zona en una calle. Su característica curva se debe a la anchura de la base de los edificios de numeración par, que actúan así como muro de contención necesario para soportar el enorme peso de la explanada de la Plaza Mayor.

El nombre de San Miguel procede de la cercana Iglesia de San Miguel de Octoes, derribada en 1790.

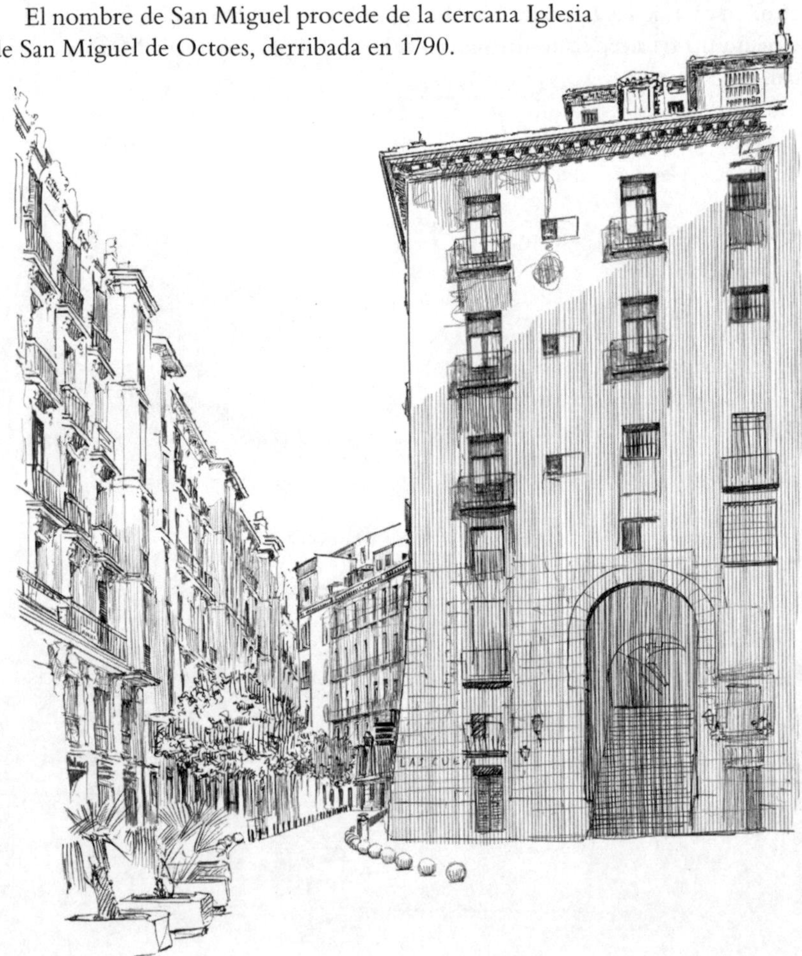

■ PLAZA DE LA VILLA (1644-1696)

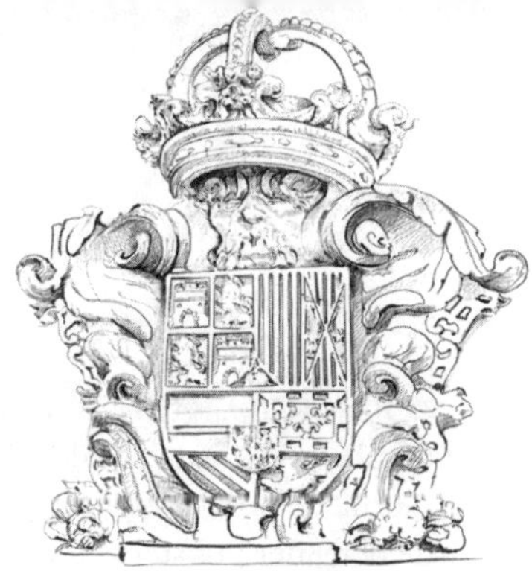

Distrito de Centro / Barrio de Palacio

Hasta el siglo XV se denominó Plaza del Salvador por encontrarse en ella la iglesia del mismo nombre, adoptando su nombre actual cuando la ciudad recibe el título de Noble y Leal Villa.

Uno de los principales núcleos urbanos del Madrid medieval, en ella confluyen tres pequeñas calles del primitivo trazado de la ciudad: la del Codo, la del Cordón y la de Madrid. Su singularidad queda demostrada por el gran valor histórico-artístico de tres de sus edificios: la Casa de los Lujanes, la Casa de Cisneros y la Casa de la Villa.

• **La Casa y Torre de los Lujanes.** Del siglo XV y estilo gótico-mudéjar, es el edificio civil más antiguo de la capital. Residencia de la familia Luján, poderoso linaje de origen aragonés, hoy es la sede de la Real Academia de Ciencias Políticas y Morales.

• **La Casa de Cisneros.** Construida en el siglo XVI en estilo plateresco, perteneció a Benito Jiménez de Cisneros, sobrino del Cardenal Cisneros. Durante un tiempo fue prisión y hoy forma parte de las dependencias del Ayuntamiento y no es visitable.

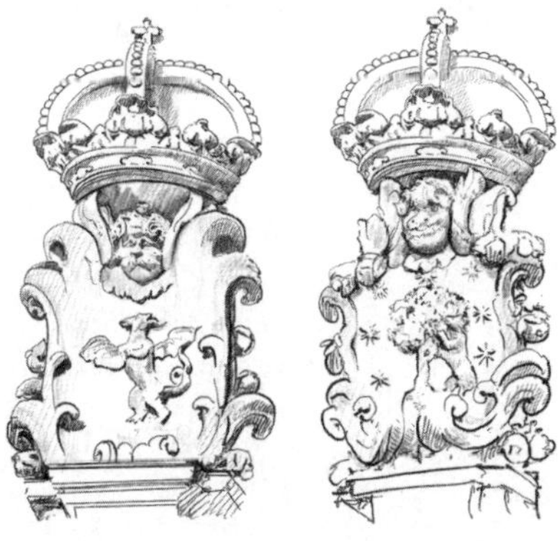

• **La Casa de la Villa** sustituyó a la desaparecida iglesia de San Salvador como lugar de reunión de los regidores de la villa. Se levantó sobre el antiguo edificio de Juan de Acuña y, en 1645, la restauró el arquitecto Juan Gómez de Mora. Tiene dos accesos que corresponden a sus dos funciones de Casa Consistorial y Cárcel de la Villa.

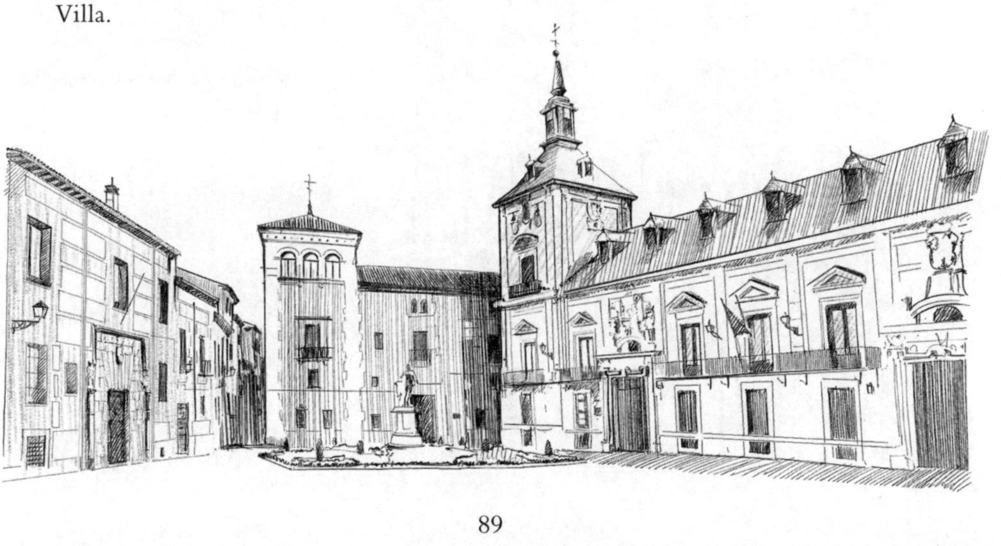

PALACIO REAL Y CATEDRAL DE LA ALMUDENA

Su ubicación de alto valor estratégico es la razón de que los musulmanes eligieran este altozano que hoy ocupa el Palacio Real para construir una fortaleza. Era fácil de defender por su escarpada orografía y perfecto para advertir los ataques de las tropas cristianas; estaba, además, rodeado de agua, básica no solo ante incursiones cristianas, sino para abastecer a los soldados.

En la plaza que se abre frente al Teatro Real, se hallaron restos de una atalaya islámica del siglo XI, parte de cuyos muros pueden observarse en la primera planta del aparcamiento subterráneo. Muy cerca del Palacio se hallaron también las bases de un sólido muro de la segunda mitad del siglo X, posiblemente el «albacar», o recinto anejo a la fortificación de la ciudad.

Los restos de mayor importancia e interés arqueológico del Madrid musulmán se hallan en la Cuesta de la Vega, frente a la catedral de la Almudena.

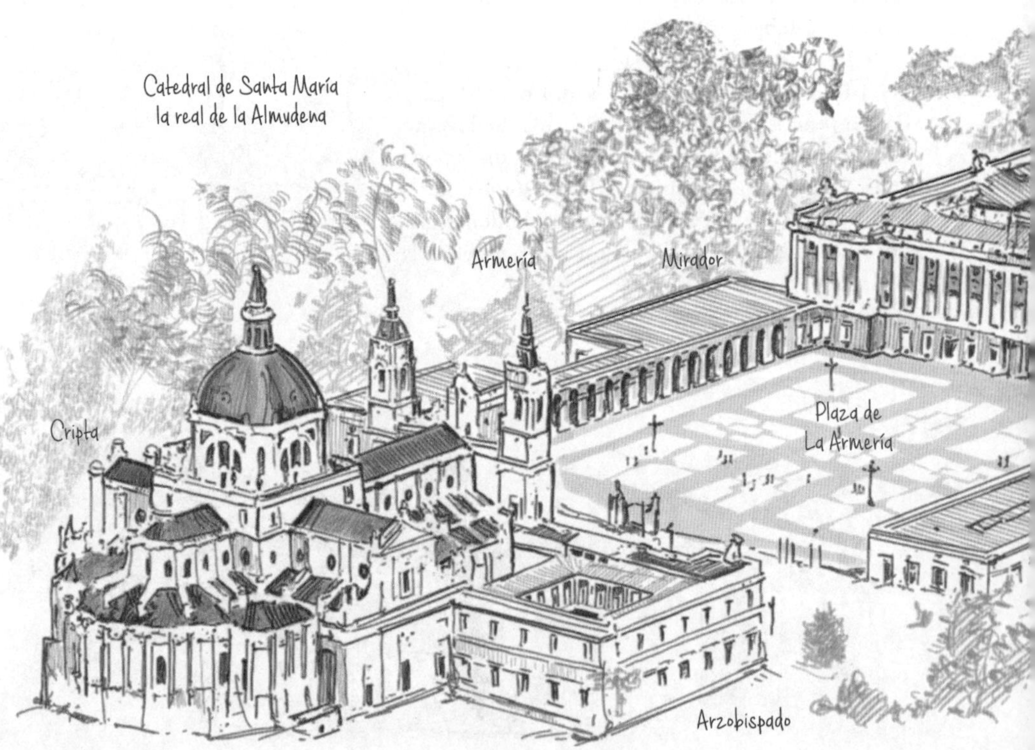

Imprescindibles en el barrio de Palacio:

- Palacio Real
- Catedral de la Almudena
- Teatro Real
- Plaza de Ópera
- Cava Alta y Cava Baja
- Plaza de la Villa
- Mercado de San Miguel
- Basílica de San Francisco el Grande
- Las Vistillas
- Viaducto

PALACIO REAL (1735)

Distrito de Centro / Barrio de Palacio / Calle de Bailén, s/n

De inspiración francesa y proporciones claramente italianas, su privilegiada situación, sobre una colina con vistas a poniente, acentúa su belleza y aspecto majestuoso.

Su construcción comenzó en 1738 sobre el solar del Alcázar de los Austrias, destruido tras un incendio, y ha sido residencia de la monarquía desde Carlos III hasta Alfonso XIII.

Con más de 135 000 m², tiene 3418 estancias (entre habitaciones y salas), cerca de 240 balcones, 2 plazas (Armería y Oriente), 2 jardines, (el Campo del Moro y Sabatini) y aproximadamente 44 escaleras. Sus dimensiones superan a otras residencias reales como los palacios de Buckingham y Versalles, siendo por ello la más grande de toda Europa Occidental.

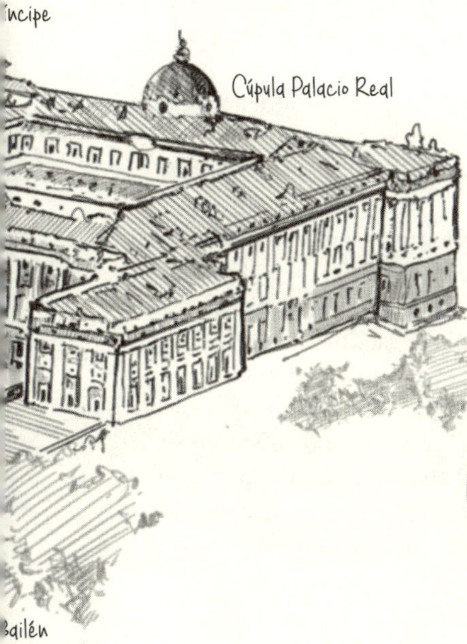

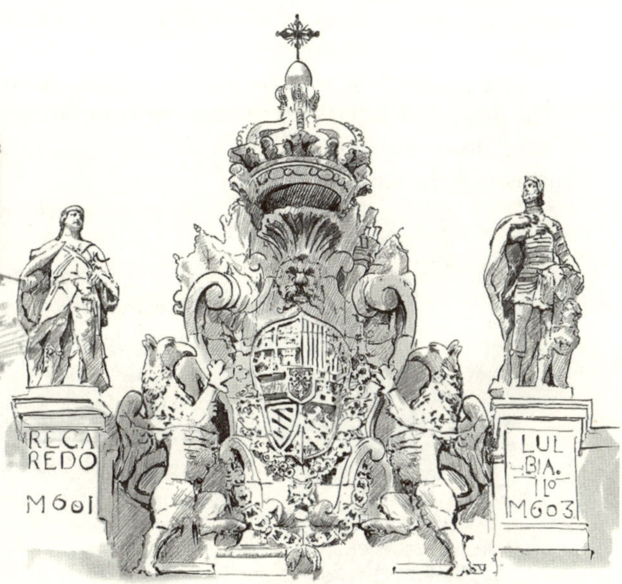

Detalle de fachada con dos glifos, que sostienen el escudo de armas de la Familia Real, escoltados por reyes visigodos.

El proyecto de su primer arquitecto, Filippo Juvara, era cuatro veces más grande, pero los reyes lo desestimaron por el alto presupuesto. Su sucesor, Sachetti, lo adaptó al terreno del antiguo alcázar.

Limita al norte, con los Jardines de Sabatini; al sur, con la Catedral de la Almudena; al este, con la Plaza de Oriente y al oeste, con los Jardines del Campo del Moro.

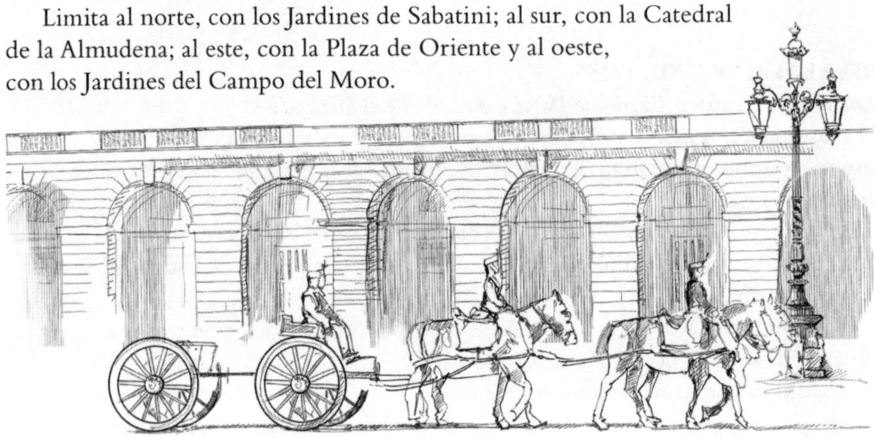

Algunos de sus salones son:

• **Salón de Columnas.** Tradicionalmente el día de Jueves Santo, en esta sala tenía lugar el «Lavatorio y Comida de Pobres», cuando el rey lavaba los pies y daban de comer a veinticinco necesitados.

• **Salón del Trono.** Sin duda, es la estancia más espectacular y contiene algunas estatuas que se rescataron del Alcázar de los Austrias.

• **Salón Gasparini**. Es uno de los más hermosos del palacio. En él se vestía el monarca en presencia de la Corte.

Otras estancias relevantes del palacio son: el Salón de Alabarderos, el Salón de Columnas, el Salón de Espejos, el Gabinete de Porcelana, la Real Capilla, la Sala de la Corona, el Antiguo Cuarto de la Reina, el del Infante don Luis, el de la reina María Luisa, el de Carlos IV y el Comedor de Gala, cuya mesa, de 80 metros de largo, es utilizada en cenas oficiales pudiendo acoger hasta 200 comensales, lo que la convierte en una de más más grandes de Europa.

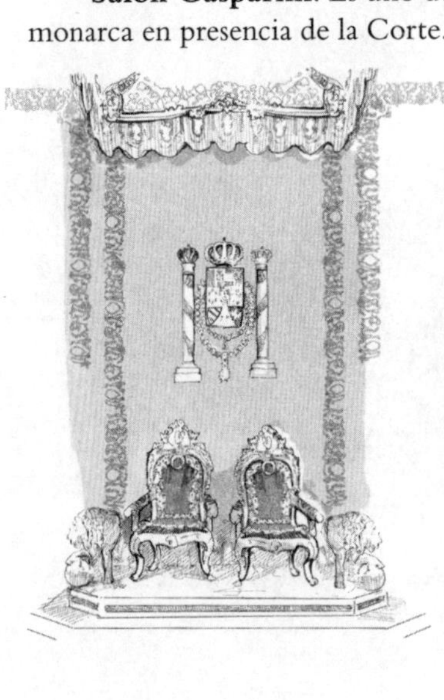

Salón del Trono. Los leones de bronce dorados del salón son herencia del antiguo alcázar de Madrid.

En la planta inferior se encuentran la Real Biblioteca, la Real Botica, la Real Armería, el Archivo General de Palacio y las cocinas reales.

Bajo la Plaza de la Armería se halla el Archivo General de Palacio. Con documentación de la Casa Real y Patrimonio Nacional, posee fondos de enorme valor, así como mapas o fotografías históricas.

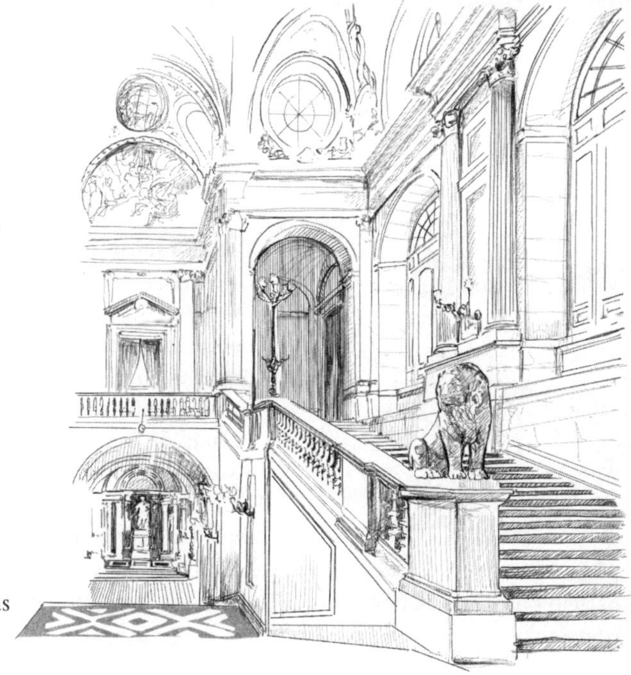

Escalera principal.

El Palacio Real es también escenario de ceremonias especiales llenas de tradición, como el relevo y cambio de guardia real, así como la presentación de cartas credenciales.

Relevo solemne y cambio de guardia
Tiene lugar en la Plaza de la Armería y finaliza en la Puerta del Príncipe del Palacio Real, donde los centinelas —dos a pie y dos a caballo—, con uniformes de gala azul, blanco y rojo, basados en los utilizados por el ejército español en tiempos de Alfonso XIII, realizan el relevo que finaliza con un concierto de la Unidad de Música de la Guardia Real.

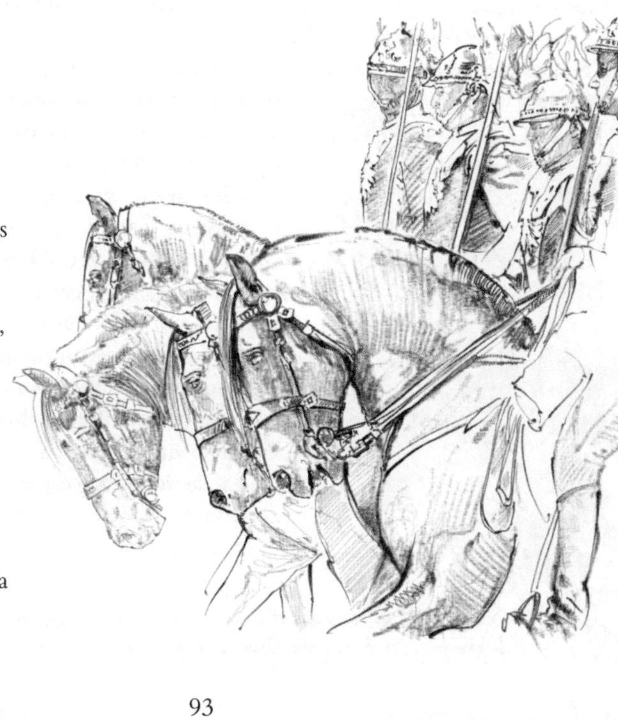

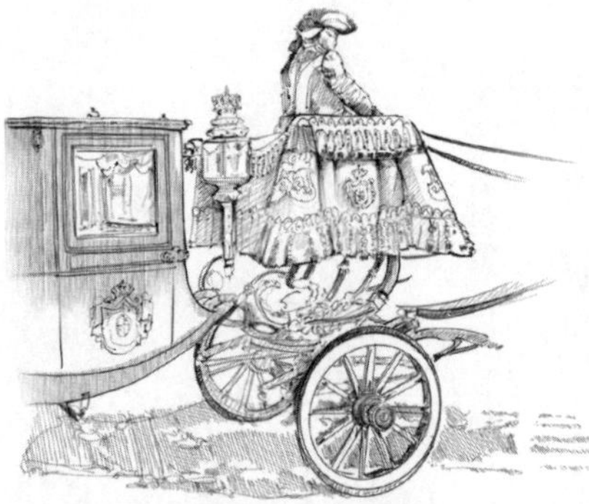

Presentación de cartas credenciales

La entrega de Cartas Credenciales ante el Jefe del Estado se realiza mediante una ceremonia oficial que se ha mantenido casi idéntica desde sus orígenes en el siglo XVIII hasta nuestros días.

Los embajadores se desplazan desde el Palacio de Santa Cruz —sede del Ministerio de Asuntos Exteriores— hasta el Palacio Real en carrozas de época, escoltados por el Escuadrón de la Guardia Real a caballo y la Escuadra de Batidores de la Policía Municipal. Son recibidos en el Patio de la Armería de palacio por la banda de música de la Guardia Real, que interpreta los himnos de los respectivos países.

■ PLAZA DE ORIENTE (1811)

Distrito de Centro / Barrio de Palacio

Su nombre se debe a que está situada al este del Palacio Real. Es un espacio monumental con varios jardines y una extraordinaria colección de esculturas de reyes españoles. Diseñada en 1844 por el arquitecto Narciso Pascual y Colomer, su promotor original fue José Bonaparte, quien en 1813 ordenó el derribo de varias viviendas medievales de la zona.

En el centro de la plaza se encuentra el monumento a Felipe IV, con la estatua ecuestre del rey realizada en bronce por Pietro Tacca en 1640. Fue la primera del mundo de este tipo en sostenerse sobre sus dos patas traseras. Para lograr esta proeza, el escultor contó con la ayuda de Galileo, que aconsejó hacer maciza la parte trasera y hueca la delantera. La figura del rey se realizó a partir de dos retratos del rey pintados por Velázquez.

La plaza acoge una colección escultórica de veinte reyes españoles, cinco monarcas visigodos y los quince primeros soberanos de los reinos cristianos medievales. Realizadas en piedra caliza, fueron creadas para la decoración de la cornisa del palacio, pero su excesivo peso lo desaconsejó.

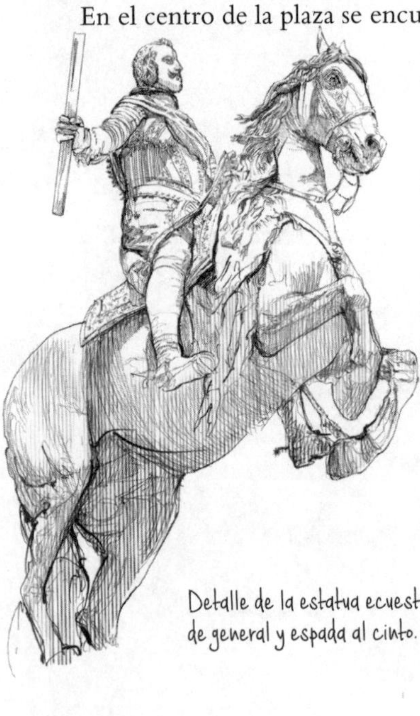

Detalle de la estatua ecuestre en bronce del rey Felipe IV, con media armadura, bastón de general y espada al cinto. Monta un caballo de raza española "en corveta".

■ SANTA MARÍA LA REAL DE LA ALMUDENA (1883)

Distrito de Centro / Barrio de Palacio / Calle de Bailén, 10

El primer proyecto de Francisco de Cubas en 1879 fue crear un panteón destinado a la fallecida reina María de la Mercedes. Con los años, el proyecto del marqués de Cubas se transformó en uno más ambicioso, inspirado en el gótico francés del siglo XIII, que integraba elementos de las catedrales de Reims, Chartres y León. Ese proyecto incorporaba una gran cripta neorrománica, base para la construcción de la catedral. Esta se concibió finalmente como un templo votivo erigido por el pueblo, pero la escasez de donativos y la falta de recursos económicos hicieron que la obra se alargara en el tiempo.

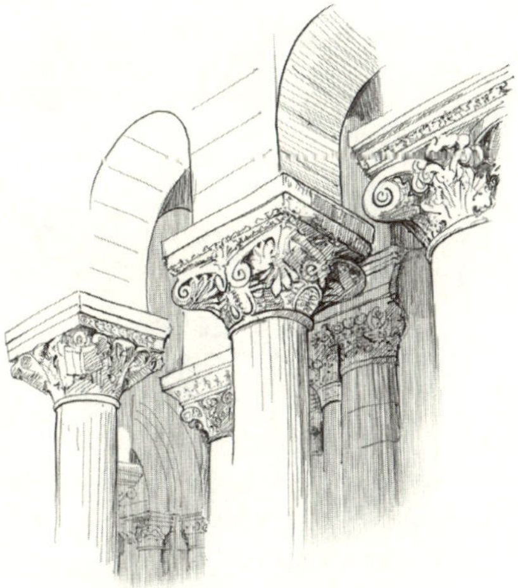

A diferencia de la orientación este-oeste que siguen los templos cristianos, la catedral de la Almudena sigue una orientación norte-sur debido a que se erigió como parte del conjunto del Palacio Real.

En 1911 se inauguró la cripta o iglesia subterránea neorrománica, pero las obras del resto del templo se suspendieron durante la Guerra Civil para reanudarse en 1939.

Tiene influencias bizantinas con un espacio dividido por más de 400 columnas, 50 de ellas monolíticas y todas diferentes. Impresionan por su tamaño, la calidad de la piedra y la belleza de sus capiteles.

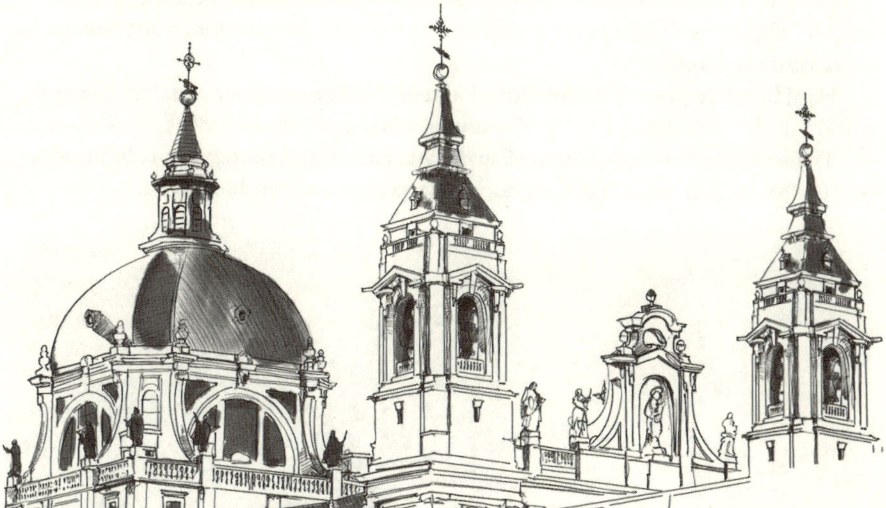

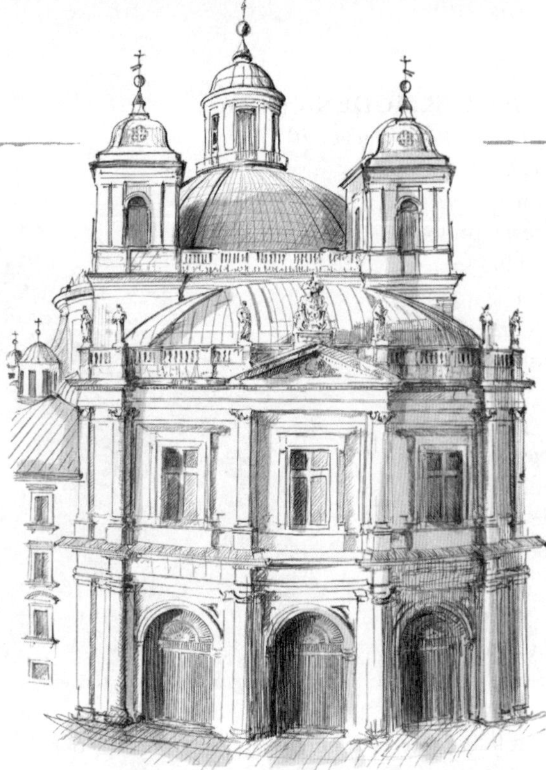

■ REAL BASÍLICA DE SAN FRANCISCO EL GRANDE (1761)

Distrito de Centro / Barrio de Palacio / Calle de San Buenaventura, 1

Monumental basílica de estilo neoclásico que atesora en su interior obras de Goya, Zurbarán, Alonso Cano, Lucas Jordán y Benlliure, entre otros.

Según cuenta la tradición, el templo se levanta sobre el terreno donde pernoctó en una cabaña san Francisco de Asís en su peregrinaje a Santiago de Compostela. La fundación de un convento-ermita franciscano en 1217 sería el germen de la posterior basílica. Se bautizó como «El Grande» por sus dimensiones y para distinguirlo del convento de San Francisco de Paula, situado en la carrera de San Jerónimo.

Doce estatuas de los apóstoles, de más de dos metros de altura, esculpidas en mármol blanco de Carrara coronan la rotonda central del interior a cada lado de las entradas de las capillas.

Ha sido iglesia, hospital, polvorín, Panteón Nacional, museo, cuartel y prisión militar. Es basílica desde 1962 y Monumento Nacional desde 1980.

Tiene la cúpula más grande de España y la cuarta de Europa, tras la basílica de San Pedro, el Panteón de Roma y Santa María del Fiore, en Florencia.

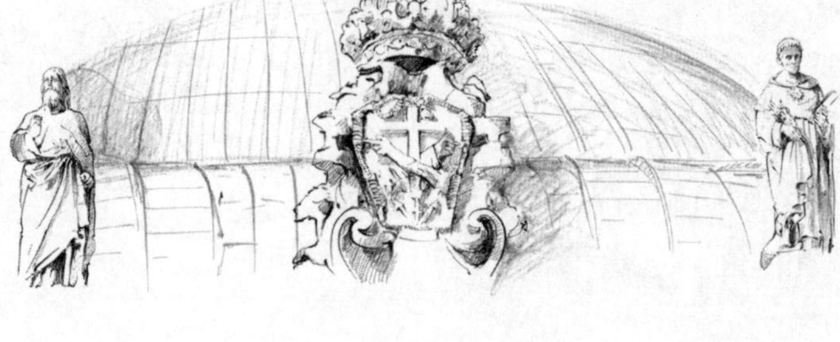

PLAZA DE RAMALES (1810)

Distrito de Centro / Barrio de Palacio

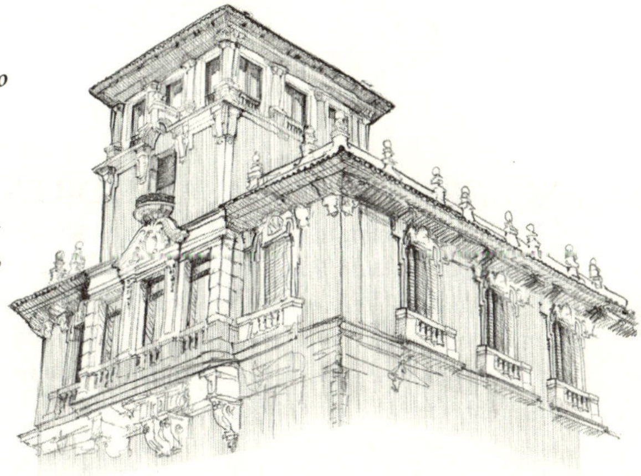

Esta plazuela creada por José Bonaparte toma su nombre de la batalla librada por el general Espartero durante la primera guerra carlista; aunque también tuvo otros, como el de Plaza de San Juan, por la iglesia que allí acogía y donde fue enterrado el pintor Diego Velázquez. Hoy una cruz de hierro sobre una columna contiene una placa en su memoria.

La casa-palacio de Ricardo Augustín es el edificio más llamativo de la plaza, con su elegante torreón de estilo medieval, una auténtica rareza en el centro de Madrid. Tiene un gran balcón en su planta alta con pinturas murales y ornamentación en balcones, ventanas y ménsulas.

EL VIADUCTO (1934)

Distrito de Centro / Barrio de Palacio

Esta magnífica obra de ingeniería civil que une la zona de la Morería con el Palacio Real se construyó para salvar el barranco del arroyo de la Fuente de San Pedro hasta su llegada al Manzanares.

Tras varios proyectos fracasados, en 1874 se inauguró el primer Viaducto de Madrid, construido con hierro y madera. Pero cuando en 1930 la estructura empezó a fracturarse, hubo de replantearse toda la obra que culminó cuatro años más tarde con el Viaducto tal y como lo conocemos ahora, con materiales de hormigón armado pulido y sillares de granito en los pilares. Se remodeló en 1978.

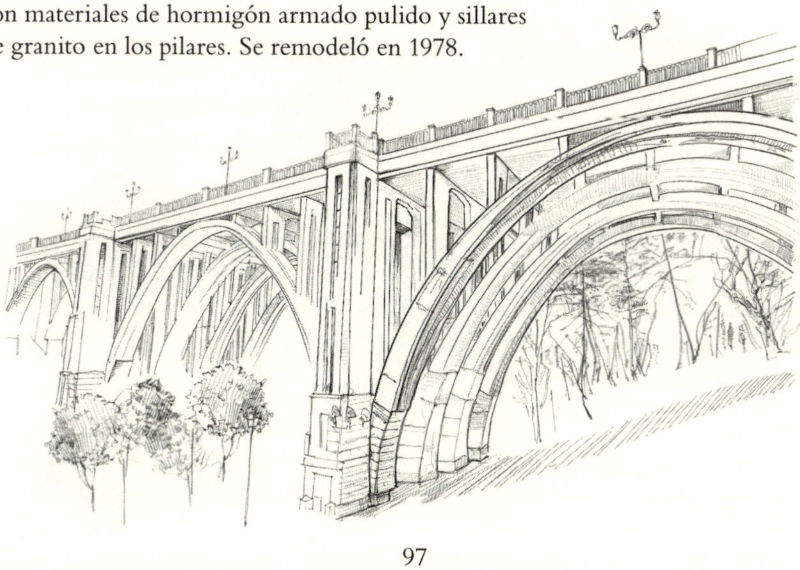

BARRIO DE EMBAJADORES

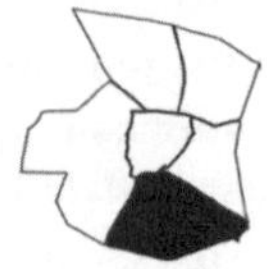

El barrio de Embajadores es el segundo más grande del distrito de Centro, después de Palacio. Sus rectas calles extienden Madrid hacia el sur, donde se encuentran las «rondas» que enmarcan el barrio. En él destaca la zona de Lavapiés, que podemos considerar casi un barrio en sí mismo. Esta es una zona multicultural, donde conviven diferentes lenguas, razas y culturas.

Origen del nombre

En 1435, el monarca Juan II se encontraba en Madrid para recibir a los embajadores de Navarra, Aragón, Francia y Túnez. El encuentro diplomático se vio suspendido por la epidemia de peste que empezó a propagarse por Madrid, diezmando a la población. El monarca se retiró a Illescas, en Toledo, mientras en distintas fincas cercanas a la villa se aislaron los embajadores, dando a la zona el nombre de «Campo de Embajadores».

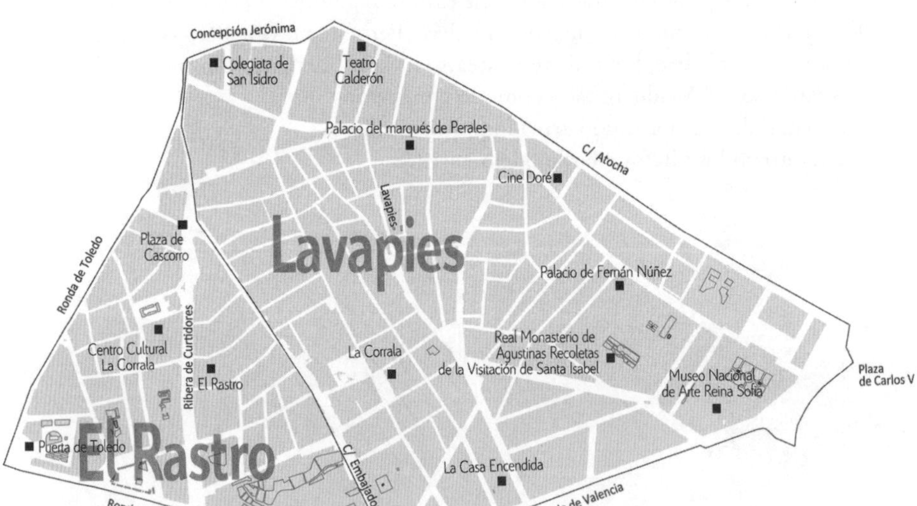

Imprescindibles en el barrio de Embajadores:

. Capilla y comedor del Ave María
. Escuelas Pías de San Fernando
. Iglesia de San Cayetano
. Instituto Cervantes
. Instituto San Isidro
. La Casa Encendida
. La Corrala
. Museo Nacional Centro de Arte Reina Sofía
. Oratorio del Santo Cristo del Olivar
. Palacio de Fernán Nuñez
. Palacio del marqués de Perales
. Real Fábrica de Tabacos
. Real Monasterio de Agustinas Recoletas de la Visitación de Santa Isabel

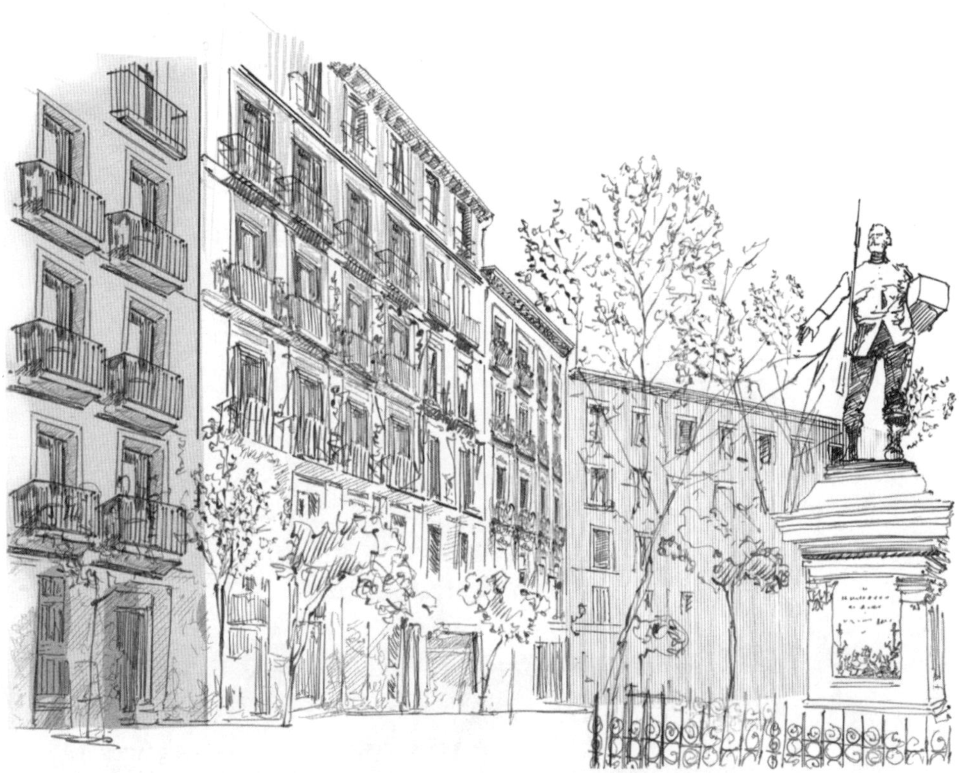

Plaza de Cascorro (1902). La estatua representa a Eloy Gonzalo, "El héroe de Cascorro", que destacó por su valentía en la Guerra de Cuba. Se le representa con fusil, un bidón de gasolina y una cuerda que rodea su cuerpo para poder ser arrastrado si salía herido.

■ COLEGIATA DE SAN ISIDRO (1622-1664)

Calle de Toledo, 37

Antigua Catedral de Madrid hasta que se consagró La Almudena en 1993, se construyó en el siglo XVII como iglesia anexa al Colegio de la Compañía de Jesús. Tras la expulsión de los jesuitas, fue convertida en colegiata. Carlos III decidió dedicarla a san Isidro y mandó traer sus restos mortales desde la Iglesia San Andrés.

La fachada tiene un pórtico con tres grandes puertas, dos torres laterales, pilastras y columnas corintias. En la decoración exterior destaca el escudo imperial de María de Austria, las rejas del siglo XVI y las hornacinas con imágenes de san Isidro y su esposa, Santa María de la Cabeza.

A la derecha se sitúa el antiguo Colegio Imperial de la Compañía de Jesús, hoy Instituto de Enseñanza Secundaria San Isidro, el centro educativo más antiguo de la capital. Por sus aulas han pasado personajes ilustres como Pío Baroja, Pedro Salinas o Camilo José Cela, entre otros.

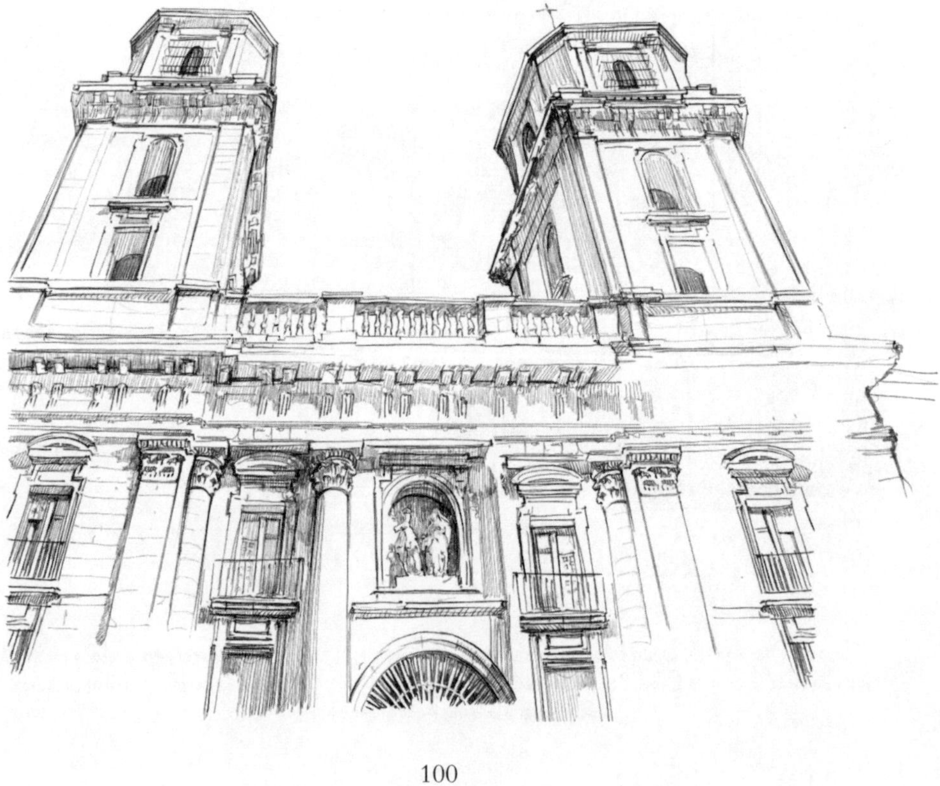

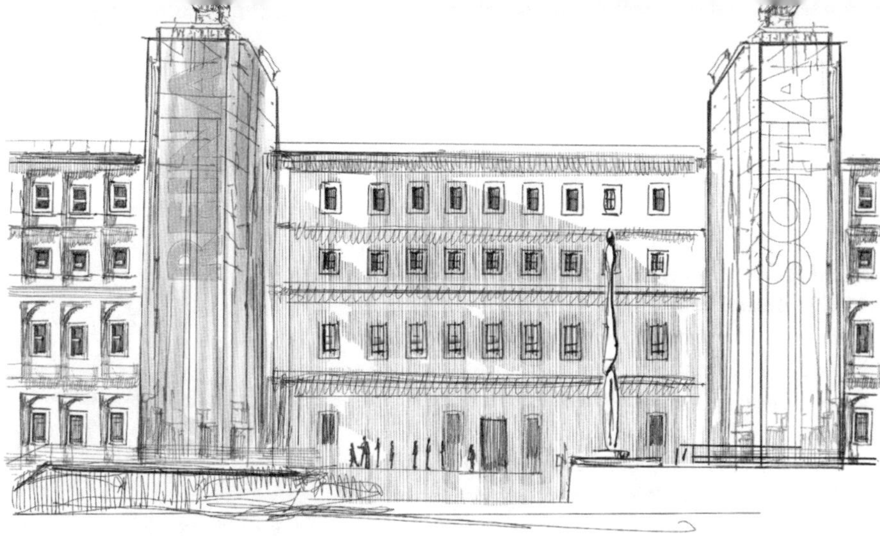

MUSEO NACIONAL CENTRO DE ARTE REINA SOFÍA (1755)

Calle de Santa Isabel, 52

Ubicado en el antiguo edificio del Hospital General de Madrid, del siglo XVII, acogió durante un largo periodo a los enfermos de las epidemias que azotaron Madrid y hubo de utilizar el subsuelo del hospital como cementerio. Por ello, tras su restauración como museo, misterios y leyendas conviven con su colección pictórica.

El edificio sufrió diversas obras e incluso fue abandonado y se pensó en su demolición, hasta que en 1977 fue declarado monumento histórico-artístico.

El Museo Nacional Centro de Arte Reina Sofía alberga una interesante colección de arte contemporáneo en la que destacan obras y autores españoles como Dalí, Miró, Juan Gris y Picasso, siendo el Guernica parte de su colección permanente. A pesar de la cantidad de obras que posee, sólo se muestra un 5 % de ellas. Es uno de los vértices del llamado «Triángulo del Arte» junto con el Museo de El Prado y el Thyssen-Bornemisza.

El Palacio de Cristal y el Palacio de Velázquez, en el Parque de El Retiro, son sedes del Museo Reina Sofía destinadas a exposiciones temporales. Una política activa de adquisiciones y su valiosa colección le han permitido estar en la décima posición de la lista de los museos más visitados del mundo.

Sabatini diseñó el edificio del hospital mucho más grande de lo que es actualmente, pero la limitación de presupuesto obligó a reducir a un tercio su tamaño, lo que explica su enorme fachada, disimulada ahora con la construcción de torres de ascensores de vidrio y acero.

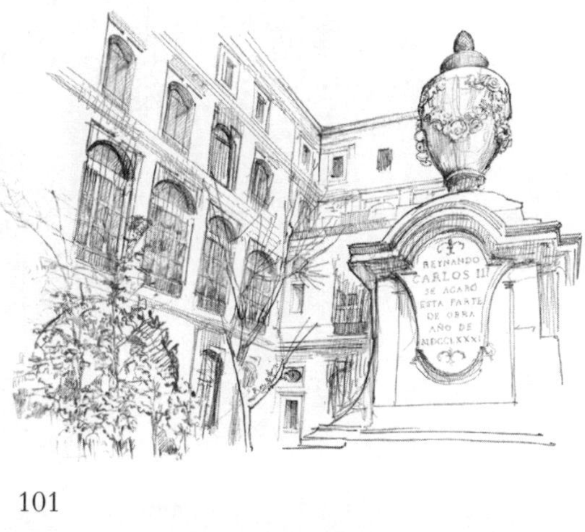

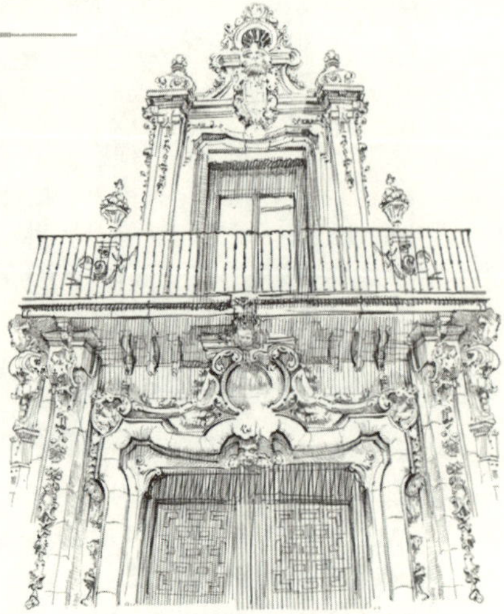

■ PALACIO DEL MARQUÉS DE PERALES (1727). Actual Filmoteca Nacional

Calle de la Magdalena, 10

Esta espléndida mansión nobiliaria fue construida por el Conde de Villanueva como regalo de bodas a su mujer, la marquesa de Perales del Río.

Destaca su fachada barroca, posiblemente del arquitecto Pedro de Ribera, y la escalera, uno de los elementos más antiguos y mejor conservados.

Este palacio ha sido utilizado como juzgado para bodas civiles, y como estafeta de Correos, hasta que en 2002 se dedicó a archivo de la Filmoteca Nacional.

■ EL CORRALÓN (1860). Actual Museo de Artes y Tradiciones Populares

Calle de Carlos Arniches, 3

Uno de los máximos exponentes de la arquitectura popular madrileña son las corralas o viviendas de corredor que abundaban en la Villa y Corte. Hoy en día quedan en pie unas 500, diseminadas entre las calles de los barrios de La Latina y Lavapiés.

Construida en el Cerrillo del Rastro en el XIX, gracias a una importante restauración, conserva sus elementos característicos como el acceso a través de una gran puerta de madera, el patio, alguna vivienda en la planta superior y comercios en la baja, así como una fuente-abrevadero en el patio.

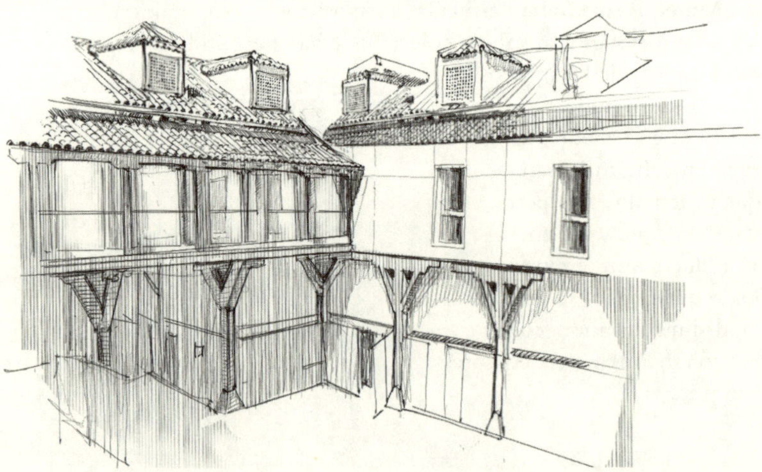

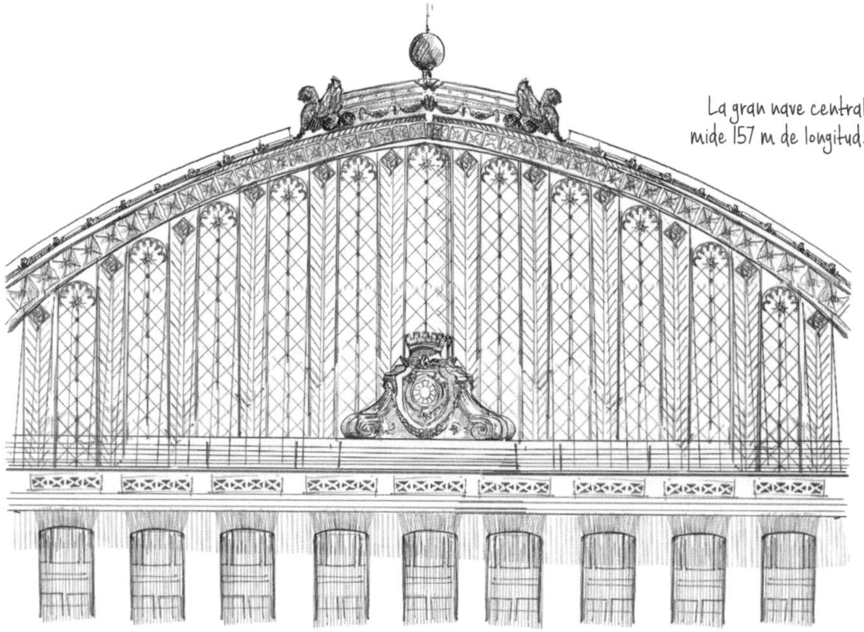

■ ESTACIÓN DE ATOCHA (1888)

Plaza del Emperador Carlos V

También llamada Estación de Mediodía o Estación del Sur, es la primera terminal ferroviaria que se construyó en Madrid. Claro ejemplo de la arquitectura ferroviaria decimonónica con su cubierta curvada y la fachada de acero y cristal, fue construida por Alberto de Palacio y Elisagüe, colaborador de Gustave Eiffel.

Destaca en su interior el Jardín Tropical formado por más de 7000 plantas y construido sobre las antiguas vías.

■ LA CASA ENCENDIDA (1909)

Ronda de Valencia, 2

Este centro cultural y social fue construido a principio del siglo XX. Destaca su fachada, de estilo neomudéjar y decoración de ladrillo, que remite a los edificios de Toledo en los siglos XIV y XV.

Fue refugio durante la Guerra civil, y oficina de la Caja de Ahorros y Monte de Piedad de Madrid. Debe su nombre actual al libro homónimo del poeta Luis Rosales.

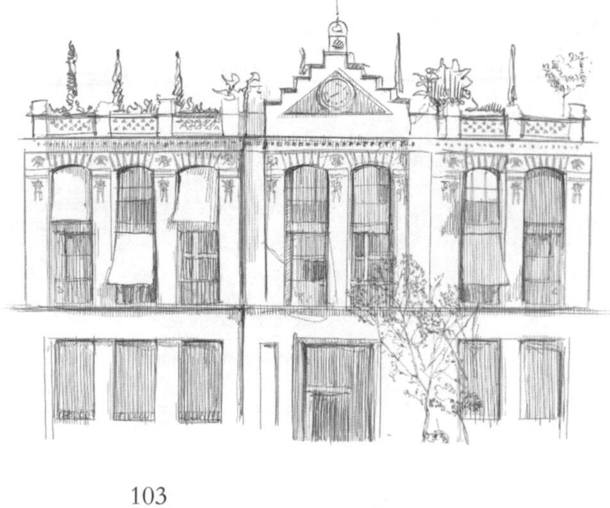

BARRIO DE SOL

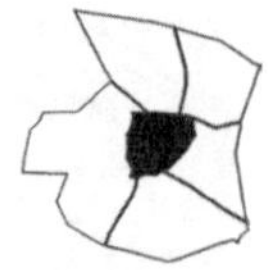

De los seis barrios que componen el distrito de Centro, Sol es el que ocupa la posición central, siendo probablemente el más visitado de Madrid con una afluencia de turistas que supera los 4 millones de personas al año. Sol-Gran Vía y sus alrededores son el eje de la vida turística, cultural y lúdica madrileña.

Su nombre viene de la plaza central, Puerta del Sol, donde se sitúa el Kilómetro Cero, desde donde se miden las distancias de las carreteras radiales a cada rincón de España. Curiosamente no es el centro de la ciudad, que actualmente se sitúa cerca de la Plaza de Colón.

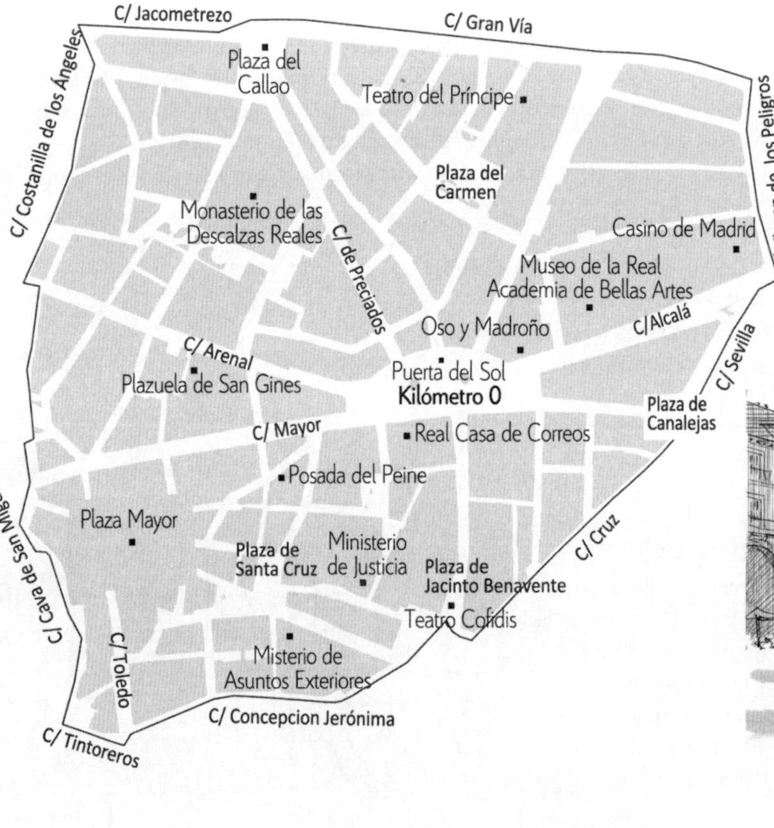

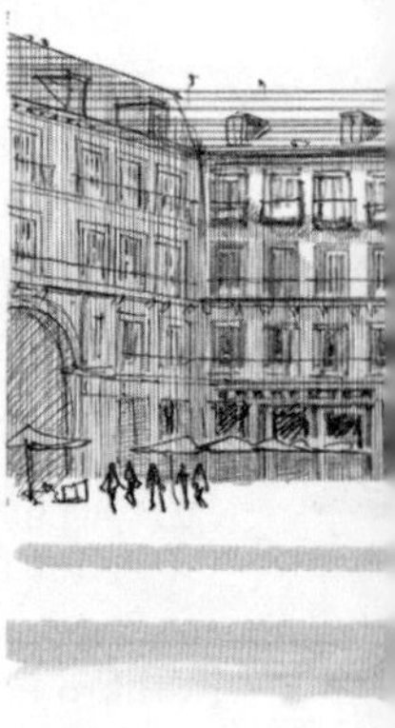

Imprescindibles en el barrio de Sol:

- Monasterio de las Descalzas Reales
- Pasadizo de San Ginés
- Plaza Mayor
- Ministerio de Asuntos Exteriores (Palacio de la Santa Cruz)
- Puerta del Sol
- Museo de la Academia de Bellas Artes de San Fernando (palacio de Goyeneche)
- Casino de Madrid
- Gran Vía
- Plaza del Callao

PLAZA MAYOR (1619)

Tiene su origen en la «plaza del arrabal», mercado principal de la Villa. Su reforma terminó en 1619 con Felipe III, quien encargó las obras a Juan Gómez de Mora, y cuya estatua ecuestre se alza en el centro de la plaza.

Se accede a ella a través de diez entradas situadas en sus cuatro lados, la mayoría de ellas en forma de arco. Está rodeada por soportales y edificios de ladrillo de tres plantas. En su origen tenía tres puertas de entrada principales: la de la Sal, donde estaba su depósito de venta; la de Botoneras, donde se situaban las vendedoras de botones, y la de Cuchilleros, nombre del gremio que daba servicio a la Casa de la Carnicería

—depósito general de carne que abastecía a los mercados de la Villa—, situada frente de la Casa de la Panadería. Durante siglos acogió festejos populares, corridas de toros, beatificaciones, coronaciones y también algún Auto de Fe. Hoy día es un importante punto turístico con locales comerciales, de ocio y restauración.

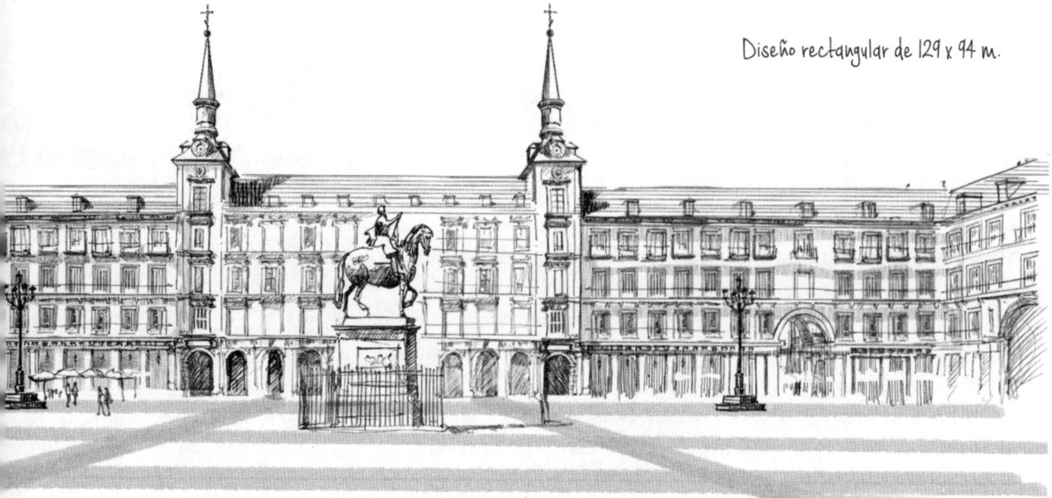

La Plaza Mayor ha recibido otros nombres como Plaza de la Constitución, Plaza Real y Plaza de la República. El nombre actual se conserva desde finales de la Guerra Civil.

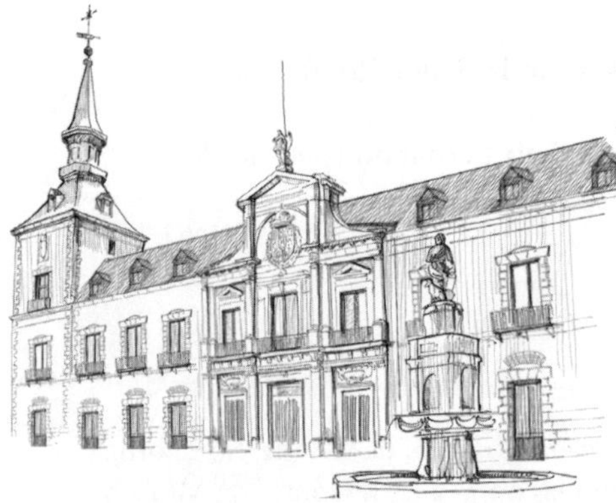

■ PALACIO DE LA SANTA CRUZ (1629-1636). Actual Ministerio de Asuntos Exteriores.

Plaza de la Provincia, 1

Situado en la Plaza de la Provincia —llamada así por el cargo público de los escribanos de provincia que actuaban en los juzgados de Corte—, el edificio fue proyectado en tiempos de Felipe IV como sede de la Sala de Alcaldes de Casa y Corte y de la Cárcel de Corte. Los calabozos estaban en los sótanos, las dependencias judiciales y los Alcaldes de Casa y Corte en la parte superior y en la planta baja se tramitaban causas y se atendía a los vecinos.

A lo largo de su historia ha sido reconstruido por célebres arquitectos como Juan de Villanueva (siglo XVIII) o Pedro Muguruza (siglo XX). En 1996 fue declarado Bien de Interés Cultural por la singularidad del edificio, modelo del barroco madrileño.

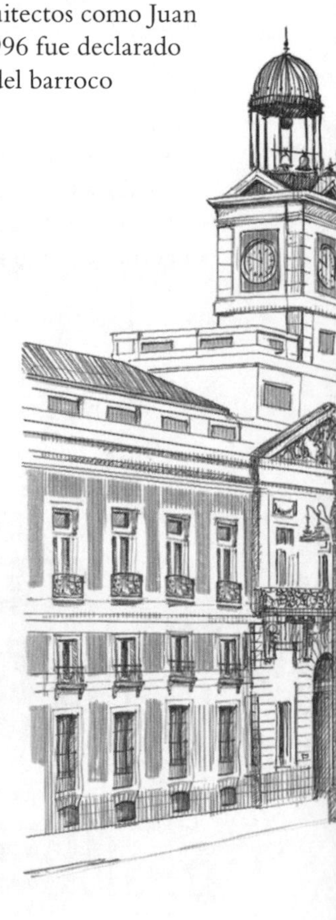

■ LA PUERTA DEL SOL (1857)

No era el centro de la ciudad, sino uno de los accesos de la cerca que rodeaba la villa en el siglo XV. Estaba orientada hacia el nacimiento del sol, del que tenía un pequeño grabado y que dio nombre a esta plaza, hoy considerada el centro neurálgico de la ciudad.

Adquirió vitalidad tras la construcción de la Real Casa de Correos, que condicionó el desarrollo de todo el espacio a su alrededor. Es el edificio más imponente de la plaza y actual sede del gobierno regional. Construido en 1768, reinando Carlos III, destaca en lo alto el Reloj de Gobernación, inaugurado en 1866 y también llamado «de las campanadas», junto al que se recibe el nuevo año.

En la plaza también se encuentra la estatua del Oso y el Madroño, la estatua ecuestre de Carlos III y las famosas «loteras» —vendedoras de lotería— de Madrid.

■ IGLESIA DE LA SANTA CRUZ (1889-1902)

Calle de Atocha, 6

Se construyó en 1902 sobre el solar del antiguo convento de Santo Tomás de Aquino, del siglo XVI.

De estilo historicista, neogótico y mudéjar, en el exterior llama la atención el contraste del rojo del ladrillo con el blanco de la piedra de Colmenar. Su fachada monumental, con un gran arco apuntado con arquivoltas y el relieve de la Apoteosis de la Cruz, hacen que no pase desapercibida. Tras numerosos avatares, como incendios e incluso derribos, su torre fue la más alta de Madrid hasta la construcción del Edificio de Telefónica en 1920.

La actividad de esta parroquia estaba relacionada con la vecina Cárcel de Corte, pues su Cofradía de la Caridad y de la Paz acompañaba a los presos en sus últimos momentos.

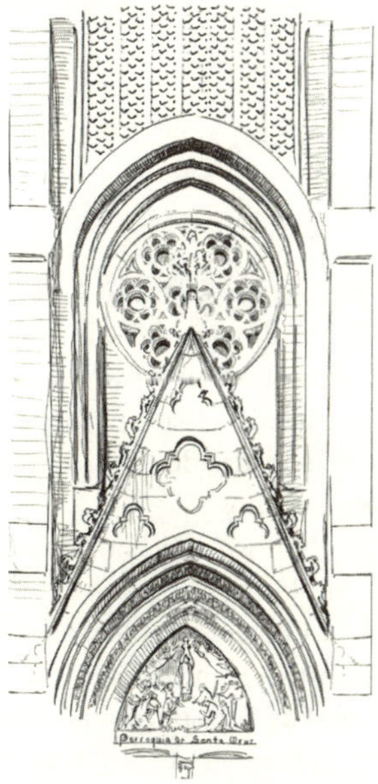

Rosetón y detalle del pórtico de la Iglesia de la Santa Cruz.

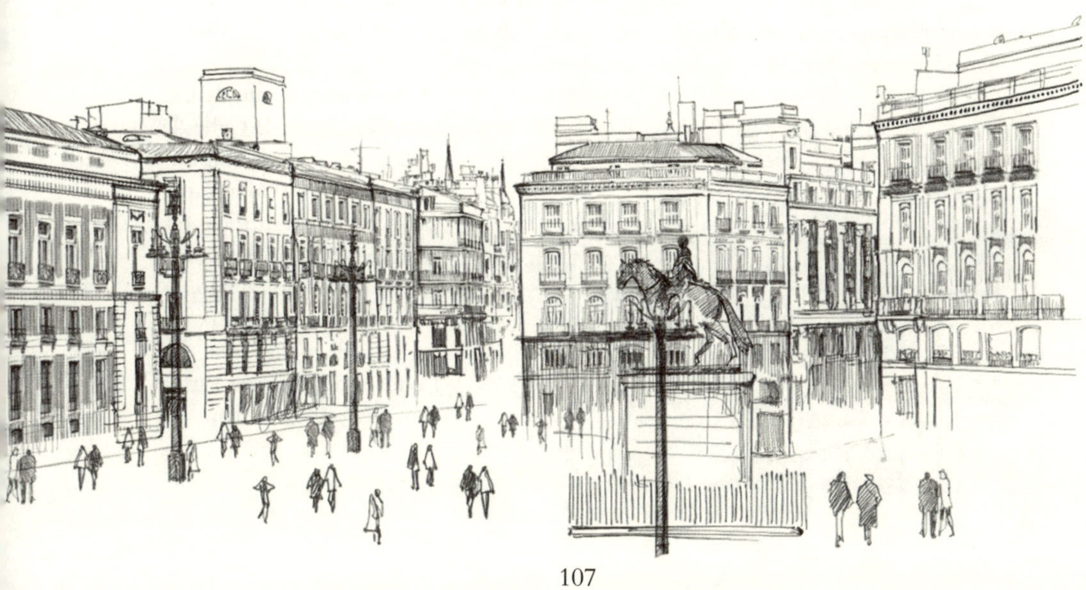

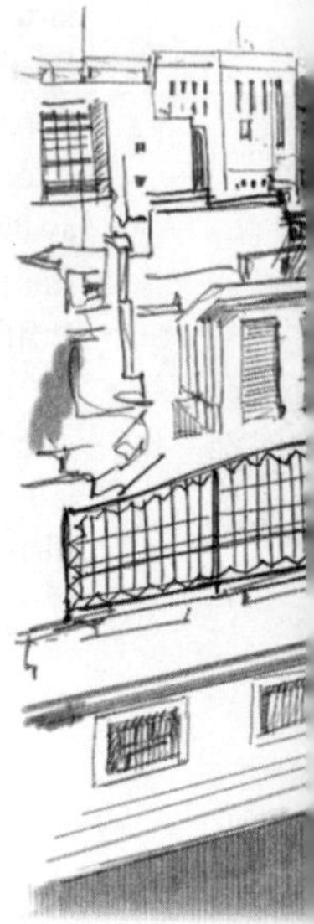

CALLE GRAN VÍA (1910-1929)

Es la calle más famosa de Madrid y su construcción consiguió una comunicación directa entre el centro —Calle de Alcalá— y el noroeste de la ciudad —Plaza de España—. Fue una de las obras más trascendentales y prolongadas de España, pues su construcción se extendió durante más de veinte años.

No tiene un trazado rectilíneo ya que hubieron de respetarse tres templos: la desaparecida iglesia de San Francisco de Borja, la de San José y el Oratorio del Caballero de Gracia. Se tuvieron que demoler para su construcción más de 300 casas que afectaban a casi 50 calles, por ello el coste total de la popular vía madrileña fue elevadísimo.

Ha recibido otros nombres, como Avenida del Quince y Medio, Avenida de Rusia y Avenida de José Antonio. En 1981, durante la Transición Española, el alcalde Enrique Tierno Galván recupera su denominación popular y toda la calle se rotula como Gran Vía.

Sus aceras reúnen gran cantidad de comercios, hoteles, restaurantes, sucursales bancarias, cines y algunos de los edificios más icónicos de la capital.

El edificio Carrión, llamado popularmente «el Capitol», conserva en la planta baja la esencia del modernismo y fue uno de los más altos de su época.

El Palacio de la Prensa, con 14 plantas, fue el edificio más alto de Madrid hasta que el de Telefónica, de 88 metros de altura y en la misma Gran Vía, le arrebató el título.

En el edificio Metrópoli, situado entre Gran Vía y Alcalá, pueden observarse hasta once conjuntos escultóricos: uno bajo la cúpula, obra de Mariano Benlliure, cuatro laterales y seis en la rotonda.

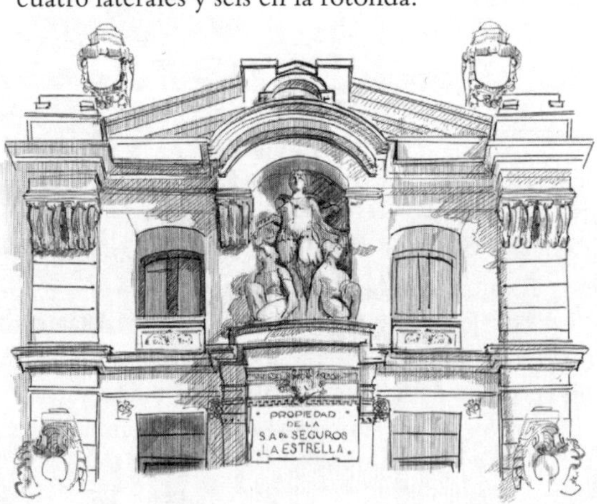

El primer tramo de la Gran Vía, entre la Calle de Alcalá y la Red de San Luis, se planificó imitando otras calles europeas surgidas en el siglo XIX que destacaban por su comercio de lujo, como la Rue de la Paix de París, Regent Street de Londres o la Galeria Vittorio Emanuele II de Milán.

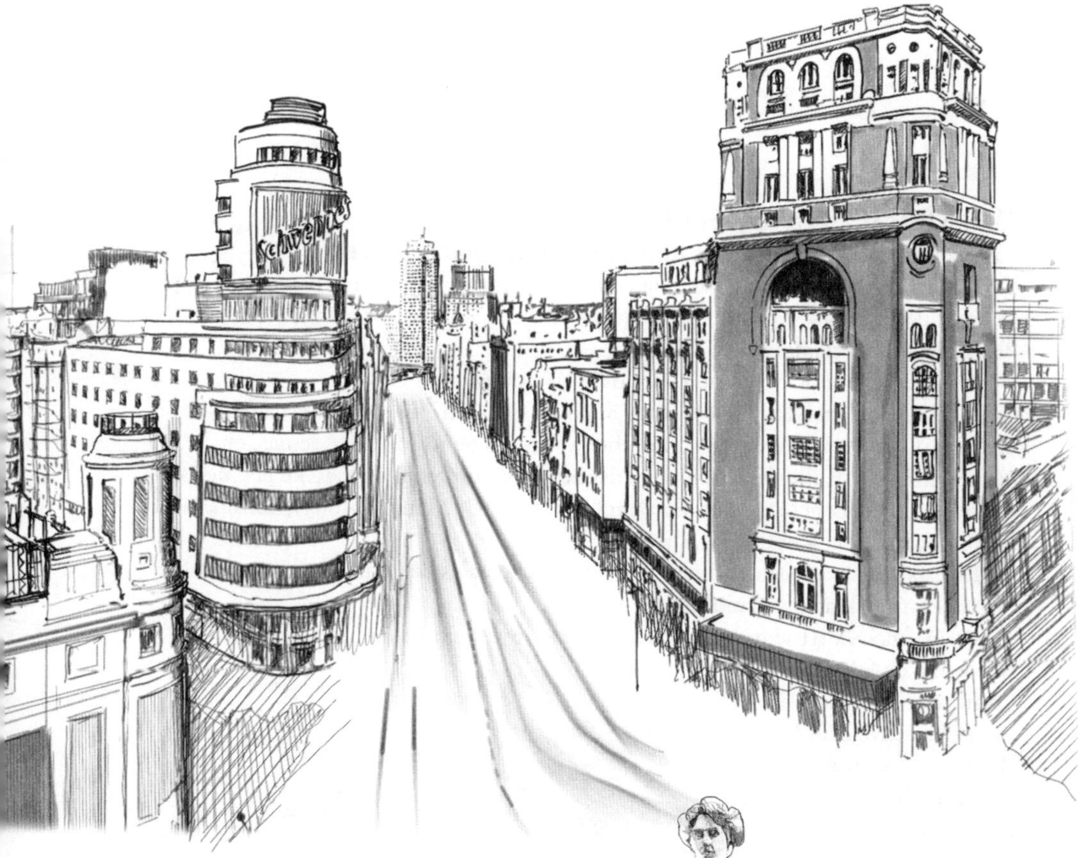

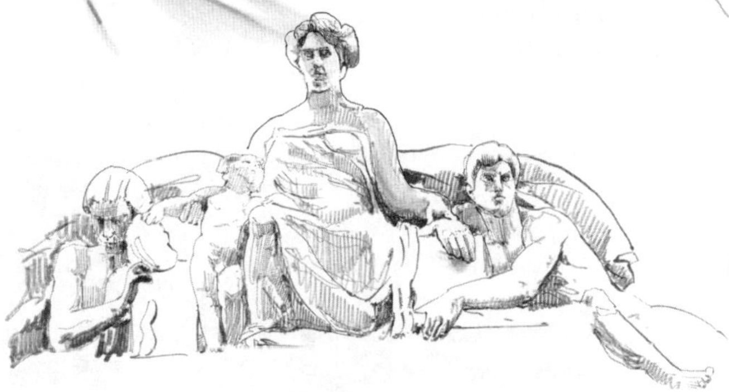

El edificio de La Compañía de Seguros La Estrella en Gran Vía, 10, de 1916, se encuentra en este primer tramo. Parte de su solar había sido en otros tiempos el Palacio de Masserano, embajador de Carlos III, siendo además sede del diario *El Heraldo de Madrid* y, antes de la construcción de la Gran Vía, un pequeño teatro para aficionados.

De su fachada destaca el cuerpo central con triple mirador sobre un nicho con una escultura alegórica que presenta a Pandora que tiene en su mano la caja que abrió y de la que salieron todos los males del mundo, quedando sólo la Esperanza; a los pies, Hefestos con su peculiar birrete y Afrodita.

En el edificio Metrópoli, situado entre Gran Vía y Alcalá, se pueden observar hasta once conjuntos escultóricos: uno bajo la cúpula, obra de Mariano Benlliure, cuatro laterales y seis en la rotonda.

BARRIO DE CORTES

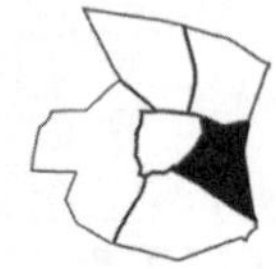

La unión entre el Madrid de los Austrias y el de los Borbones es el Barrio de Cortes. Comparte vecindad con el «Triángulo del Arte» (museos de El Prado, Thyssen-Bornemisza y Reina Sofía) y el eje Plaza Mayor-Puerta del Sol.

También es conocido como «Barrio de las Letras» pues en sus calles residieron grandes escritores del Siglo de Oro español como Cervantes, Lope de Vega o Quevedo, quienes dan nombre a algunas de sus calles. Además, en el número 87 de la Calle de Atocha, se encontraba la imprenta de Juan de la Cuesta, donde nació la primera edición de Don Quijote de La Mancha (1604), considerada la obra cumbre de la literatura española.

En esta zona nacieron también los primeros corrales de comedias, como es el caso del actual Teatro Español.

En el siglo XVIII se instalan en este barrio instituciones como la Real Academia de Historia o la Cámara de Comercio e Industria de Madrid (Palacio de Santoña), ambos edificios excepcionales.

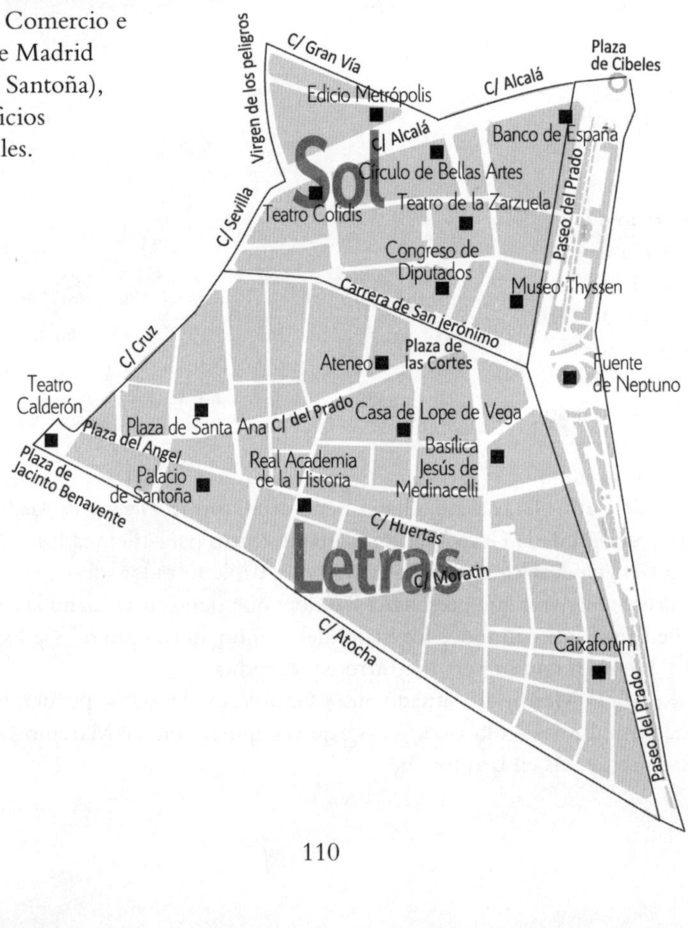

Imprescindibles en el barrio de Cortes:

- Calle de Alcalá
- Plaza de Santa Ana
- Casa de Lope de Vega
- Basílica de Jesús de Medinacelli
- Calle de las Huertas
- Caixaforum
- Paseo del Prado
- Museo Thyssen-Bornemisza

■ PALACIO DE LOS DUQUES DE VILLAHERMOSA (1805).

Actual Museo Thyssen-Bornemisza

Paseo del Prado, 8

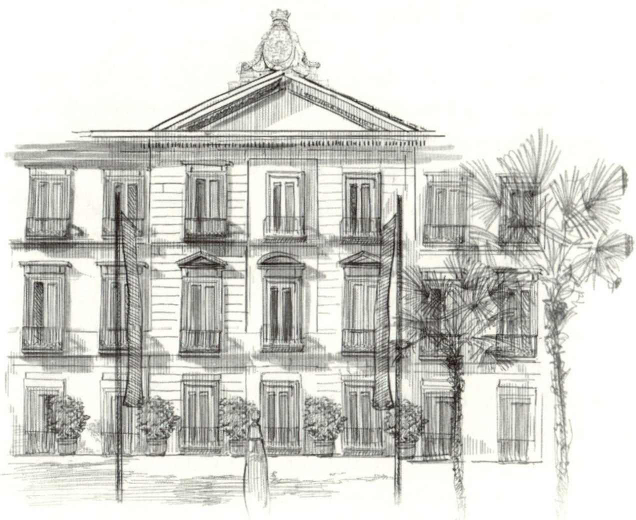

Construido por los Duques de Villahermosa —que en 1777 adquirieron una parcela junto a los jardines del Buen Retiro— se convirtió en el XIX en una de las residencias más ilustres de Madrid, escenario de fiestas y veladas culturales.

Fue inaugurado en 1992 como museo y hoy día es una de las mejores pinacotecas del mundo, vértice del «Triángulo del Arte», junto con el Museo del Prado y el Museo Reina Sofía. La rehabilitación de palacio a museo fue diseñada por Rafael Moneo en 1990 y cuenta con tres plantas que permiten un recorrido por la evolución histórica de la pintura entre los siglos XVII al XX.

Gran parte de la colección fue adquirida por el Estado Español en 1993. Entre los artistas internacionales más relevantes, destacan obras de Van Eyck, Caravaggio, Van Gogh y Edward Munch.

En 2004, una parte de la Colección Carmen Thyssen-Bornemisza complementa la colección del museo con obras de Canaletto, Courbet, Monet, Sisley, Renoir, Degas y Gauguin entre otros.

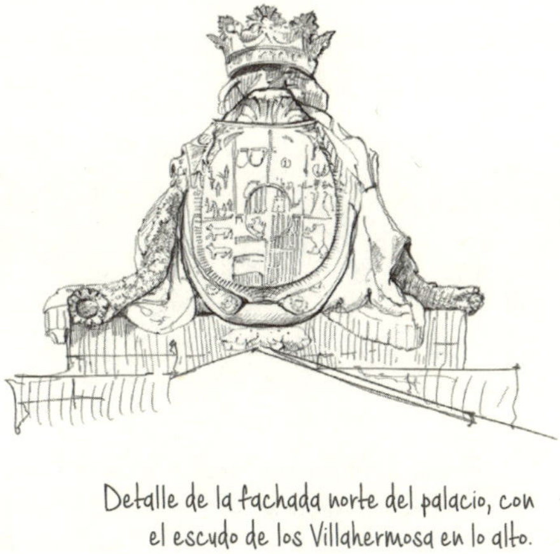

Detalle de la fachada norte del palacio, con el escudo de los Villahermosa en lo alto.

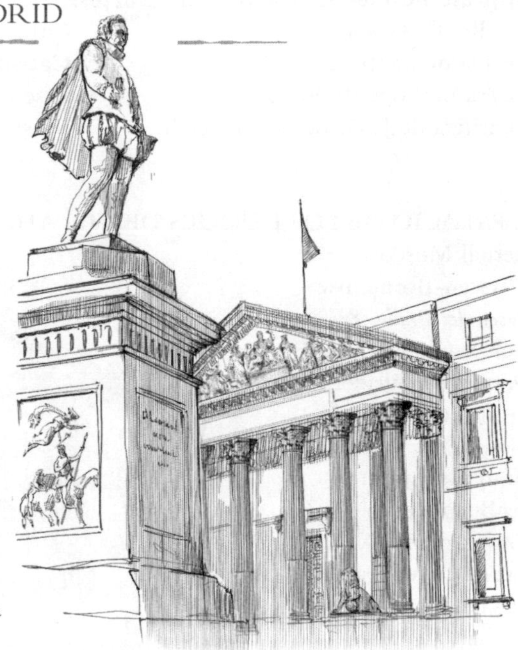

■ PALACIO DE LAS CORTES (1843-1850)

Plaza de las Cortes, 1

Es sede del Congreso de los Diputados, Cámara Baja de las Cortes y donde reside la soberanía nacional. Fue inaugurado en 1850 y se construyó en estilo neoclásico sobre los restos del Convento del Espíritu Santo tras su incendio en 1823. Ha conocido diversas remodelaciones y ampliaciones desde su origen hasta el año 2006.

La parte central de la fachada principal está formada por un pórtico clásico, con seis columnas corintias y la escalinata, flanqueada por dos leones de bronce, fundidos con el metal de los cañones arrebatados a Marruecos durante la guerra de 1860 y popularmente llamados Daoiz y Velarde.

En el interior destacan espacios como la Sala de Sesiones o «Hemiciclo», el Salón de los Pasos Perdidos o la primera planta que muestra la galería de retratos de los presidentes de la cámara, obras de retratistas de la talla de Gisbert, Romero de Torres o Sorolla.

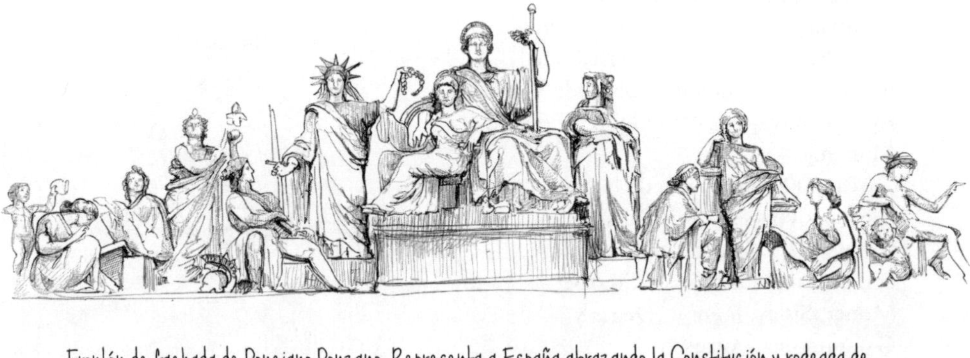

Frontón de fachada de Ponciano Ponzano. Representa a España abrazando la Constitución y rodeada de la Fortaleza, la Justicia, las Ciencias, la Armonía, las Bellas Artes, el Comercio, la Agricultura, los Ríos y Canales, la Abundancia y la Paz.

■ BANCO DE ESPAÑA (1884)

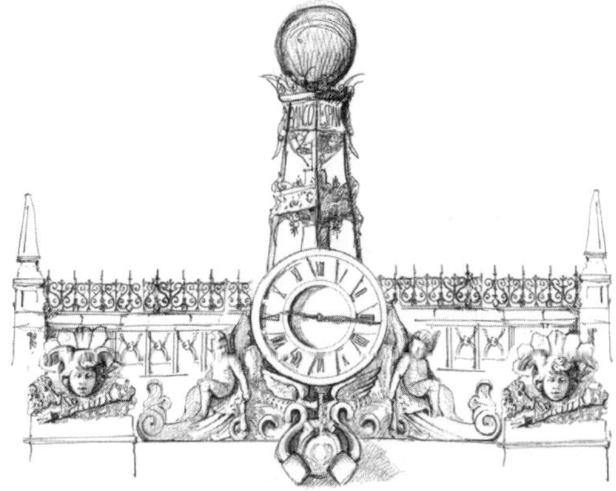

Calle de Alcalá, 48

Es uno de los edificios más representativos de Madrid y de la arquitectura española del siglo XIX y comienzos del XX.

Para su construcción se adquirió en 1882 el palacio del marqués de Alcañices. La primera piedra se puso en 1884 con la asistencia del rey Alfonso XII, pero el monumental edificio no fue inaugurado hasta 1891. Ha conocido diferentes ampliaciones en su historia hasta formar una manzana cerrada que garantiza la seguridad del Banco.

Algunos elementos decorativos de la fachada son de clara influencia precolombina lo cual resalta el origen del oro con el que se fundó esta institución. La decoración del remate exterior de la fachada principal es obra de Jerónimo Suñol, autor del escudo de España, y el conjunto escultórico del chaflán formado por angelotes que sostienen el reloj y la bola dorada que lo corona.

En el interior destacan la Escalera de Honor, de mármol de Carrara, construcción monumental llamada «la imperial», a la que se accede desde la puerta del Paseo del Prado; y el Patio, que fue la caja general y hoy sede de la biblioteca.

Las magníficas vidrieras de estilo simbolista encargadas a la compañía alemana Mayer, una de las empresas de cristal Art Decó más grandes de Europa, representan alegorías de las artes, las ciencias y los continentes. La vidriera del techo superior de la escalera presenta a la diosa Fortuna con el cuerno de la abundancia repartiendo monedas de oro, rodeada de las tres gracias y tres parcas, símbolos de la riqueza y la pobreza respectivamente.

Por la magnitud de su colección de arte, el Banco de España recibe solicitudes de préstamo desde museos como el Metropolitan de Nueva York, el Museo de Berlín o la National Gallery de Londres para exposiciones temporales.

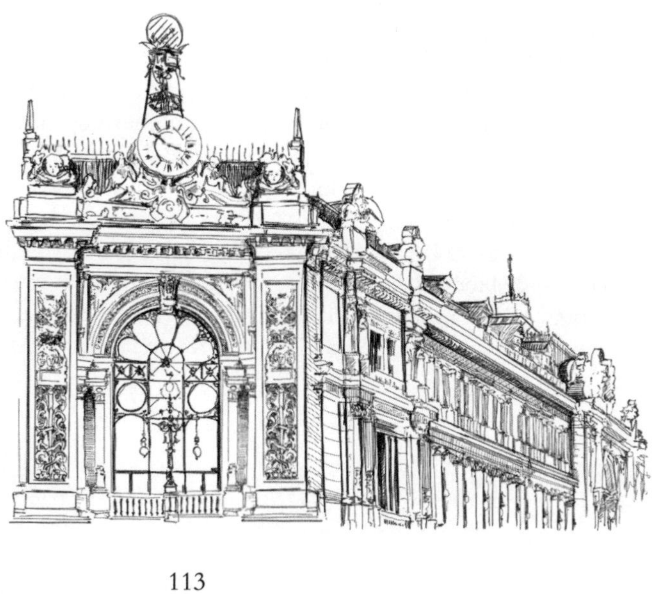

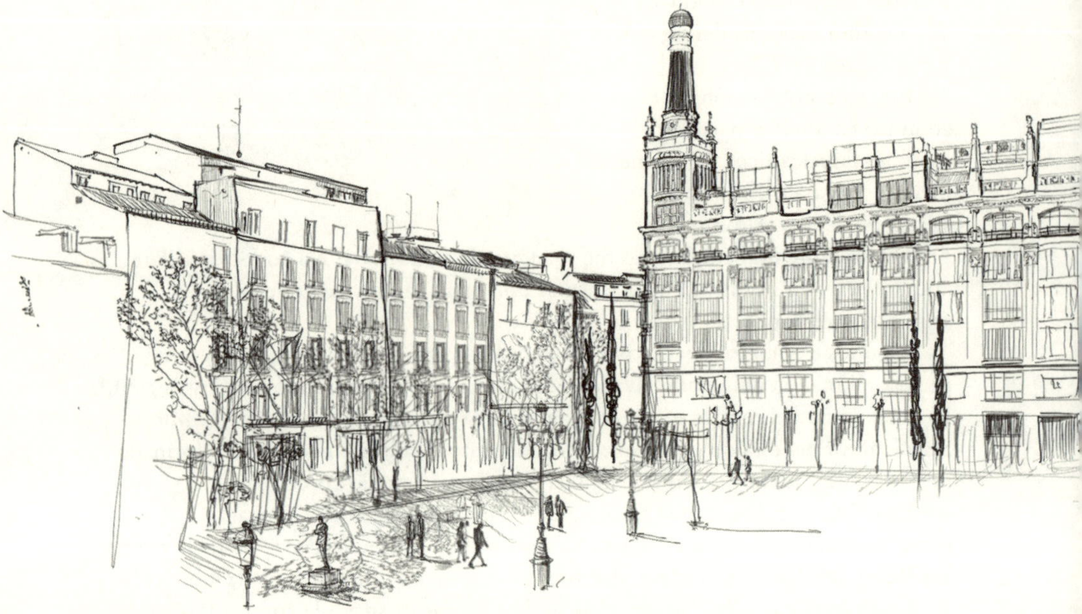

PLAZA DE SANTA ANA

Vecina de los corrales de comedias más famosos de Madrid, como el del Príncipe y de la Cruz, en su entorno residía gente dedicada al teatro y aún hoy es uno de los lugares más frecuentado por los madrileños que le son aficionados. En la plaza destacan dos esculturas dedicadas a Calderón de la Barca y García Lorca.

Cuenta con edificios emblemáticos como el Teatro Español, situado en el mismo lugar donde estuvo el Corral del Príncipe. Al otro lado de la plaza, y donde antes estuviera el palacio de los condes de Montijo, se encuentra el hotel Reina Victoria, inaugurado en 1923 en honor a la esposa de Alfonso XIII. Es llamado también el «hotel de los toreros», por alojarse en él muchos de ellos antes de salir para la plaza de toros de las Ventas.

A un lado de la plaza, la cervecería Alemana, de 1904, fue lugar habitual de reunión de literatos, como Valle-Inclán, Jacinto Benavente o Jardiel Poncela y artistas, como la actriz María Guerrero o el pintor Solana. A lo largo de la historia, recibió otros nombres como Plaza del Príncipe Alfonso y Plaza de Topete.

■ CALLE DE ALCALÁ

Es una de las principales arterias de Madrid y toma su nombre por ser el camino hacia Alcalá de Henares. Ha sido objeto de sucesivas ampliaciones y el tramo más antiguo e importante es el que une la Puerta de Alcalá con la Puerta del Sol, donde se inicia. Es la calle de mayor longitud de Madrid, con 11 kilómetros, y una de las principales arterias que va de Este a Oeste hacia el Paseo de Recoletos, y de Norte a Sur hacia el Paseo del Prado. Sigue siendo Cañada Real y, de hecho, una vez al año se celebra en ella la Fiesta de la Trashumancia.

Su primera denominación fue «Calle de los Caños de Alcalá», por existir una fuente en las cercanías. También fue llamada «Calle de los banqueros», por ser el centro del poder financiero, y «Calle del Pósito», por el Real Pósito de la Villa o almacén para el grano.

Posee numerosos monumentos y edificios emblemáticos, como la iglesia de San José, construida por Pedro de Ribera; la Casa de la Aduana (actual Ministerio de Hacienda) además del Círculo de Bellas Artes, El Banco de España, el palacio de Buenavista, el Casino de Madrid, la fuente de la Cibeles o la Puerta de Alcalá.

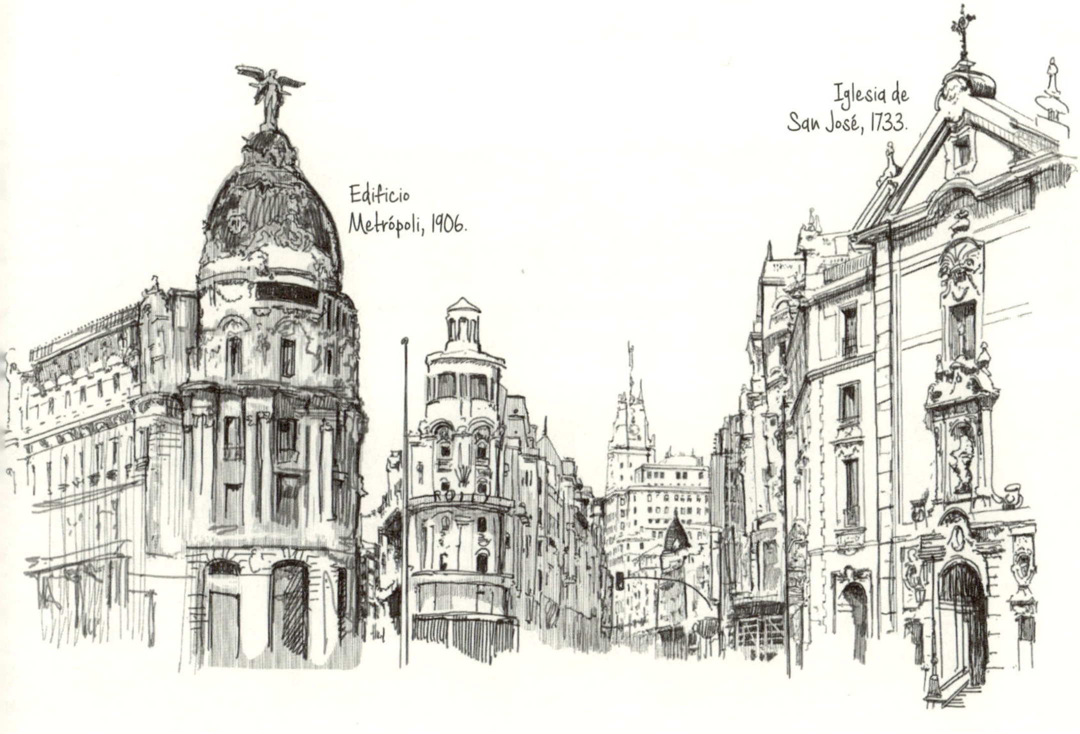

BARRIO DE JUSTICIA

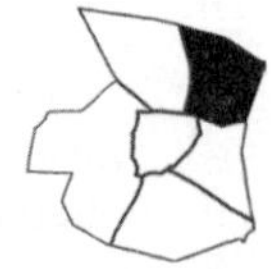

Toma este nombre por albergar el Ministerio de Justicia, la sede del Tribunal Supremo, el Consejo General del Poder Judicial y la Audiencia Nacional.

Por sus calles podemos encontrar edificios neoclásicos, cafés literarios, mercados públicos —convertidos en lugares de reunión—, museos, palacios singulares, galerías de arte y una de las zonas gays más conocidas en Europa, Chueca.

Imprescindibles en el barrio de Justicia:

- **Calle Fuencarral**
- **Museo de Historia de Madrid**
- **Museo del Romanticismo**
- **Casa de las Siete Chimeneas**
- **Café Gijón**
- **Parroquia de Santa Bárbara**
- **Plaza de Chueca y su entorno**
- **Plaza de las Salesas y su entorno**
- **Paseo de Recoletos**

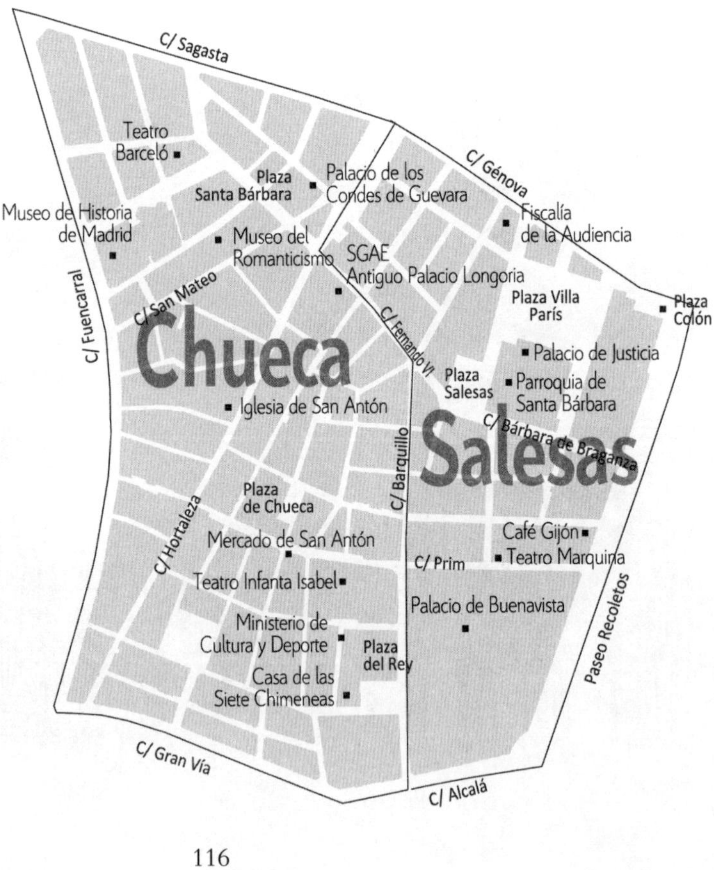

■ CASA DE LAS SIETE CHIMENEAS (1574-1577). Actual Ministerio de Cultura y Deporte

Plaza del Rey, 1

Es uno de los pocos ejemplos de arquitectura civil del siglo XVI que aún quedan en Madrid. Fue construida por el arquitecto Antonio Sillero para el secretario de Antonio Pérez y en origen era una casa de campo rodeada de huertas y jardines en el límite de la ciudad. El edificio ha conocido diversas reformas y ampliaciones, una de ellas a finales del XVI cuando se le añadieron las siete chimeneas que le dan nombre.

En el siglo XVIII la ocupó el marqués de Esquilache, ministro de Carlos III, y, durante el motín que lleva su nombre, fue saqueada por los exaltados. A finales del siglo XIX, volvió a reformarse como sede bancaria y en 1948 fue declarada Monumento Histórico-Artístico. En 1957 fue nuevamente rehabilitada y desde los años 80 acoge al Ministerio de Cultura y Deporte.

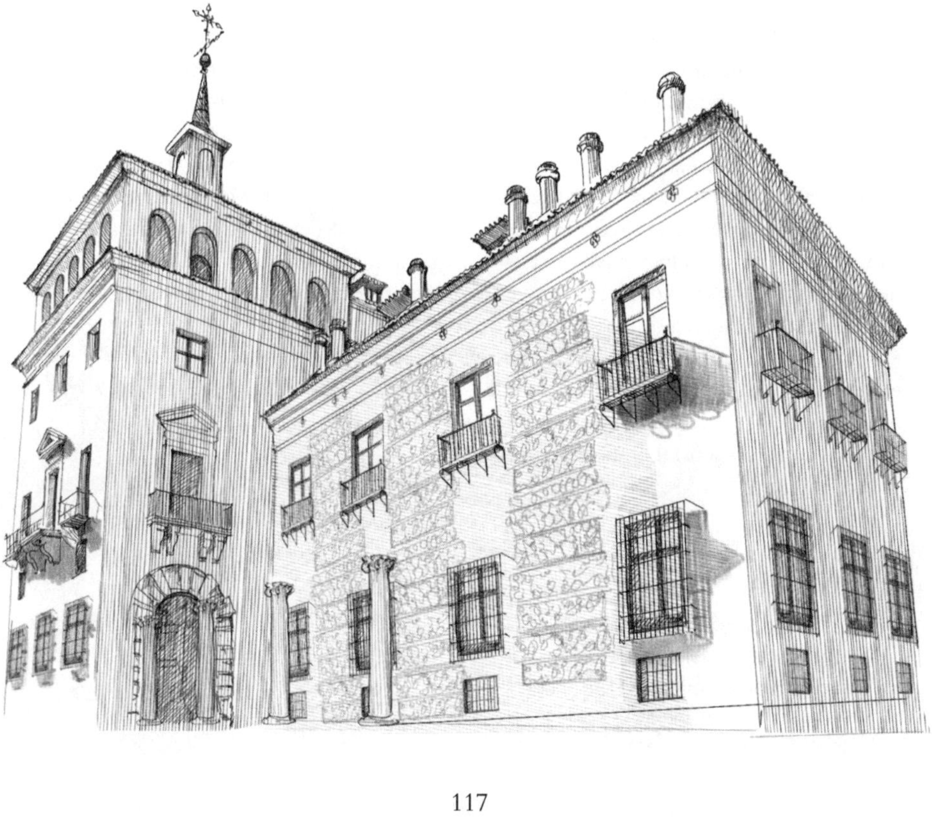

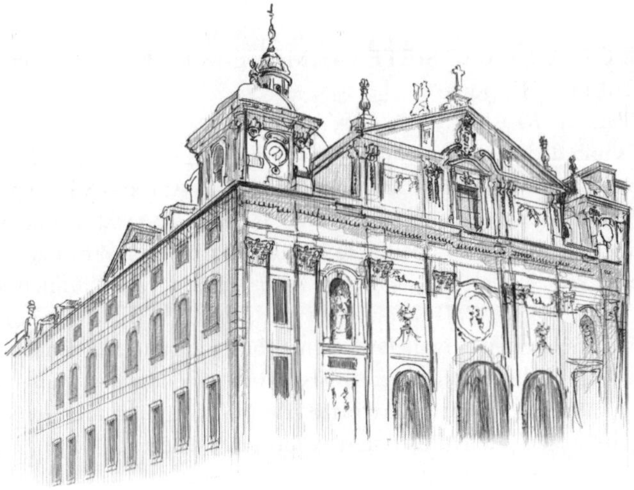

IGLESIA DE SANTA BÁRBARA (1749)

Calle de Bárbara de Braganza, 3

De gran elegancia arquitectónica, es la parroquia principal del barrio.

El convento de las Salesa Reales fue fundado por la reina Bárbara de Braganza. Es un conjunto arquitectónico del que hoy día forman parte la Iglesia de Santa Bárbara y el Palacio de Justicia.

En su exterior destaca su majestuosa escalinata y la fachada principal de ladrillo y mampostería ricamente decorada con obras de Juan Domingo Olivieri, escultor de cámara de Fernando VI. Su interior, con una sola nave, con mármoles y maderas nobles, alberga valiosas obras del último periodo barroco del siglo XVIII, así como algunos elementos del rococó francés, como el púlpito y la tribuna regia.

La Iglesia alberga tres monumentos funerarios: el de Fernando VI y Bárbara de Braganza —junto al altar mayor— y el del capitán general Leopoldo O´Donnell, del año 1870. Los sepulcros de los reyes se encuentran junto al altar mayor y unidos por deseo del monarca de no separarse de su esposa ni tras la muerte. Son los únicos reyes enterrados en la capital, junto con María Mercedes de Orleans, que tampoco pudo ser enterrada en El Escorial al no tener hijos.

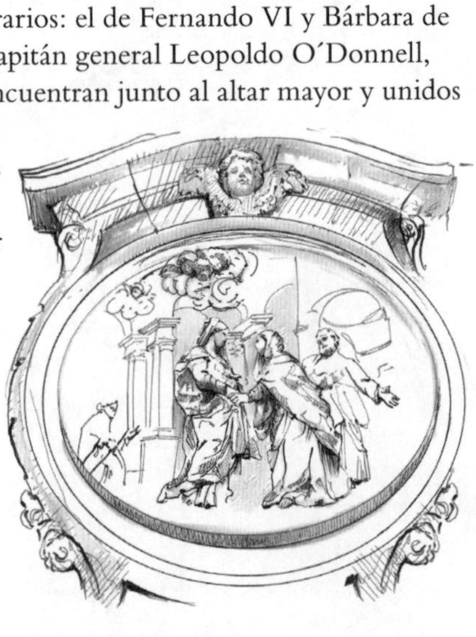

En la fachada, el medallón central representa "la Visitación", emblema de la Orden.
En unas hornacinas, a cada lado de la puerta, hay dos estatuas de san Francisco de Sales y Santa Juana de Chantal, fundadores de la Orden de las Salesas.

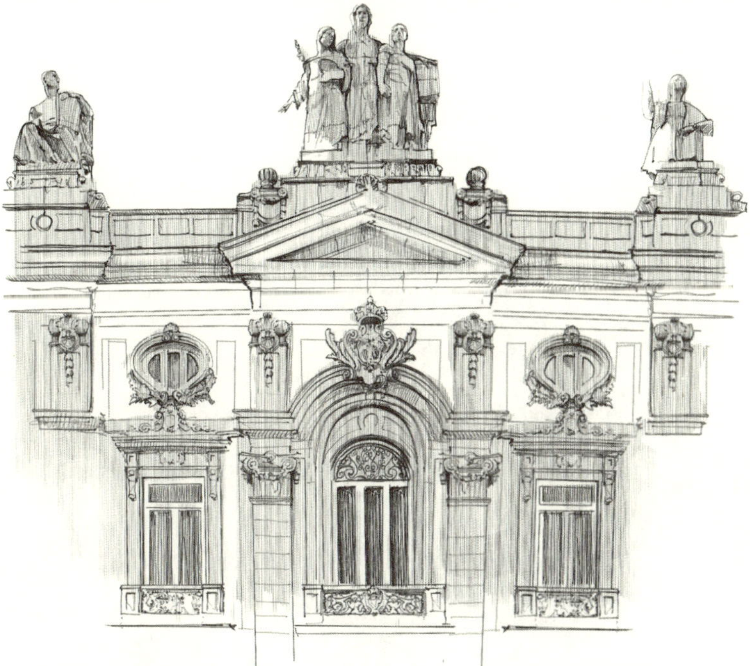

■ PALACIO DE JUSTICIA. TRIBUNAL SUPREMO (1750-1757)

Calle del General Castaños, 1

El edificio es parte del antiguo Convento de las Salesas Reales, fundado por la reina Bárbara de Braganza en 1748 para la educación de las niñas nobles. Fue el más grandioso de los construidos en la ciudad durante el Antiguo Régimen y ocupaba un inmenso espacio con un colegio, iglesia, residencia real, jardines y huertas. En 1870 se firmó el decreto de exclaustración y el convento se destinó a Palacio de Justicia, aunque la iglesia siguió abierta al culto.

La fachada principal, situada frente a la Plaza de la Villa de París, albergaba originalmente el Cuarto de la Reina.

Su decoración interior presenta un magnífico ejemplo de rococó madrileño, con suelos de mármol de distintos colores, columnas jónicas rematadas por capiteles dorados, vidrieras y pinturas al fresco en sus techos.

En el frontón de la fachada principal destaca un conjunto escultórico denominado La Justicia amparándose en la Equidad y el Derecho. La Ley —con una antorcha que señala su virtud de iluminadora—, esta flanqueada por la Equidad —con una balanza en su mano— y el Derecho, que sujeta unas tablas como símbolo del conjunto de leyes del Estado.

A ambos lados de este conjunto escultórico se encuentran las representaciones del Derecho Romano y el Derecho Civil.

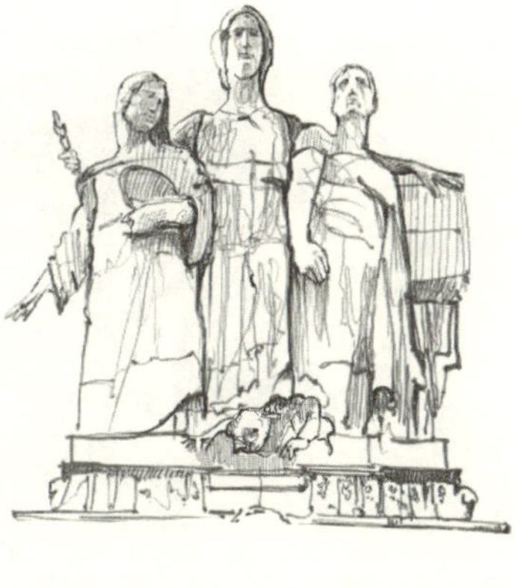

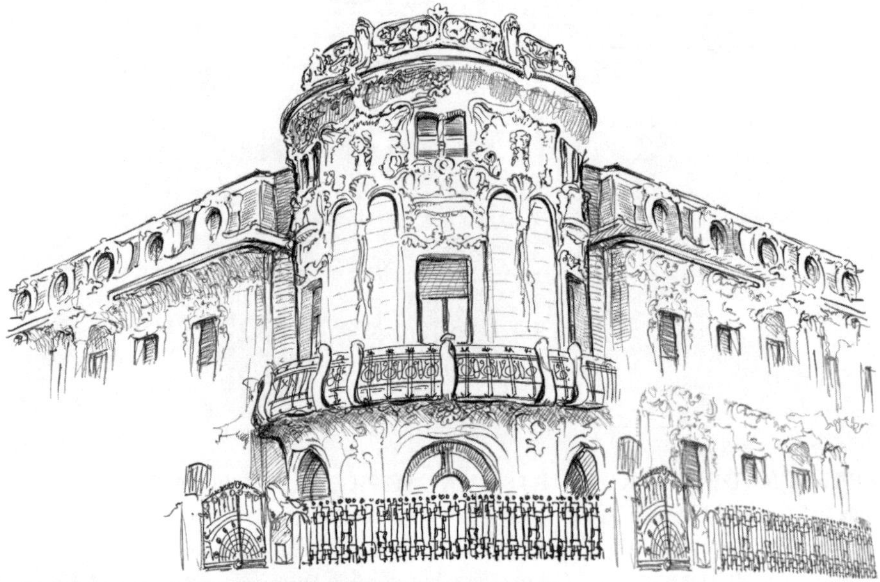

■ **PALACIO LONGORIA (1902). Actual SGAE (Sociedad General de Autores y Editores)**
Calle de Fernando VI, 4
Uno de los pocos ejemplos de arquitectura modernista de Madrid, llama la atención por su fachada en piedra artificial ornamentada con formas suaves, vegetales y orgánicas que invaden todo el espacio enlazando unos elementos con otros. El conjunto está rematado con una impresionante cúpula de hierro y vidrieras de colores. Cuando se construyó no había ningun edificio con una decoración parecida, por eso recibió el nombre de «la casa de la tarta».

En el interior destaca una escalera imperial circular con adornos de hojas y flores de latón, inspirada también en la arquitectura modernista francesa.

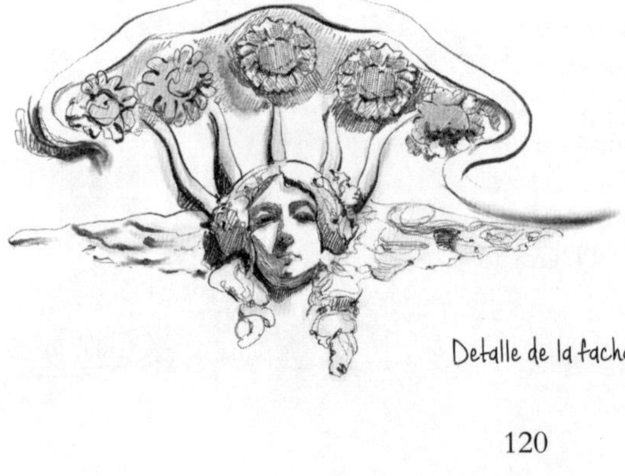

Fue edificado para el financiero Javier González Longoria como residencia familiar y oficinas de su sede bancaria, destinando para el público la planta baja y como vivienda privada, la zona superior.

Detalle de la fachada del Palacio Longoria.

■ PALACIO DE LOS CONDES DE GUEVARA (1920).

Actual Centro de Innovación del BBVA (Banco Bilbao Vizcaya Argentaria)

Plaza de Santa Bárbara, 2

Situado en Plaza de Santa Bárbara, fue edificado en 1920 por el arquitecto Joaquín Pla Laporta, para los condes de Guevara. En la segunda mitad del siglo XX se reconvirtió en oficinas de una entidad bancaria.

Se edificó sobre la llamada cárcel de «el Saladero», así bautizada por haber sido un matadero de cerdos y saladero de tocinos, a las afueras de la ciudad, en una zona humilde donde muchos de sus habitantes se dedicaban a la cría porcina.

También fue Cárcel de la Villa diseñada por Ventura Rodríguez en 1768. Se convirtió en presidio a raíz de un brote de tifus en la Cárcel de Corte, el Palacio de Santa Cruz, en 1831, que obligó a habilitar un nuevo penal lejos del centro de Madrid. La Cárcel del Saladero estuvo operativa y funcionando como correccional para jóvenes hasta 1884, cuando sus presos fueron trasladados a la nueva Cárcel Modelo del distrito de Moncloa.

Tuvo fama por ser un presidio especialmente violento y por sus talleres de falsificación de billetes. Sus lúgubres celdas acogieron a presos como el bandolero Luis Candelas, el Cura Merino (ejecutado por tratar de asesinar a Isabel II), políticos como Nicolás Salmerón y Fernando Garrido y toreros como Frascuelo.

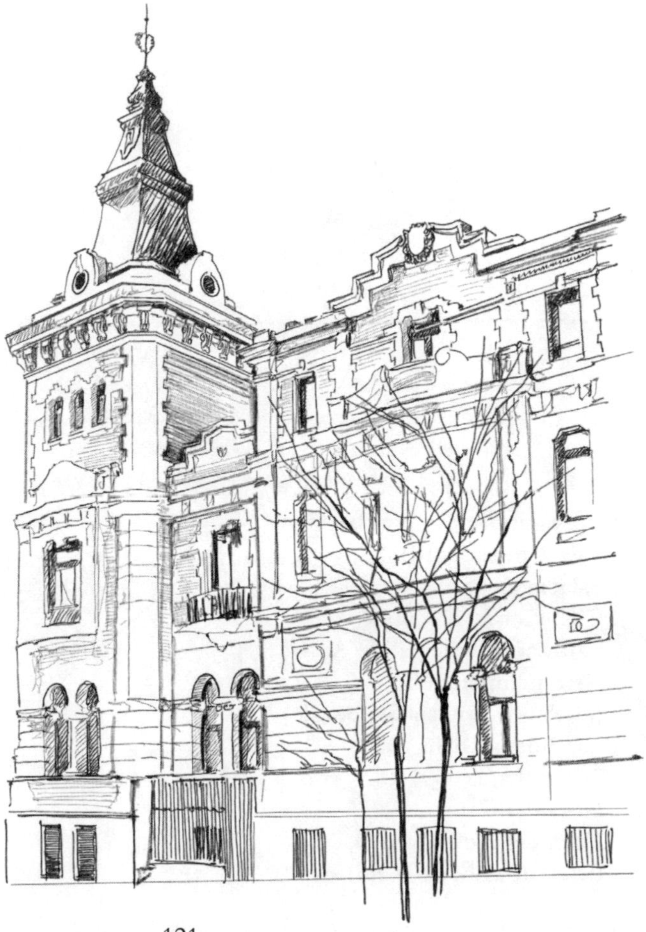

BARRIO DE UNIVERSIDAD

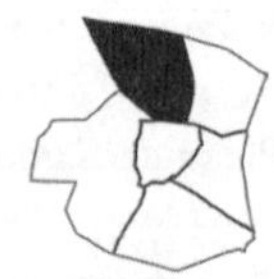

Toma su nombre del Caserón de San Bernardo, antigua sede de la Universidad de Madrid, y es también conocido como Barrio Maravillas.

En el siglo XVIII era el referente de «la chispería», nombre relacionado con los chisperos que trabajaban con el metal.

Este barrio de Madrid es zona de viejas tabernas de barrio con gastronomía castiza, pequeños comercios y antiguos negocios, aunque también es famoso por ser la cuna de la movida madrileña y meca de la modernidad. Viven en él cantautores, periodistas, escritores, premios Nobel, actores y músicos pues en algunas zonas del barrio se vive el ambiente bohemio que necesitan.

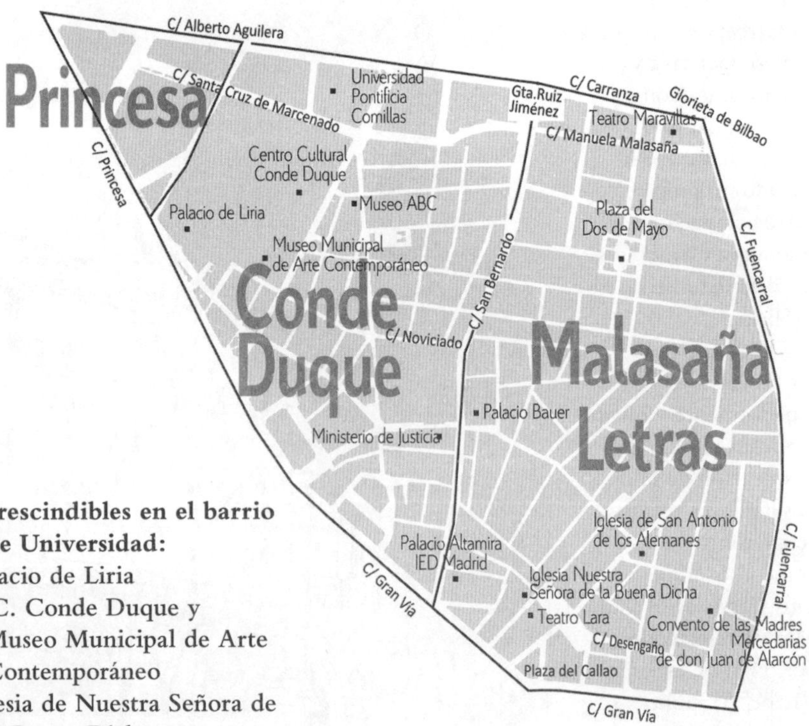

Imprescindibles en el barrio de Universidad:

. Palacio de Liria
. C.C. Conde Duque y Museo Municipal de Arte Contemporáneo
. Iglesia de Nuestra Señora de la Buena Dicha
. Teatro Lara
. Plaza del Callao
. Plaza del 2 de Mayo
. Paseo de Alberto Aguilera

■ ICAI-ICADE. INSTITUTO CATÓLICO DE ARTES E INDUSTRIAS (1904)

Calle de Alberto Aguilera, 25

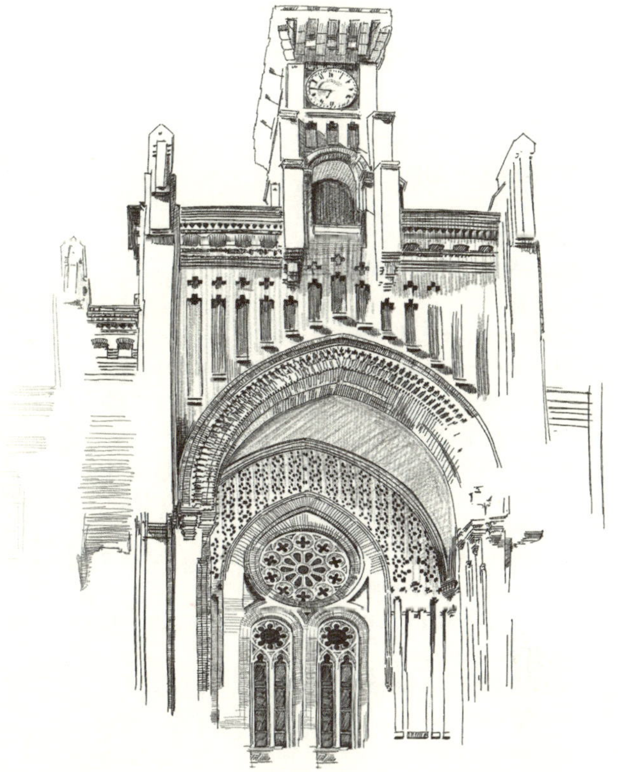

El solar sobre el que está la actual sede era el llamado Colegio de Areneros y actualmente es sede de la Universidad Pontificia de Comillas.

Es un grandioso edificio de ladrillo neogótico y estilo neomudéjar, construido en varias etapas por la Compañía de Jesús, que instaló aquí el Instituto Católico de Artes e Industrias, escuelas de peritos e ingenieros y patronato de obreros, una institución precursora en su tiempo que intentaba paliar la escasa educación industrial de la España de finales del siglo XIX.

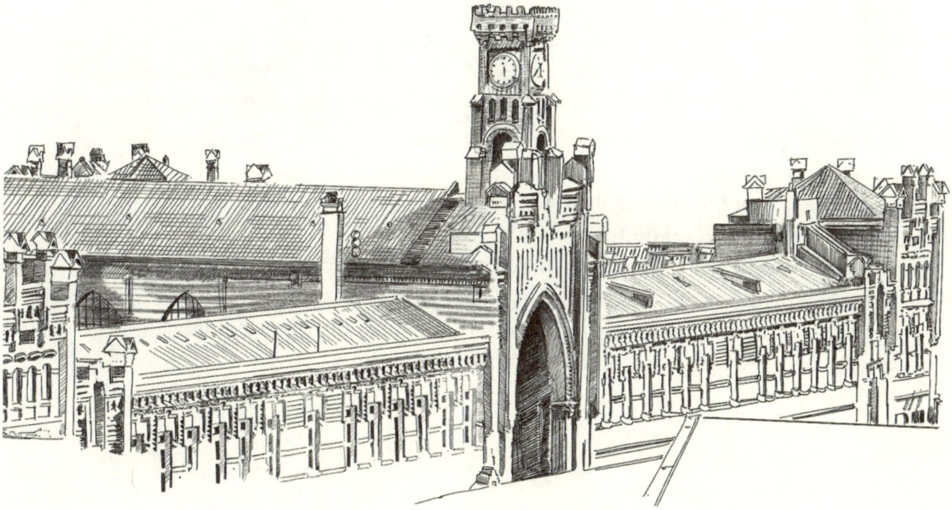

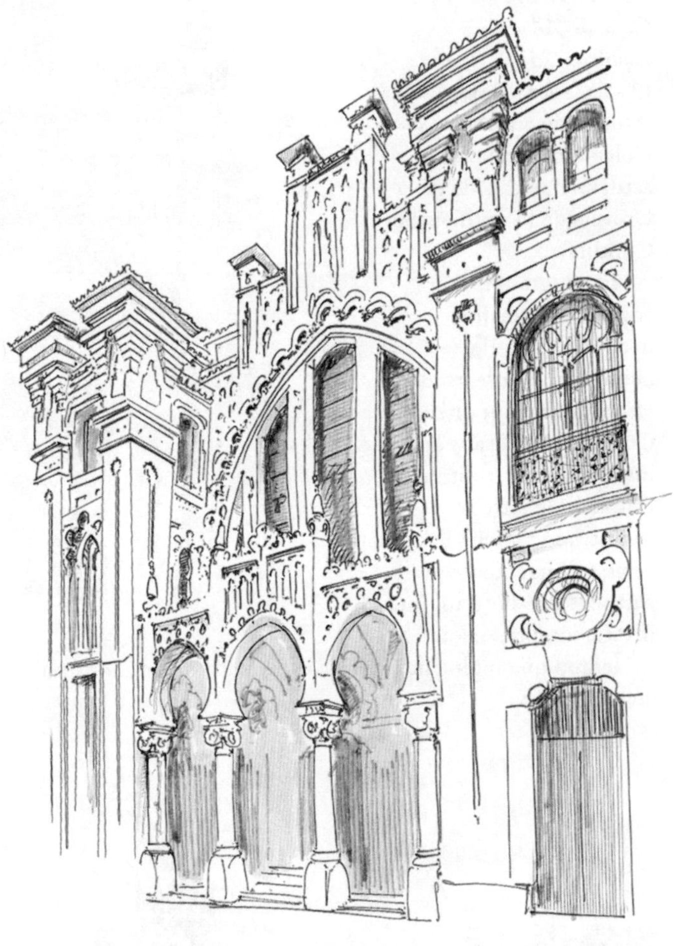

■ IGLESIA DE NUESTRA SEÑORA DE LA BUENA DICHA (1914)

Calle de Silva, 21

En 1564 se fundó el Hospital de Nuestra Señora de la Concepción y de la Buena Dicha por un grupo de doce sacerdotes y más de sesenta seglares que allí atendían a los más necesitados. Más tarde se levantó una iglesia con el mismo nombre y un pequeño cementerio que, tras el levantamiento del 2 de mayo de 1808, acogió los enterramientos de Clara del Rey y Manuela Malasaña.

A finales del siglo XIX, tanto el cementerio como el hospital e iglesia fueron derribados y, en su mismo lugar, se levantó el nuevo templo que fue declarado Bien de Interés Cultural en 1994.

Su fachada de ladrillo rojo y sus dos torres laterales contrastan con el cuerpo central de piedra caliza blanca labrada, así como con la vidriera de estilo modernista con Santa María de la Merced. En el interior destaca el grupo escultórico de la Virgen de la Misericordia, una joya barroca del siglo XVII.

■ CUARTEL DEL CONDE DUQUE (1717).

Centro de Cultura Contemporánea

Calle del Conde Duque, 9 y 11

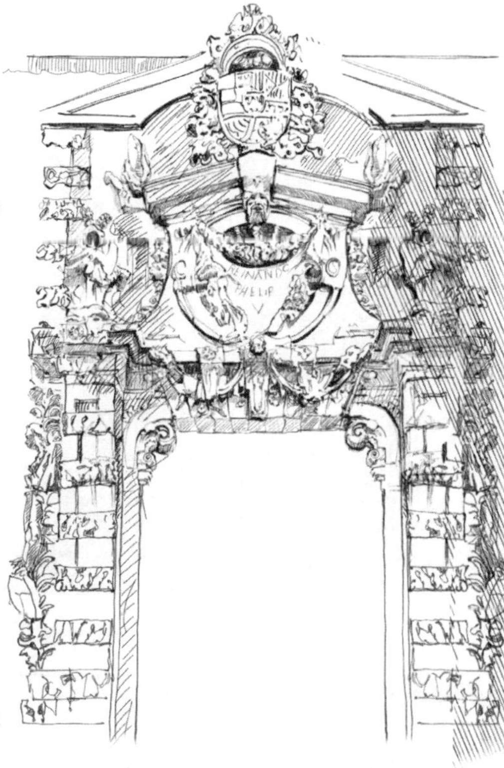

Pedro de Ribera fue el encargado de construir, por orden de Felipe V, este enorme edificio barroco para el alojamiento de los miembros de la Guardias de Corps, cuerpo militar de élite, y sus caballerías.

En la actualidad es un centro cultural que alberga entre sus muros la Biblioteca Histórica, la Hemeroteca Municipal, la Biblioteca Musical y el Museo Municipal de Arte Contemporáneo. Destacan entre sus fondos el Archivo de la Villa, con su Fuero de 1202, y los Autos Sacramentales de Calderón de la Barca escritos de su puño y letra.

Este colosal edificio dispone de cien kilómetros de estanterías, salas con incunables, manuscritos, joyas de la música y la literatura, además de espacios destinados a exposiciones, auditorio y un salón de actos.

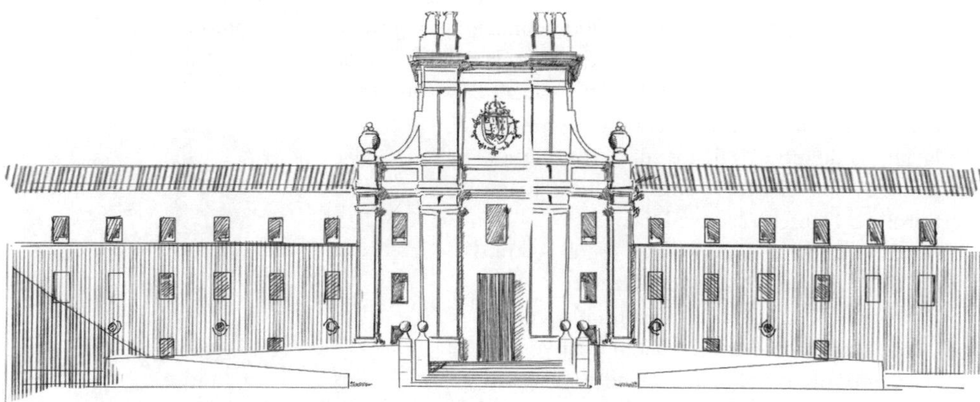

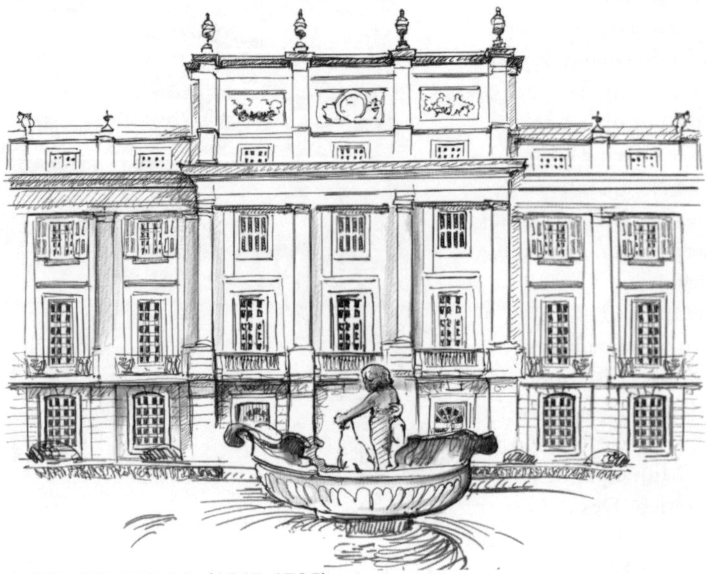

PALACIO DE LIRIA (1767-1785)

Calle de la Princesa, 20

Es el palacio privado y domicilio particular más grande de Madrid, conocido como «el hermano menor del Palacio Real». Fue construido en el siglo XVIII por orden del III duque de Berwick y de Liria, don Jacobo Fitz-James Stuart y Colón. Es residencia de la Casa de Alba en Madrid y principal sede de su Fundación.

En su diseño y construcción intervinieron, entre otros, el francés Louis Guilbert y Ventura Rodríguez. El palacio, de estilo neoclásico, tiene una planta alargada y con patios en su interior.

Está situado en el interior de una finca vallada y rodeada de jardines, algunos de ellos similares a Versalles. Tiene 200 habitaciones y grandes salas, como el Salón de Recepciones, el del Gran Duque de Alba, la Sala Española, Italiana y la de Goya.

Los tesoros artísticos e históricos que alberga son extraordinarios a pesar de tratarse de una colección privada. Sobresalen la galería de retratos de los sucesivos duques, pintados por maestros como Van Loo, Joaquín Sorolla o Daniel Vázquez Díaz.

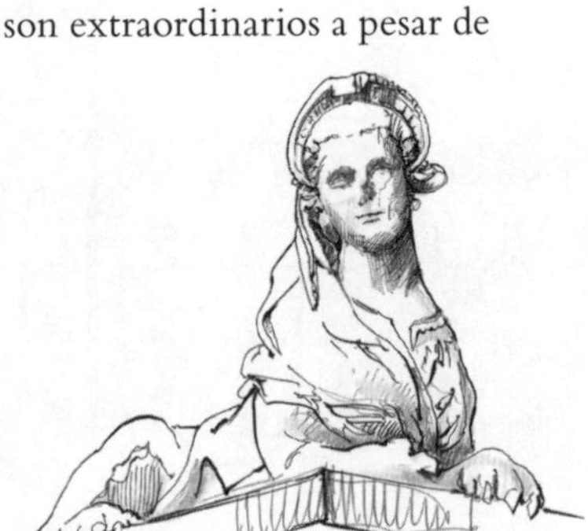

Especialmente interesantes son el Retrato del Gran duque de Alba, de Tiziano, y el de La duquesa Cayetana con vestido blanco, de Goya. La pinacoteca del palacio incluye también relevantes obras italianas de Andrea Vaccaro y Canaletto.

■ PLAZA DEL DOS DE MAYO (1869)

Calle de la Princesa, 20

En este lugar se encontraba el palacio de los marqueses del Valle, duques de Monteleón y de Terranova. Fue convertido posteriormente en cuartel de artillería y fue el escenario de la heroica resistencia del pueblo de Madrid contra la invasión francesa en 1808. La plaza toma su nombre de los hechos ocurridos en el 2 de mayo.

El monumento situado en el centro de la plaza está dedicado a los capitanes Daoiz y Velarde, como homenaje del mismo rey Fernando VII. Como fondo, el Arco de Monteleón, único resto del Parque de Artillería, que defendieron los mencionados militares uniéndose a la revuelta popular —desobedeciendo la orden de sus superiores— hasta su heroica muerte.

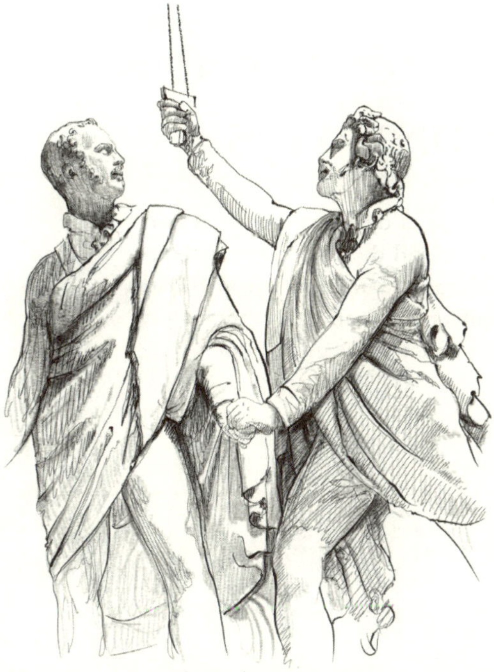

Estatuas de Daoiz y Velarde (1822).

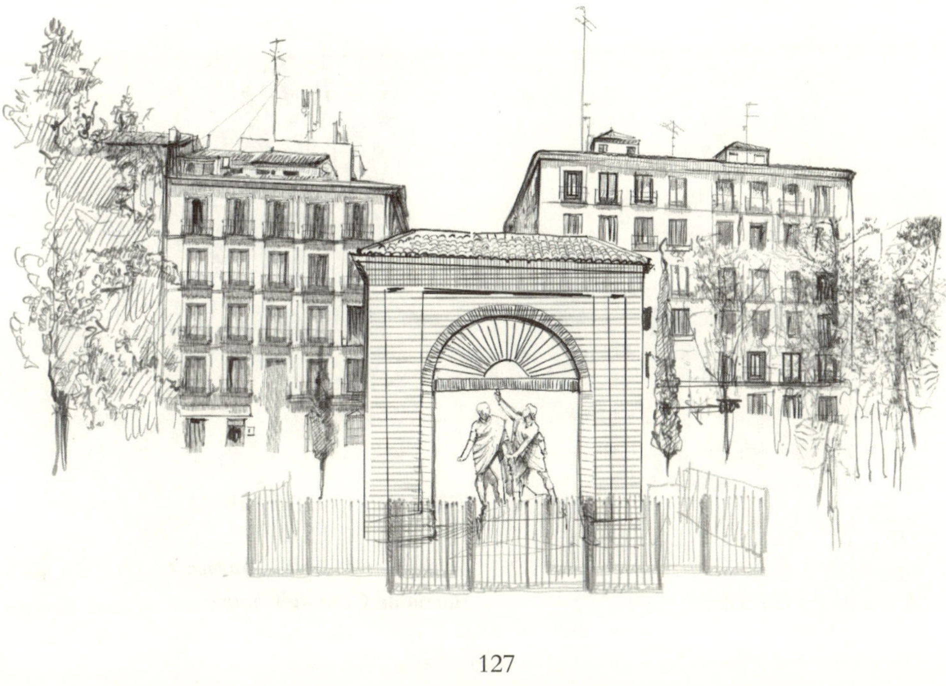

Otros barrios y distritos

Aunque el de Centro destaca por la cantidad de patrimonio artístico-cultural que alberga, otros distritos también cuentan con edificios y monumentos de gran valor.

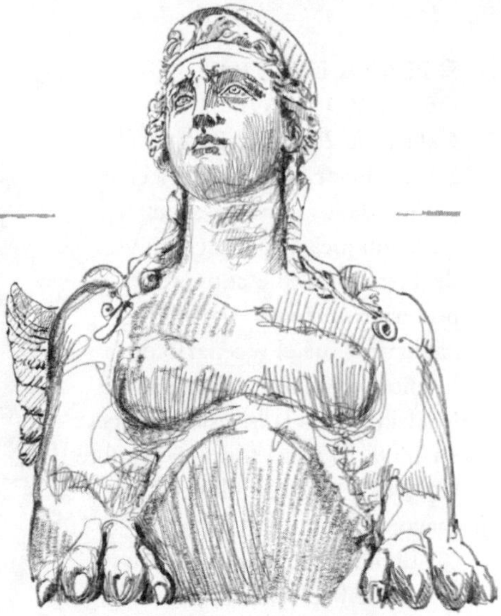

■ MUSEO ARQUEOLÓGICO NACIONAL (1865 - 1866)
Distrito de Salamanca /
Barrio de Recoletos
Detalle de la Esfinge de bronce.

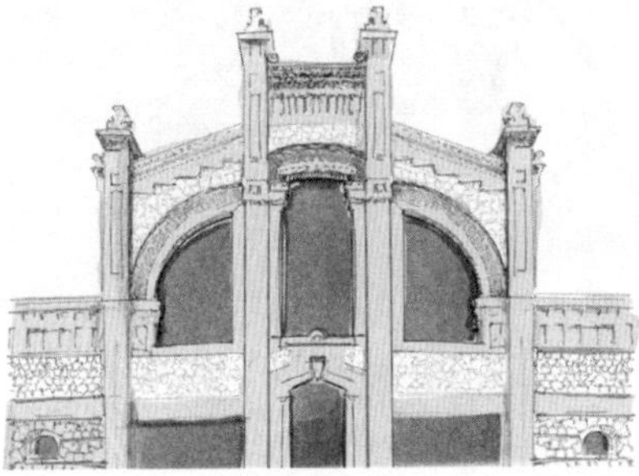

■ MATADERO (1907)
Distrito de Arganzuela /
Barrio de la Chopera

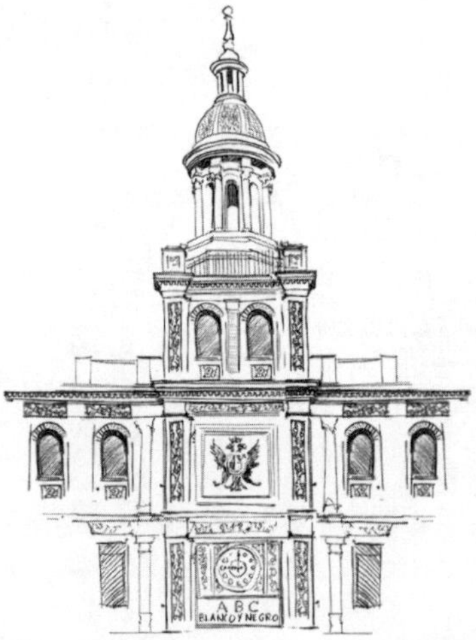

■ ABC, BLANCO Y NEGRO (1896)
Distrito de Salamanca /
Barrio de La Castellana

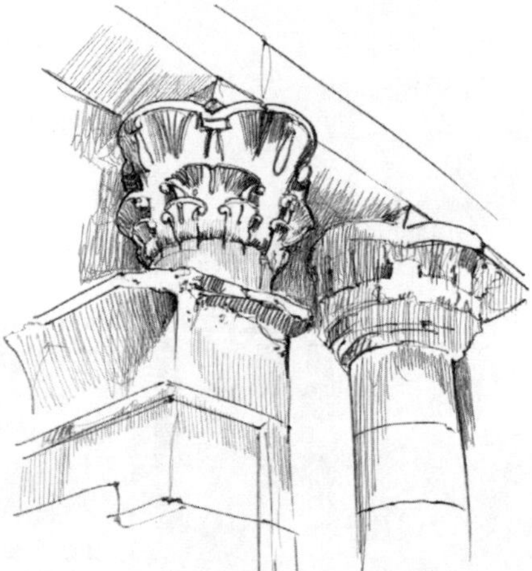

■ TEMPLO DE DEBOD (200-180 A. C.).
Distrito de Moncloa-Aravaca /
Barrio de Casa de Campo

CASÓN DEL BUEN RETIRO (1637)

Distrito de Retiro/ Barrio de Los Jerónimos / Calle de Alfonso XII, 28

Es uno de los dos únicos edificios que sobrevivió a la desaparición del Palacio del Buen Retiro junto al Salón de Reinos. Fue diseñado por Alonso Carbonel como salón de baile de la Corte de Felipe IV.

Su fachada principal fue arrasada en 1886 por un ciclón, y el edificio mostró durante años un aspecto desolado lo que le dio el sobrenombre de «Casón».

Durante décadas albergó una colección de pintura del siglo XIX y, en los años 70 del siglo XX, sirvió como sala de exposiciones del Guernica de Picasso, que más tarde se trasladó al Museo Reina Sofía. Tras una profunda rehabilitación, en la actualidad forma parte del conjunto del Museo del Prado y alberga su Centro de Estudios.

La biblioteca se sitúa bajo la bóveda decorada por Lucas Giordano que representa la Alegoría del Toisón de Oro, orden de caballería creada por el duque de Borgoña y ligada a Carlos I como rey de la casa de Austria.

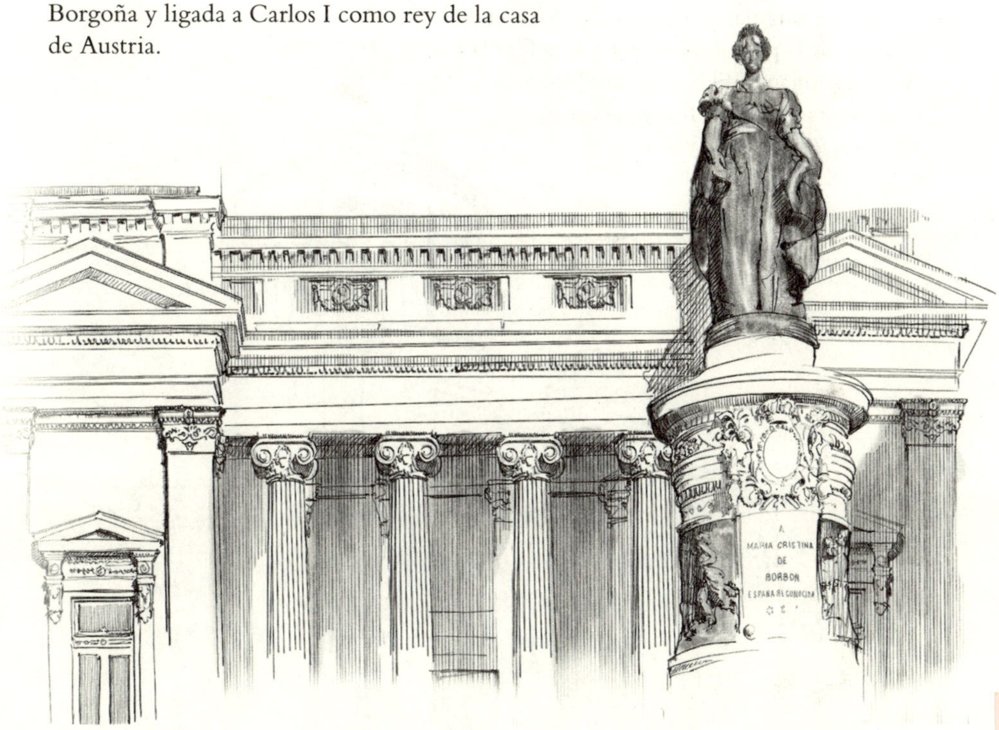

■ OBSERVATORIO ASTRONÓMICO (1790)

Distrito de Retiro / Barrio de Los Jerónimos / Calle de Alfonso XII, 3

En uno de los extremos del Parque de El Retiro, en una pequeña colina llamada el Cerrillo de San Blas, se alza el Real Observatorio de Madrid, catalogado como conjunto histórico artístico.

Fundado por iniciativa de Carlos III, a sugerencia del científico y navegante Jorge Juan, fue definitivamente construido en tiempos de Carlos IV. Diseñado por Juan de Villanueva, forma parte del llamado «Eje de las Ciencias», junto a la Academia de Ciencias, hoy Museo del Prado, y el Jardín Botánico.

Desde sus comienzos, el Observatorio se ha dedicado a la Astronomía y Ciencias de la tierra, como Cartografía o Sismología. En este edificio de estilo neoclásico se conservan las mediciones meteorológicas más antiguas de Madrid, y en su interior se custodian objetos de gran interés científico como un Péndulo de Foucault y dos réplicas del telescopio del mejor fabricante del momento, el astrónomo alemán, William Herschel.

Son de singular importancia la Sala del Círculo Meridiano, instrumento usado para medir la posición de los astros y fijar la hora y su impresionante Biblioteca, con una rica documentación científica y ejemplares antiguos únicos, datados en el siglo XVI.

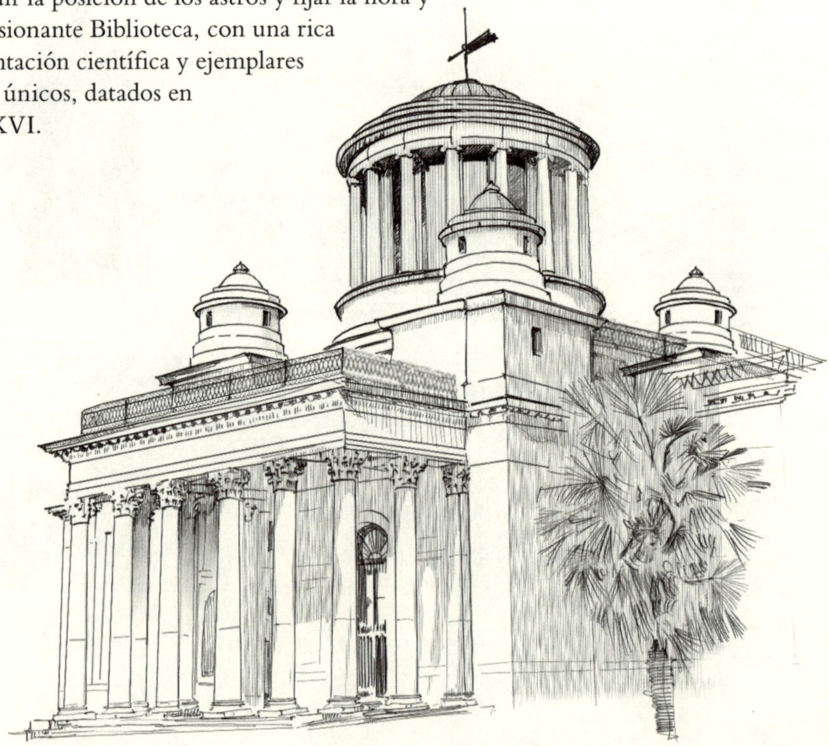

■ PALACIO DE FOMENTO.

Actual Ministerio de Agricultura.

Distrito de Retiro / Barrio de Los Jerónimos / Paseo de la Infanta Isabel, 1

Fundado por la reina Isabel II en 1856, el antiguo Ministerio de Fomento se erigió donde antes estuviera el Convento Trinitario. En este edificio convivían varias instituciones dedicadas a la Industria y a la Agricultura, de ahí la división en dos zonas que se aprecia desde la escalera imperial que daba acceso a cada uno de los dos ministerios. Hoy en día es la sede del Ministerio de Agricultura, Pesca y Alimentación.

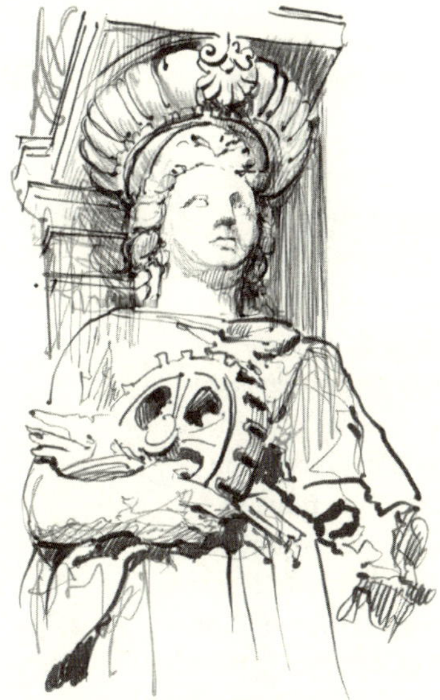

Alegoría de la Industria con una rueda de engranaje en su mano.

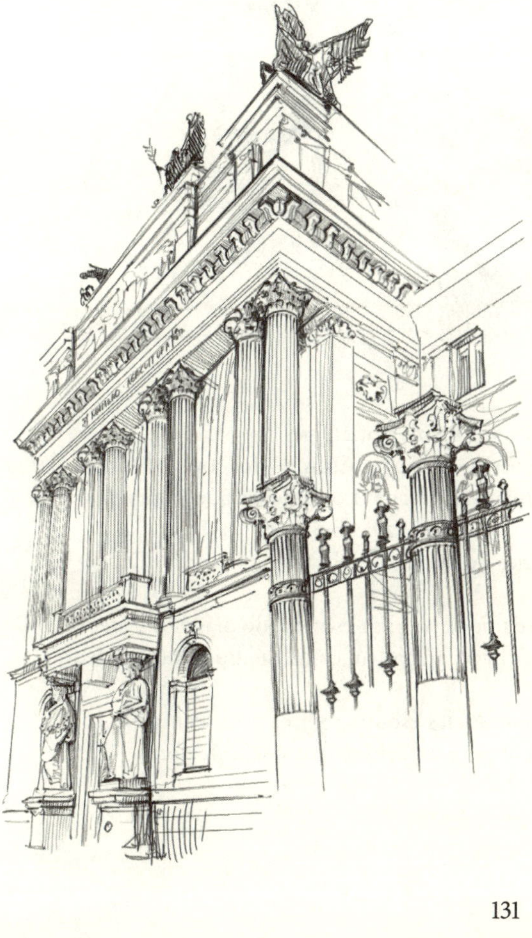

Construido por Ricardo Velázquez Bosco, cuenta con una planta rectangular retranqueada, organizada por dos patios interiores iguales con cubierta de hierro y cristal. Su fachada está decorada con ladrillos de diferentes tonos, azulejos y esmaltes de Daniel Zuloaga y pinturas de Ferrante. A ambos lados de la puerta, dos cariátides —obra de José Alcoverro— que representan la Industria y el Comercio, soportan una balconada con ocho columnas corintias y un escudo de mármol esculpido por Bellver.

Corona el edificio el grupo escultórico de La Gloria y los Pegasos, obra de Agustín Querol, basado en la mitología clásica.

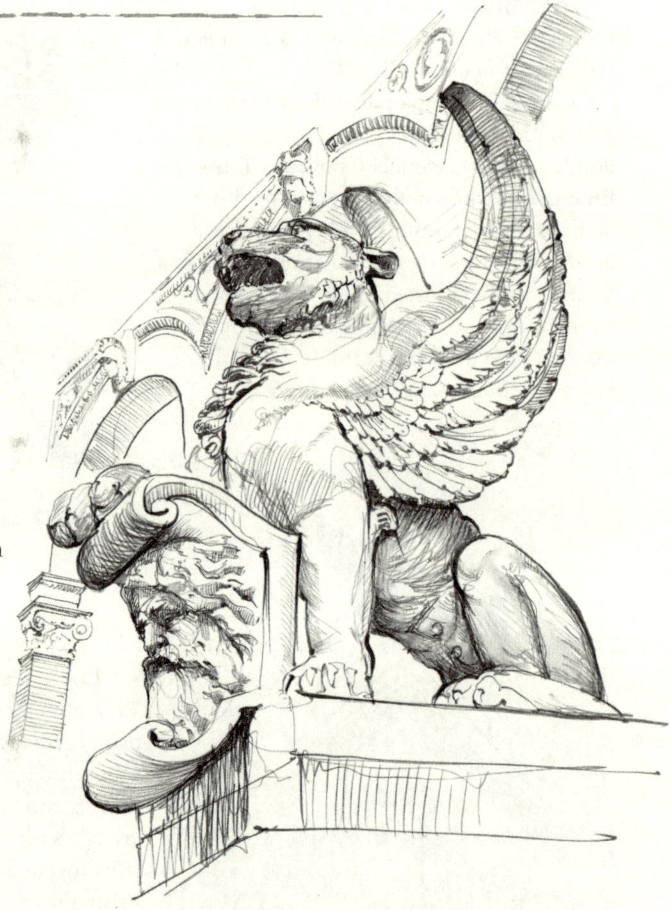

■ PALACIO VELÁZQUEZ (1881 y 1883).
Distrito de Retiro / Barrio de Los Jerónimos

Es una de las joyas del Parque del Retiro de Madrid que toma su nombre del arquitecto que lo proyectó, Ricardo Velázquez Bosco. Con una estructura de hierro y cristal, fue construido en 1881 como pabellón central para la Exposición Nacional de Minería y está inspirado en el Crystal Palace de Londres. Años después, sería utilizado como sede de la Exposición de Filipinas y, más tarde, se destinó a Museo de Ultramar. En la actualidad depende del Ministerio de Cultura y se dedica a exposiciones temporales del Museo Reina Sofía.

La llamativa fachada principal está construida con ladrillos de dos tonos distintos y decorada con azulejos, obra de los hermanos Zuloaga. Los relieves que franquean la entrada son de estuco y representan a la Minería y a las Bellas Artes. La fachada está coronada por una hilera de medallones de personajes ilustres, entre ellos Diego Velázquez.

La entrada principal está protagonizada por una gran escalera de mármol blanco, flanqueada por dos leones alados, y un pórtico con tres arcos de medio punto sobre columnas jónicas.

Destacan en el exterior cuatro torreones en las esquinas y una zona central con una bóveda de cristal, que da luz natural al gran espacio diáfano del interior.

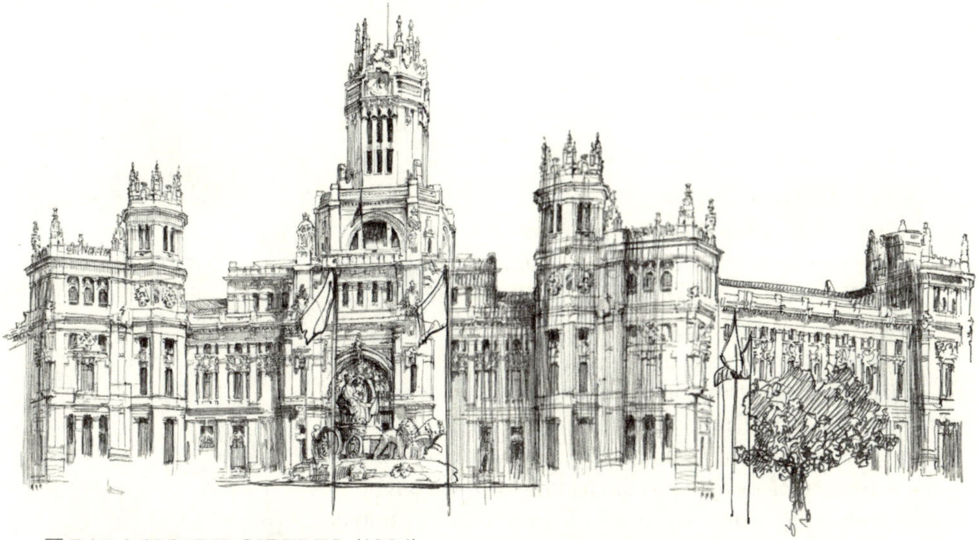

■ PALACIO DE CIBELES (1904)

Distrito de Retiro / Barrio de los Jerónimos / Plaza de Cibeles, 1

Por su aspecto catedralicio fue bautizada como «Nuestra Señora de las Comunicaciones» y llegó a ser el edificio destinado a Correos más grande del mundo, superando incluso al de Chicago (Illinois).

Se inauguró en 1919 como símbolo de progreso y pronto se convirtió en el centro neurálgico de las comunicaciones postales en la ciudad.

El llamado Palacio de Comunicaciones, pasó a ser conocido como Palacio de Cibeles cuando se convirtió en 2007 en la nueva sede del Ayuntamiento de Madrid. Se transformaron muchas de sus estancias en espacios públicos para exposiciones, salas de lectura y auditorio. La sala de reparto de la correspondencia es hoy el Salón de Plenos del Ayuntamiento.

Junto al Banco de España, el Palacio de Buenavista y el de Linares forma un conjunto arquitectónico, en torno a la Plaza de Cibeles, difícil de superar. Fue declarado Bien de Interés Cultural, con categoría de Monumento, en 1993.

Con un estilo ecléctico e historicista, lo diseñaron los arquitectos Antonio Palacios y Joaquín Otamendi. En su fachada los detalles ornamentales crecen a medida que se sube hacia la zona superior del edificio. La decoración de las plantas nobles —la 4ª y la 5ª— contiene referencias históricas y simbólicas como el escudo de los Reyes Católicos, el águila bicéfala de Carlos V y bustos de exploradores como Magallanes o Hernán Cortes, además de efigies de diosas egipcias y romanas. Es célebre la figura femenina de estilo modernista situada sobre el arco de la puerta: una ninfa con medio cuerpo vegetal a la que los madrileños apodaron «la rubia».

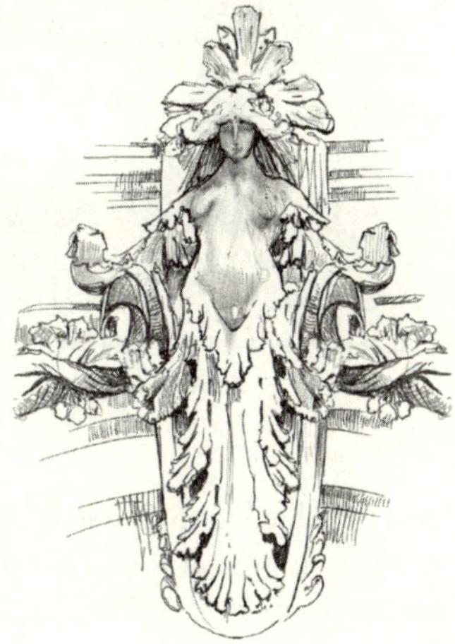

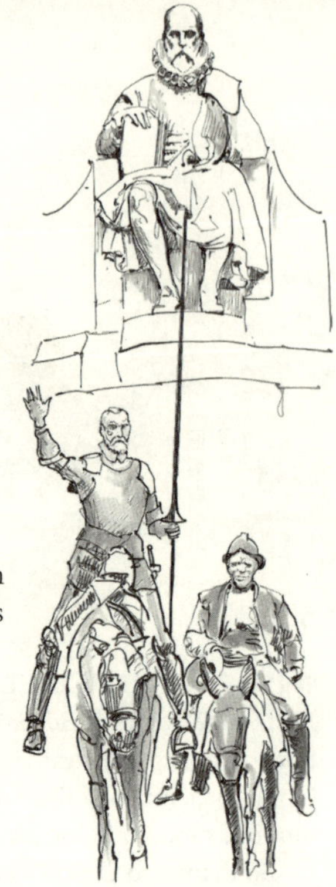

PLAZA DE ESPAÑA

Distrito de Moncloa-Aravaca / Barrio de Argüelles

Este gran espacio ajardinado en la confluencia de las calles Gran Vía, Princesa y Cuesta de San Vicente nació a comienzos del siglo XX con la demolición del cuartel de San Gil y la reforma de su entorno. Con anterioridad, la zona recibió diversos nombres como Prado de Leganitos, Prado Nuevo o Plaza de San Marcial.

Es una de las más grandes de España a la que se asoman dos emblemáticos edificios diseñados y proyectados por los hermanos Otamendi: el Edificio España, de 1953, uno de los rascacielos más representativos y altos de Madrid, y la Torre de Madrid, de 1957, visible desde el Palacio Real.

Está rodeada de otras construcciones de gran interés como la Casa Gallardo o el edificio de la Compañía Asturiana de Minas, y en su espacio se ubica la Fuente-monumento a Cervantes.

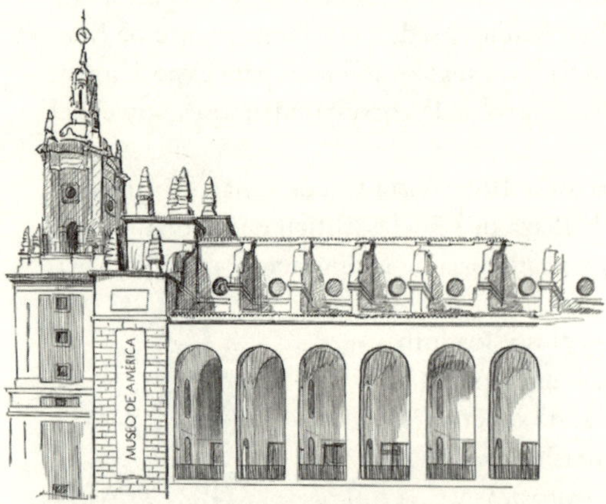

El Museo de América es un edificio de estilo historicista y neocolonial que evoca las antiguas haciendas latinoamericanas. Se terminó de construir en 1954.

IGLESIA DE SANTO TOMÁS DE AQUINO. Actual Museo de América

Distrito de Moncloa-Aravaca / Barrio de Argüelles / Avenida de los Reyes Católicos, 6

Diseñado por los arquitectos, Pedro Muguruza y Luis Moyá,entre 1943 y 1954, el Museo de América compartió al principio su espacio con la iglesia de Santo Tomás de Aquino, parroquia de la Ciudad Universitaria. Fue restaurado en 1994, ampliándose entonces su espacio expositivo. Cuenta con piezas que abarcan desde la prehistoria americana hasta la actualidad, con especial énfasis en la arqueología precolombina, la etnografía y el arte colonial. Los objetos más antiguos pertenecen al Real Gabinete de Historia Natural, fundado a mediados del siglo XVIII.

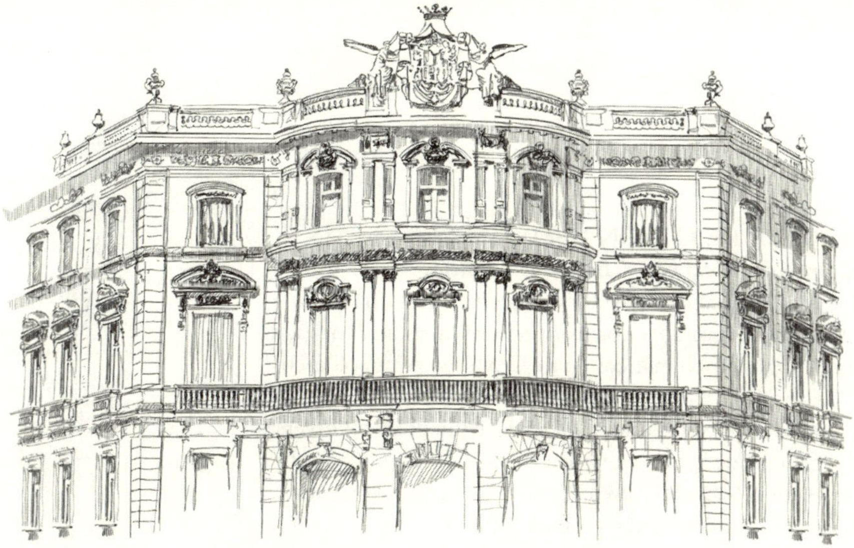

■ PALACIO DE LINARES (1804). Actual Casa de América

Distrito de Salamanca / Barrio de Recoletos / Plaza de Cibeles, s/n

Los marqueses de Linares encargaron a los arquitectos Carlos Colubí, Adolf Ombrecht y Manuel Aníbal Álvarez la construcción del palacio en este privilegiado lugar. El resultado fue una de las residencias más suntuosas e impresionantes de Madrid y uno de los mejores ejemplos de arquitectura decimonónica.

La fachada, con una parte central convexa, está rematada por el escudo de los marqueses. En la zona posterior se encuentran la llamada Casa de muñecas y el jardín. En la decoración interior, de estilo neobarroco e inspiración francesa, destaca el vestíbulo ovalado del que arranca la gran escalera central, decorada con balaustradas y esculturas de Jerónimo Suñol. El salón de baile es otro de los puntos de mayor interés por su magnífica decoración.

Actualmente es la sede de la Casa de América, consorcio creado en 1990 por el Ministerio de Asuntos Exteriores, la Comunidad de Madrid y el Ayuntamiento, que tiene como objetivo estrechar los lazos entre España y el continente americano, especialmente con Iberoamérica.

■ PLAZA DE COLÓN (1881)

Distrito de Salamanca / Barrio de Recoletos

Está dedicada al descubridor de América y es una de las plazas más transitadas por madrileños y turistas. Rodeada de edificios emblemáticos como el Museo Arqueológico Nacional, la Biblioteca Nacional y las Torres de Colón, la plaza alberga los Jardines del Descubrimiento, con diversas esculturas que hacen referencia a los viajes de Colón, obra de Joaquín Vaquero Turcios. En su subsuelo se encuentra el Centro Cultural Fernán Gómez.

■ MONUMENTO A COLÓN

Situado en una isleta en el Paseo de la Castellana y frente a la plaza a la que da nombre, está esculpido en mármol blanco y formado por dos piezas correspondientes a diferentes autores. De Arturo Mélida es la base o pedestal de piedra y la estatua de mármol con la imagen de Cristóbal Colón, de Jerónimo Suñol.

La base de la escultura tiene cuatro caras, cada una de ellas con un relieve de estilo neogótico isabelino que muestra momentos históricos de la vida de Colón y su viaje al continente americano.

La estatua del navegante genovés mide tres metros de altura y fue tallada en mármol de Carrara. Viste a la moda de su época, con sayo y manto.

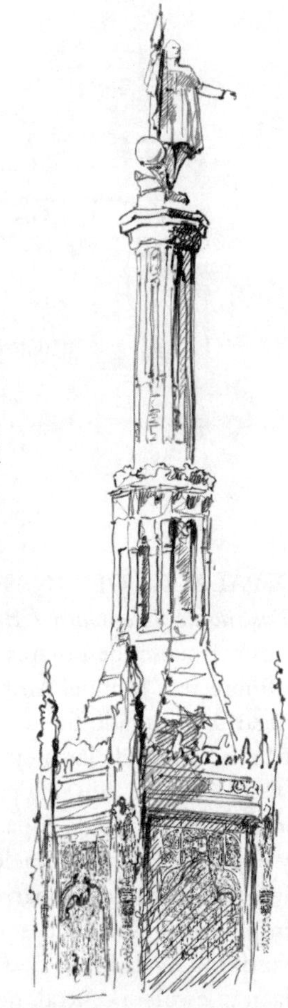

El monumento tiene una altura total de 17 m, y la figura de Colón que la corona, 3 m de altura.

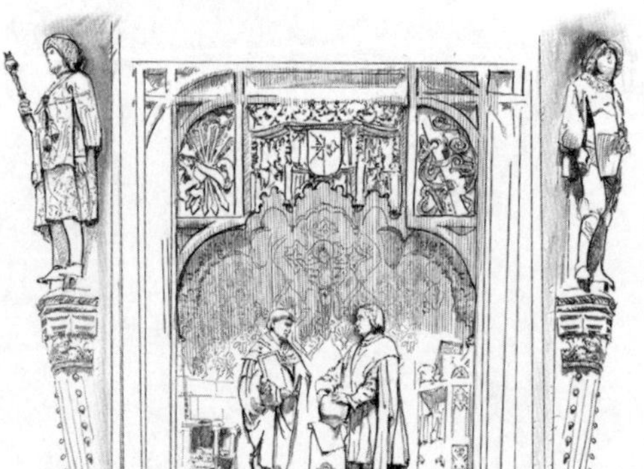

En la mano derecha porta una bandera de Castilla, que apoya sobre un globo terráqueo, mientras tiende la mano izquierda en ademán de oferta, y dirige su mirada al cielo.

Detalle del monumento que muestra a Colón exponiendo sus proyectos al Inquisidor General Diego de Deza.

■ CASA GALLARDO (1909)

Distrito de Chamberí / Barrio de Ríos Rosas / Calle de Ferraz, 2

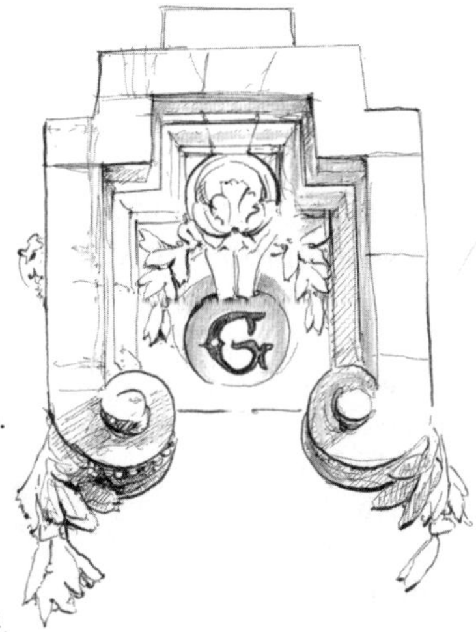

Dentro del programa de modernización urbanística que promovió la monarquía alfonsina se encuentra la Casa Gallardo, obra clave del modernismo madrileño. Gracias a la reforma de un edificio anterior que realizó el arquitecto Federico Arias Rey, se consiguió el premio del Ayuntamiento a la casa mejor construida en 1915. Fue declarada Bien de Interés Cultural en 1997.

La fachada es lo más destacado del edificio por sus curvas y elementos decorativos, que convierten al arquitecto casi en escultor. En la gran cúpula que corona la esquina destaca una G, inicial del apellido de la familia propietaria.

En su planta baja se encuentra el exclusivo Club Allard, inaugurado en 1908 y considerado uno de los referentes gastronómicos de Madrid, que cuenta con una estrella Michelín.

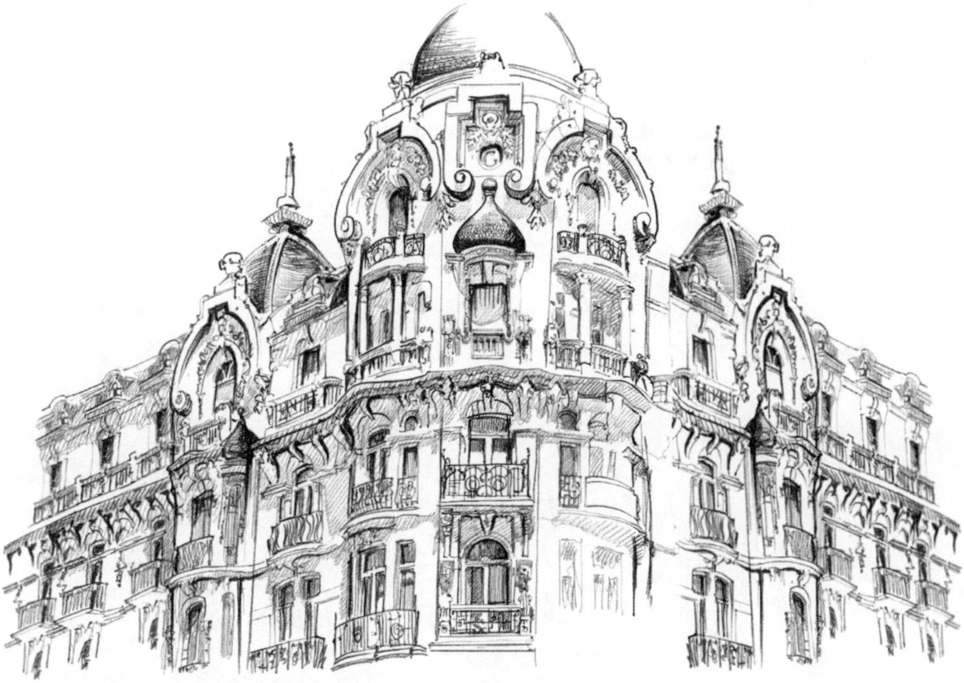

■ ESCUELA SUPERIOR DE INGENIEROS DE MINAS (1884)

Distrito de Chamberí / Barrio de Ríos Rosas / Calle de Ríos Rosas, 21

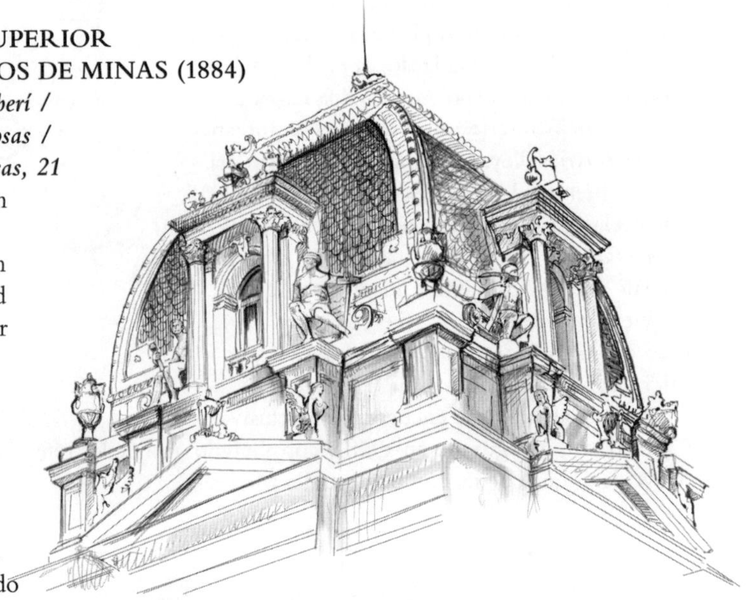

Tuvo su origen en la Academia de Minas fundada en Almadén (Ciudad Real) en 1777 por Carlos III. Tras pasar por varias sedes, a finales del siglo XIX, se estableció en el edificio actual, construido por el arquitecto Ricardo Velázquez.

Tanto en el exterior como en el interior, destaca el uso de diferentes artes decorativas y combinación de materiales como hierro, madera, vidrio y piedra.

Los cuatro torreones de las esquinas fueron construidos años después, a comienzos del siglo XX.

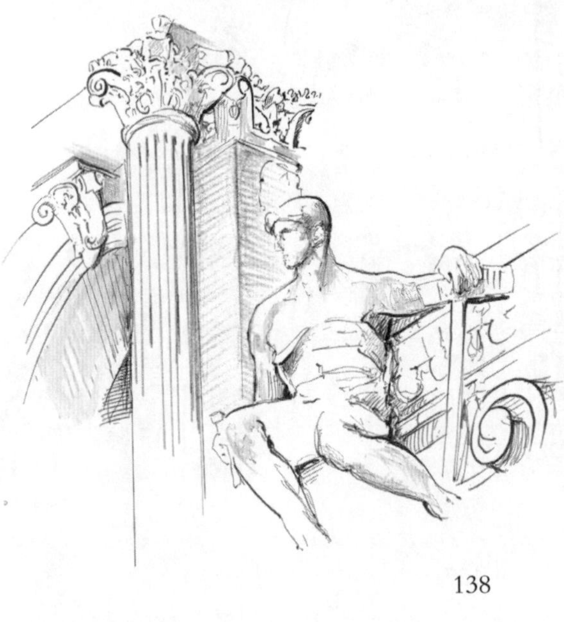

Magníficas son las esculturas de los torreones, las figuras mitológicas de Eduardo Barrón —relieve de la Minería y la Industria— y Los mineros de Ángel García Díaz, que obtuvieron la primera Medalla en la Exposición Nacional de 1906.

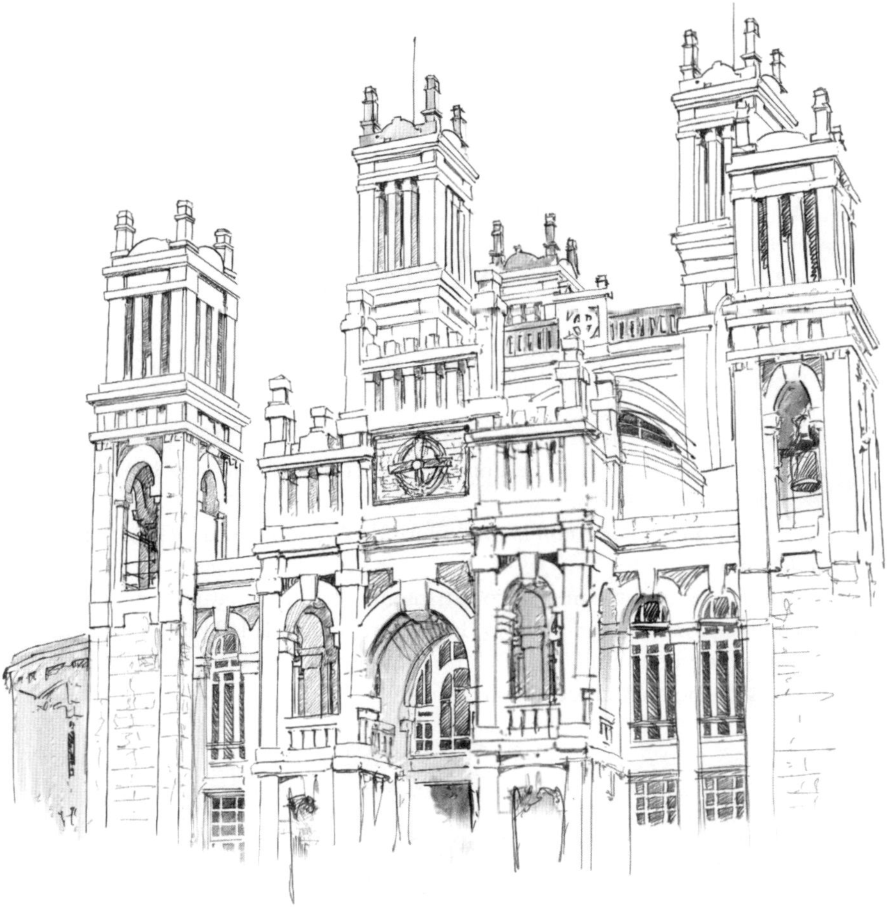

■ PALACIO MAUDES. HOSPITAL DE JORNALEROS (1916-1936)

Distrito de Chamberí / Barrio de Ríos Rosas / Calle de Maudes, 17

Este conjunto arquitectónico nació para dispensar asistencia médica gratuita entre las clases más desfavorecidas, los jornaleros, de donde derivó su nombre.

Es obra de los arquitectos Antonio Palacios y Joaquín Otamendi que crearon un edificio formado por cuatro naves dispuestas en aspa y situadas alrededor de un patio con una fuente central. El diseño facilita la iluminación, la ventilación y las vistas a los jardines, a los que Palacios otorgaba gran importancia por la influencia positiva que ejercía en los pacientes.

Los pabellones para enfermos se situaban en la zona central, las consultas en la zona oeste, el pabellón de infecciones en el este y separado del resto, lo mismo que la zona mortuoria y la sala de autopsias. En la zona norte se encontraba la capilla, actual parroquia de Santa María del Silencio.

Abandonado y sin uso desde 1964 hasta 1984, fue denominado «la casa de los gatos» por la cantidad de ellos que se refugiaron allí.

En 1979, fue declarado Bien de Interés Cultural, y cinco años después, la Comunidad de Madrid lo adquirió como sede de la Consejería de Transportes, Vivienda e Infraestructuras.

20.
Alrededores de Madrid

La Comunidad de Madrid tienen una superficie de 8022 km² y una población de más de 7 millones de habitantes. Cuenta con 179 municipios (Datos INE, 2020).

Limita al norte con las provincias de Ávila, Segovia y Guadalajara, y al sur con Cuenca y Toledo.

Cuenta la Comunidad con un rico patrimonio artístico y natural, así como con tres municipios catalogados como Bienes Patrimonio de la Humanidad: el Monasterio y Sitio de El Escorial, la Universidad y casco histórico de Alcalá de Henares y el Paisaje cultural de Aranjuez.

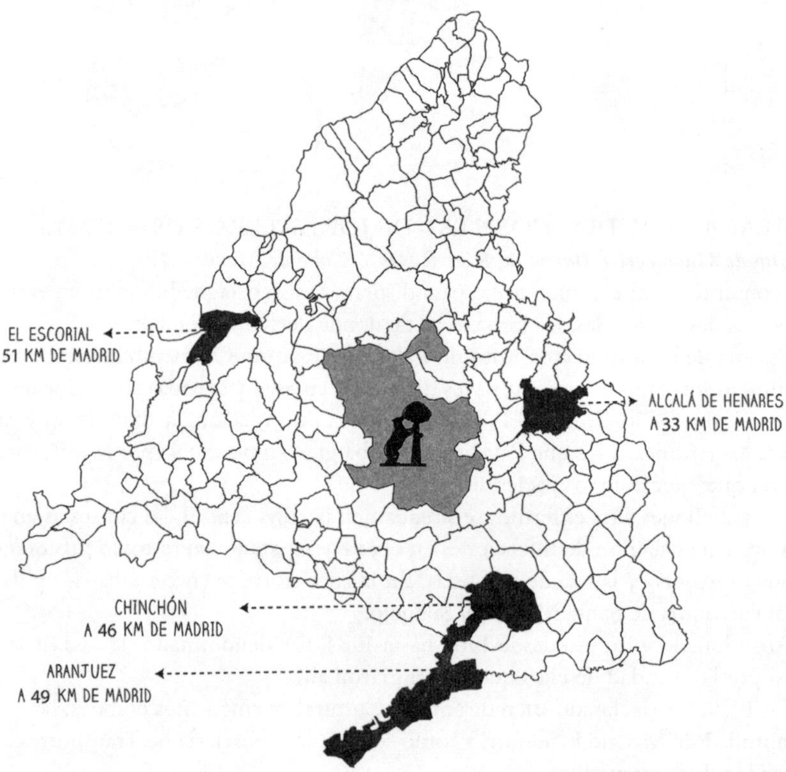

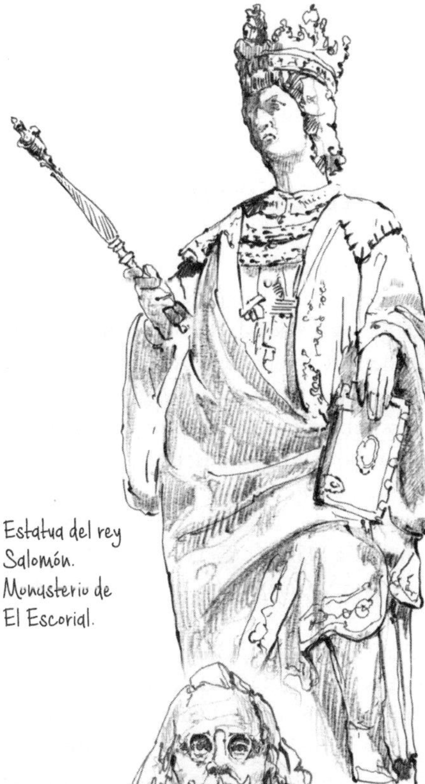

Estatua del rey Salomón. Monasterio de El Escorial.

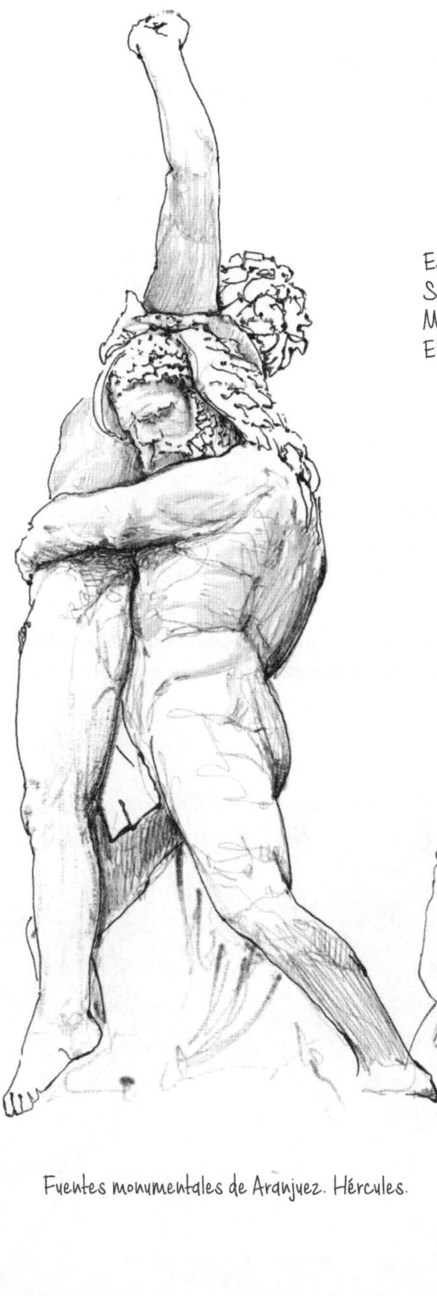

Fuentes monumentales de Aranjuez. Hércules.

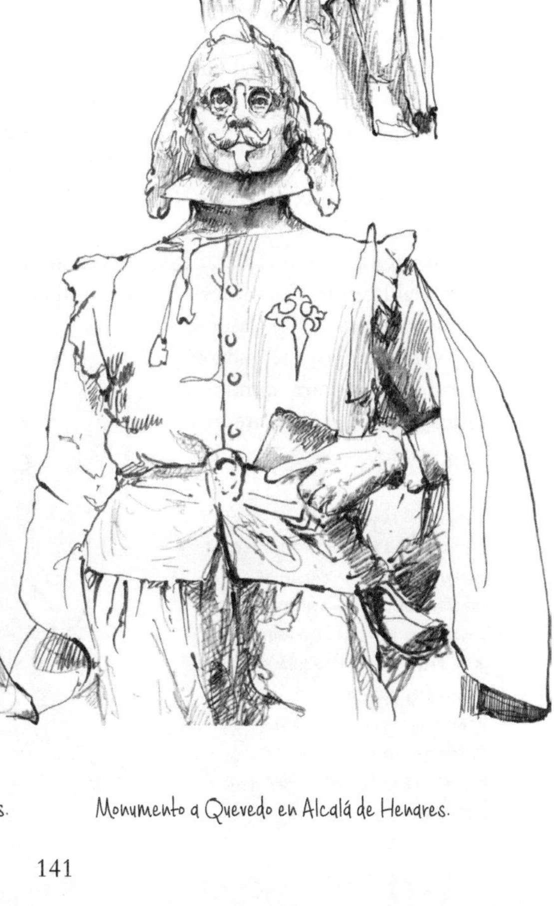

Monumento a Quevedo en Alcalá de Henares.

ALCALÁ DE HENARES

Es la tercera ciudad más poblada de la Comunidad de Madrid. Declarada por la UNESCO Ciudad Patrimonio de la Humanidad en 1998, está situada a 2 km de Guadalajara y 33 de Madrid. Es denominada «Ciudad del saber» y fue la ciudad natal del Cardenal Cisneros y de Miguel de Cervantes. El gentilicio de sus habitantes es «alcalaínos» o «complutenses», en referencia al pasado romano de la ciudad.

Su nombre procede del término árabe «Al-Qalat Nahar», «castillo sobre el río Henares», por ello en su escudo aparece una fortaleza sobre ondas de agua, que representan al citado río.

En Alcalá de Henares es indispensable visitar la Universidad, el Museo y Casa Cervantes, la Plaza de Cervantes, la Catedral Magistral y el palacio Arzobispal, la Calle Mayor y *Complutum*, la antigua ciudad romana.

COLEGIO MAYOR DE SAN ILDEFONSO (1499). UNIVERSIDAD DE ALCALÁ DE HENARES

Fundado por el Cardenal Cisneros, fue el origen de la Universidad de Alcalá. Histórica y actualmente acoge el rectorado de la universidad moderna.

Su espectacular fachada plateresca, es uno de los ejemplos más proporcionados de la arquitectura española del siglo XVI. Se conservan varios patios señoriales, como el Trilingüe, el Tomás de Villanueva o el Patio de los Filósofos, con la estatua del Cardenal Cisneros.

Destaca también el Paraninfo, —con su magnífico salón escenario de la entrega anual del Premio Cervantes—, y la Capilla de San Ildefonso donde se encuentra el sepulcro del cardenal Cisneros, una verdadera joya labrada en mármol de Carrara, aunque sus restos reposan en la Catedral-Magistral.

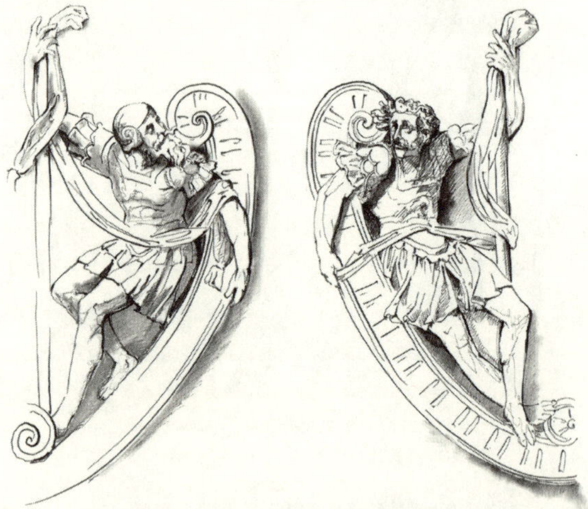

Detalle del segundo nivel de la fachada. Dos soldados de los tercios imperiales portando alabardas con estandartes —uno con yelmo— se sitúan a los lados de la ventana de la biblioteca. En el Renacimiento, ambas figuras, representaban la Fama y la Historia, aunque aquí se interpretan como guardianes y defensores de la Universidad y su biblioteca.

FACHADA DE LA UNIVERSIDAD DE ALCALÁ DE HENARES

Obra de Rodrigo Gil de Hontañón

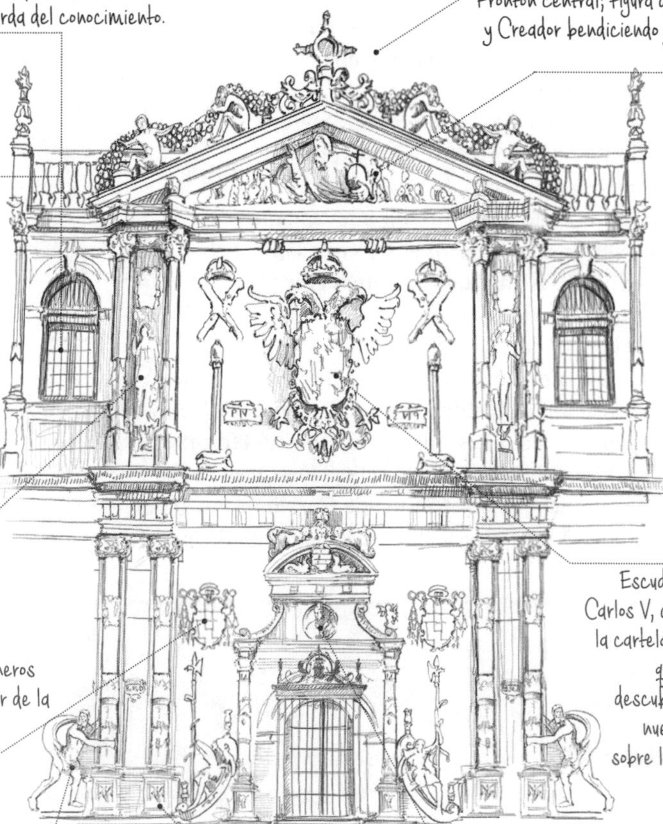

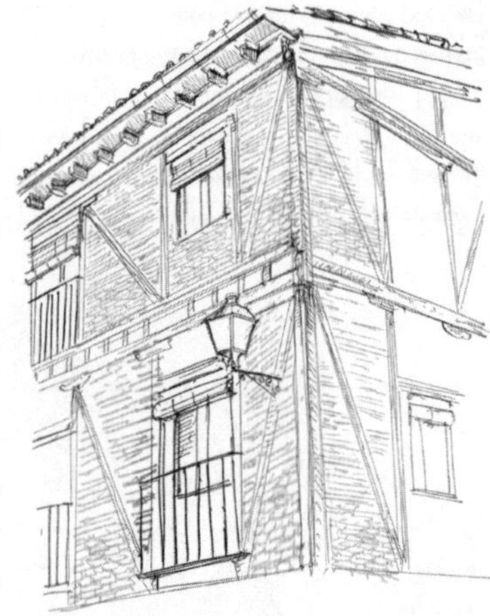

CALLE MAYOR

Es la calle con soportales más larga de España, con casi 400 metros porticados y uno de los principales ejes de la villa medieval. Era la Calle Mayor de la judería medieval, una zona comercial que abría sus tiendas a pie de calle y mantenía la vivienda en la segunda planta del edificio.

Los postes de madera de los soportales fueron sustituidos, durante los siglos XV y XVI, por columnas de piedra circulares de la antigua Complutum. En el siglo XIX, fueron nuevamente reemplazados por pilares de piedra, pero quedan algunos ejemplos de las antiguas columnas con restos de pintura de época barroca.

En uno de los callejones se encuentra el Corral de la Sinagoga y, a la misma altura, en el único tramo que carece de soportales, se levanta una recreación de residencia castellana del XVI, sobre los restos de la que fuera Casa Natal de Cervantes. Junto a ella está el Hospital de Antezana, fundado en 1483, y hoy Convento de las Carmelitas Descalzas de La Concepción.

Frente a la casa del escritor Miguel de Cervantes, se encuentra la residencia de la familia de Manuel Azaña, presidente de la Segunda República Española.

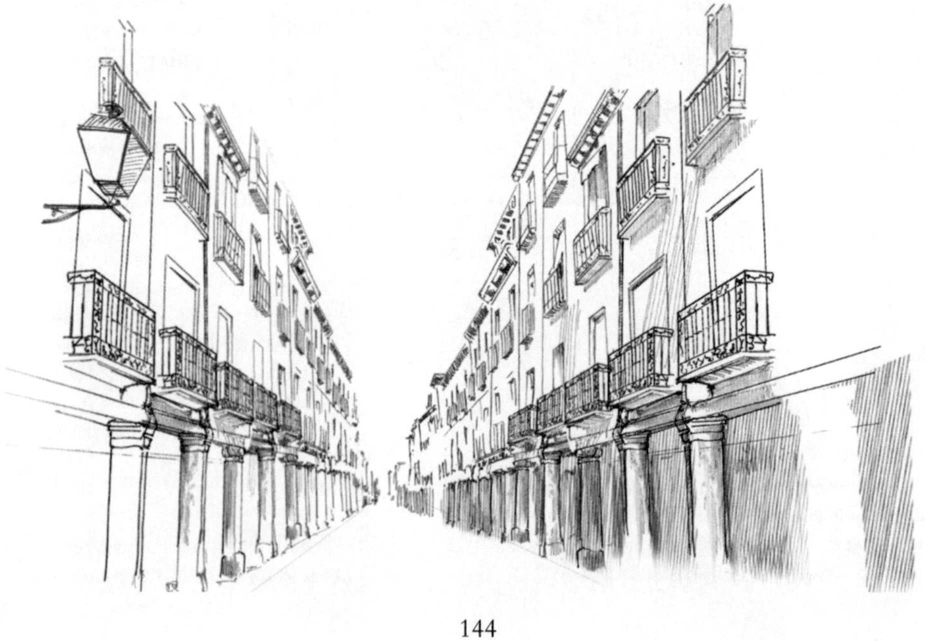

■ CATEDRAL MAGISTRAL DE LOS SANTOS JUSTO Y PASTOR (1514)

La Catedral se construyó sobre una antigua iglesia levantada en el llamado Campo Laudable, donde en el año 305, en tiempos de Diocleciano, fueron degollados los niños mártires y patronos de Alcalá, hoy santos Justo y Pastor. La piedra donde fueron martirizados se guarda en una cripta en el interior de la Catedral.

En 1519 el papa León X otorgó una bula que dió rango de Magistral a la Catedral. Es junto con la iglesia de San Pedro de Lovaina (Bélgica), el único templo en el mundo que posee el título de Iglesia Magistral, término utilizado para indicar que todos sus canónigos debían ser doctores en Teología.

Reposan en esta Catedral, los restos incorruptos de san Diego de Alcalá, quien dio nombre a la ciudad homónima de EE. UU. en el estado de California y los del Cardenal Cisneros, cuyo sepulcro sin embargo se encuentra en la Iglesia de san Ildefonso de la Universidad. También se encuentran aquí los restos del Arzobispo Carrillo, uno de los personajes más influyentes de la historia política castellana de la segunda mitad del siglo XV.

La arquitectura de esta catedral es de marcado estilo gótico isabelino aunque la torre actual es de 1618 y de estilo renacentista. En 1904 fue declarada Monumento Nacional.

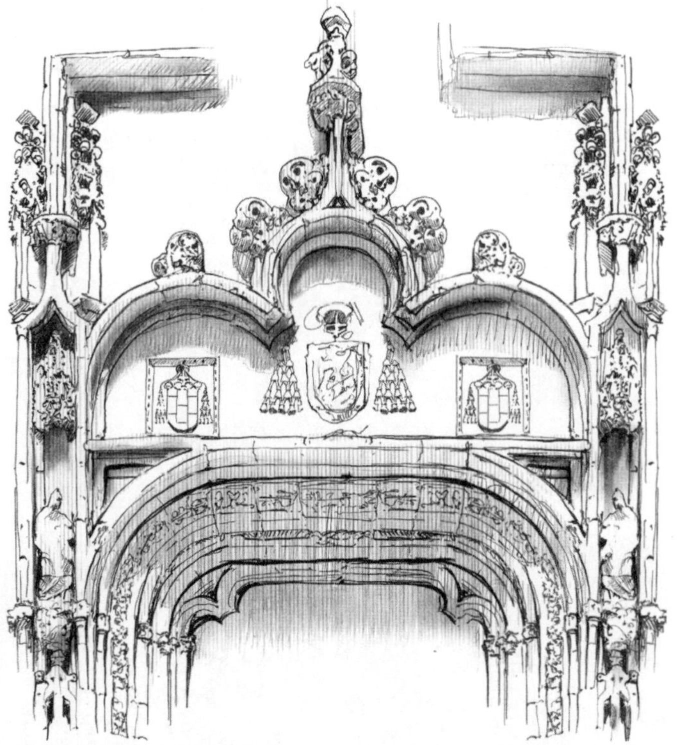

Detalle de la fachada occidental de la catedral. En el centro, un escudo con la imagen de la Imposición de la casulla a san Ildefonso, emblema de los arzobispos de Toledo. A los lados dos escudos de Cisneros. En el interior del arco, el cordón franciscano y una cenefa renacentista. Un arco trilobulado y un alfiz escalonado coronan el conjunto.

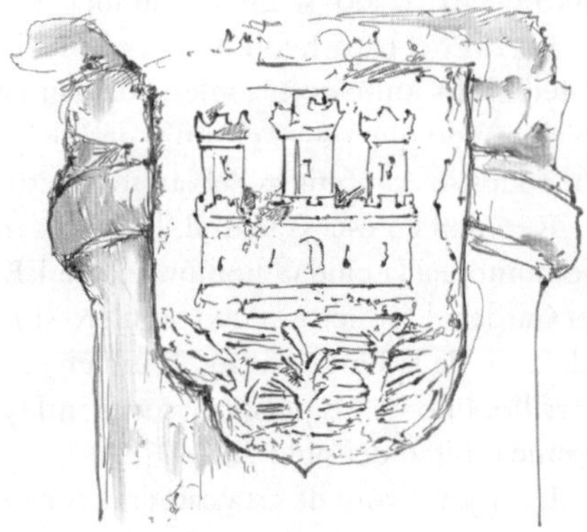

PLAZA DE CERVANTES

Su origen es medieval y en ella se celebraban, desde el siglo XII, el mercado semanal, algunas ferias y corridas de toros hasta el siglo XIX. Actualmente sigue acogiendo festividades locales. Durante el Siglo de Oro, estaban en ella las Casas del Concejo, y en una sus columnas se encuentra el escudo más antiguo de Alcalá de Henares.

En esta misma plaza se encuentra el Convento de Agonizantes, sede del actual Ayuntamiento. En su interior, en la primera planta, se ubica el Salón de Plenos, del XIX, y la sala de la Junta de Gobierno, donde se conserva la partida de bautismo de Cervantes —hijo predilecto del municipio—, y la Biblia Políglota Complutense, financiada por el cardenal Cisneros.

Forman también parte de la plaza el quiosco de música cubierto, de 1898, y la estatua en bronce de Miguel de Cervantes, de 1879, cuyo pedestal está ilustrado con escenas de El Quijote.

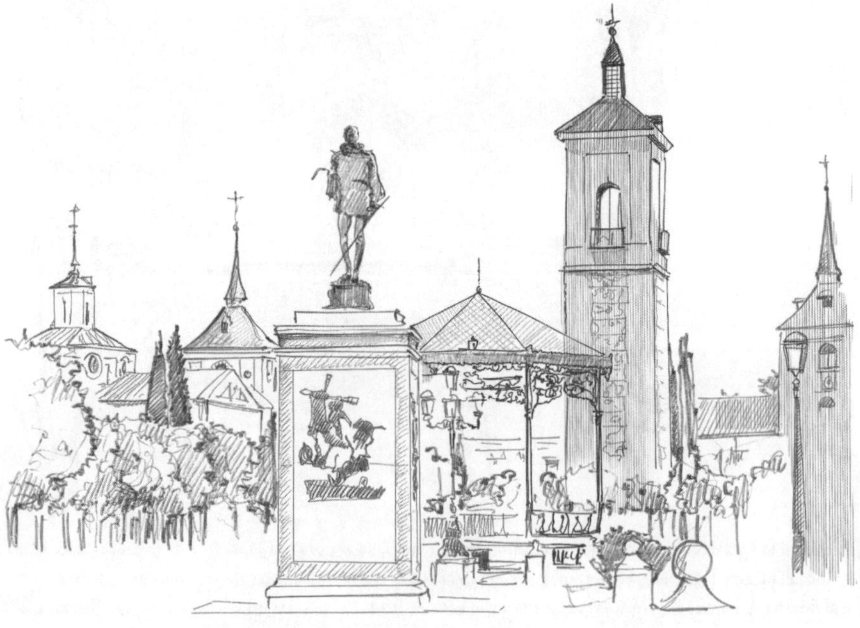

■ PALACIO ARZOBISPAL

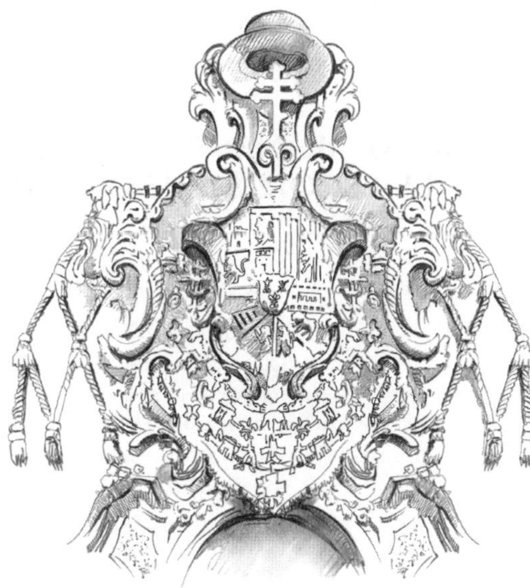

Toma su nombre de la primitiva fortaleza construida en el siglo XIII como residencia de los arzobispos de Toledo, señores de Alcalá. Desde aquella fecha conoció diversas ampliaciones —como el «Torreón de Tenorio» (siglo XIV)— y restauraciones, de ahí que su arquitectura se sucedan varios estilos como el mudéjar, el renacentista y el barroco.

Fue residencia temporal de algunos monarcas castellanos y lugar del nacimiento de Catalina de Aragón —hija menor de los Reyes Católicos y futura reina de Inglaterra— y del emperador alemán Fernando, hijo de Juana I de Castilla, apodada «la Loca». En uno de sus salones se realizó la primera entrevista entre los Reyes Católicos y Cristóbal Colón antes de su viaje a América.

En la fachada principal se encuentra el escudo barroco de terracota del cardenal Luis Antonio de Borbón y Farnesio, hijo de Felipe V, que reemplazó al escudo imperial de Carlos V.

En el siglo XIX se convirtió en el Archivo General Central de España, pero hoy es la sede del Obispado de Alcalá de Henares.

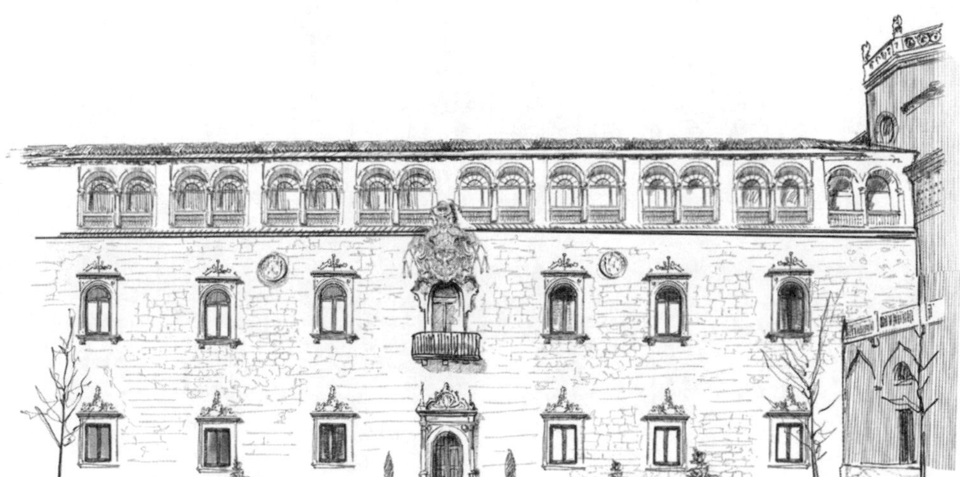

REAL MONASTERIO DE SAN LORENZO DE EL ESCORIAL (1563-1584)

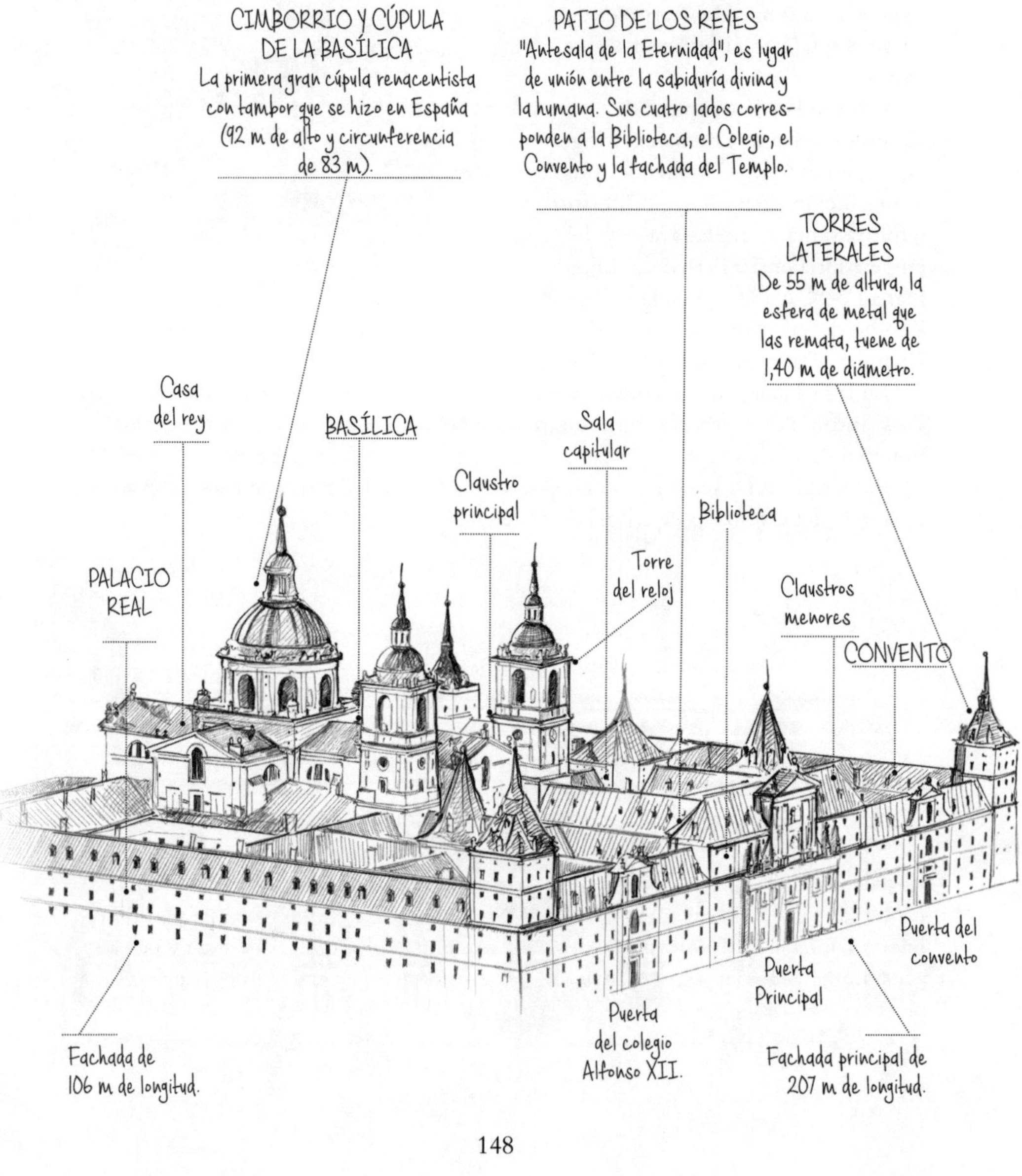

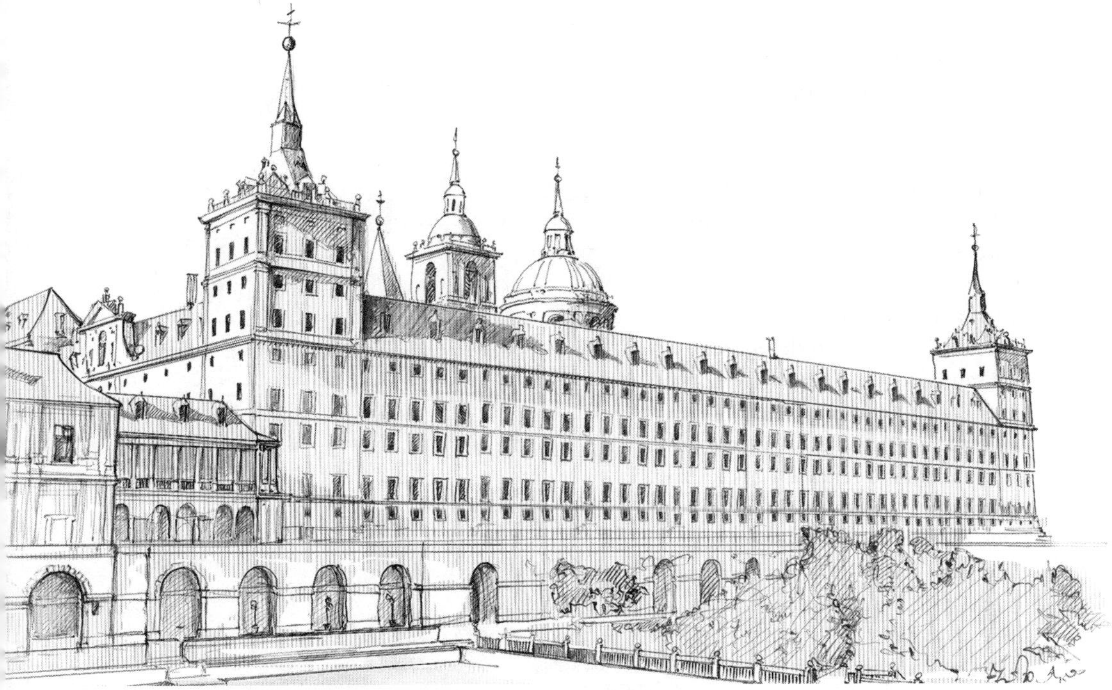

■ JARDINES DEL FRAILE

En todo el complejo escurialense hay espacios ajardinados diferentes —el Jardín de los Frailes, el Jardín del Rey, de la Reina, del Prior o la arboleda— que se unen a la huerta y continúan hacia el campo que rodea al monasterio. Deben su trazado a fray Marcos de Cardona, monje jerónimo y jardinero de Carlos I y Felipe II, gran amante de la naturaleza.

El monasterio está rodeado de jardines por sus costados sur y este. El que aún conserva su fisonomía original es el Jardín de los Frailes que se extiende por la fachada del mediodía, desde la cual se disfruta de una de las perspectivas más hermosas del monasterio. Es un espacio verde geométrico, largo y estrecho, con distintas alturas. Era un auténtico jardín botánico que llegó a exhibir hasta 68 variedades diferentes de flores —la mayoría de ellas medicinales— y más de 400 plantas traídas del Nuevo Mundo. El monasterio cuenta también con una zona de huerta llamada, el Bosquecillo, y un estanque que le proporcionaba agua y pescado a los monjes. Hoy en día está lleno de carpas y alguna pareja de cisnes negros y blancos.

El Real Monasterio de San Lorenzo de El Escorial es el edificio del siglo XVI mejor documentado de Europa.
La palabra «escorial» deriva del latín, del término «aesculus», árbol muy similar a la encina.

Aunque se suele decir que la planta del Monasterio tiene forma de parrilla —objeto del martirio de san Lorenzo en cuya memoria esta erigido el monasterio—, en realidad no es así. Su planta se basa, entre otras referencias a tipologías monacales, en la reconstrucción del Templo de Salomón de Juan Bautista Villalpando. El Escorial fue considerado en su época un Segundo Templo de Jerusalén y Felipe II, un segundo Salomón.

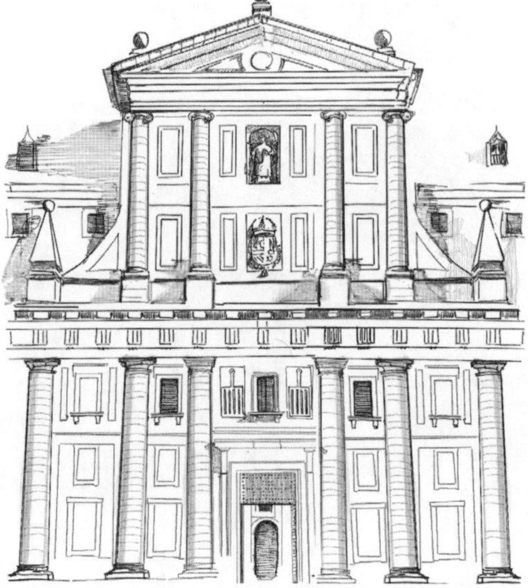

En la entrada principal, de 20 m de altura, encontramos alineadas, la estatua de san Lorenzo, el escudo real de Felipe II, dos parrillas, símbolos totémicos que flanquean la ventana central de la biblioteca, bajo la que se pasa por la puerta de acceso principal.

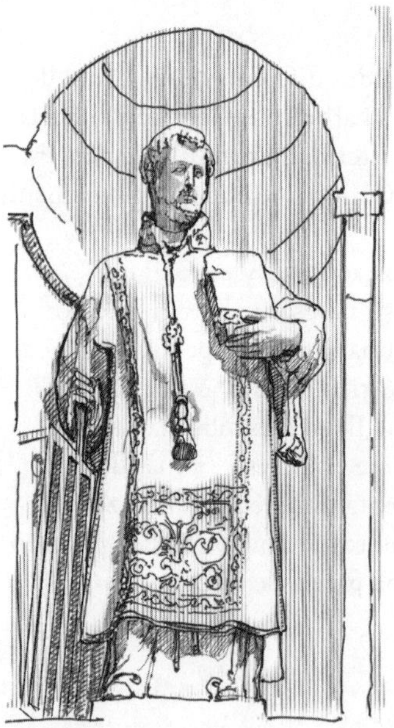

Al margen de la gran cantidad de obras de arte que contiene, solo entre los elementos constructivos, en los 33 000 m² que ocupa todo el conjunto, contamos 2676 ventanas (todas del mismo tamaño), 1200 puertas, 88 fuentes, 16 patios, 89 escaleras, 9 torres y 15 claustros.

La estatua de san Lorenzo de la fachada principal tiene 4 m de altura.

■ BIBLIOTECA DEL ESCORIAL

Su creador, Felipe II, se rodeó de ilustres humanistas de la época como Benito Arias Montano y el padre Sigüenza. Ambos organizaron la colección particular del rey y seleccionaron sus fondos en distintas partes del mundo, por ello tiene un valor incalculable y está considerada una de las mejores bibliotecas renacentistas del mundo, rivalizando con la Vaticana de Roma, la Laurentina de Florencia y la Marciana de Venecia.

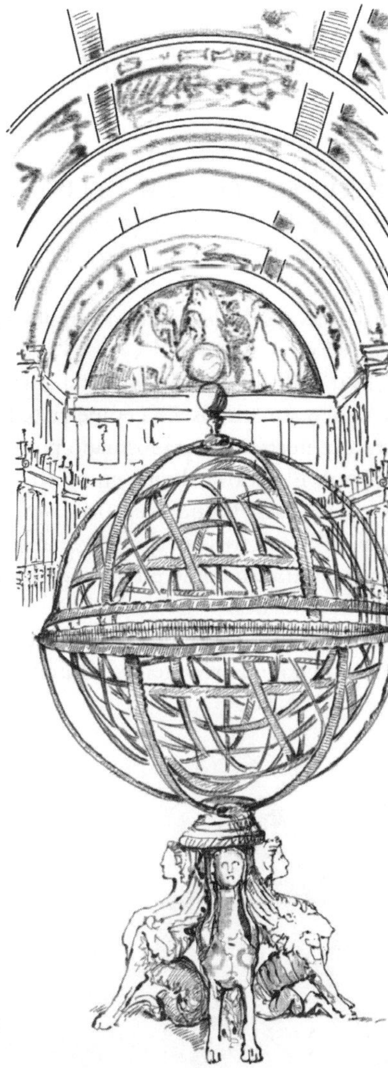

En la actualidad, la Biblioteca Real contiene más de 40 mil libros impresos, la mayoría de los siglos XV y XVI, y una colección de más de 5000 manuscritos en diversas lenguas. El libro más antiguo que conserva es el *De baptismo* de san Agustín (siglos V-VI), y entre los más interesantes destacan obras autógrafas de Santa Teresa de Jesús.

Cuenta también con una rica colección de grabados, un archivo hagiográfico con más de trescientos certificados de autenticidad de reliquias y libros de cuentas de los siglos XVI al XIX con encuadernaciones del propio taller escurialense.

La bóveda está decorada con frescos de Pellegrino Tibaldi (1527-1596), que simbolizan el cielo de la inteligencia con las Siete Artes Liberales.

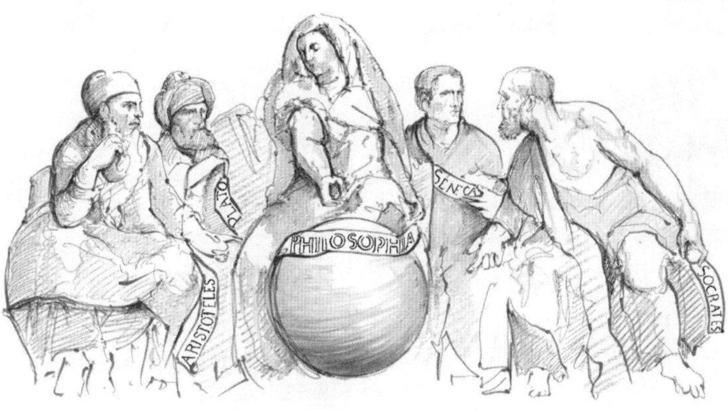

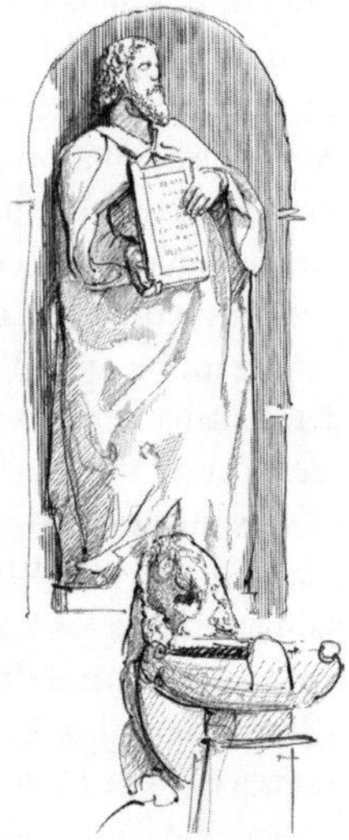

PATIO DE LOS EVANGELISTAS

La basílica del monasterio está abrazada por dos patios, el de los Reyes y el de los Evangelistas o Claustro Grande. Mientras el primero fue creado para recepciones públicas y solemnes, el de los Evangelistas induce a la reflexión individual, a la meditación.

Es uno de los espacios más italianizantes del conjunto monástico con un diseño geométrico. Desde el punto de vista arquitectónico está formado por un patio claustral con dos pisos. El patio se divide en cuatro grandes cuadrados, orientados hacia los puntos cardinales, que a su vez se subdividen en otros cuatro. Se crean así 16 áreas, de las cuales cuatro se utilizan como estanques y las doce restantes como zonas ajardinadas.

En el centro, el Templete, obra de Juan de Herrera, con cuatro nichos que recogen esculturas de los cuatro evangelistas. Cincelados en un sólo bloque de mármol, visten túnicas y entre sus manos tienen un libro abierto con un fragmento de su Evangelio en su lengua original. Son obra del escultor Juan Bautista de Monegro, que empleó cinco años en su ejecución.

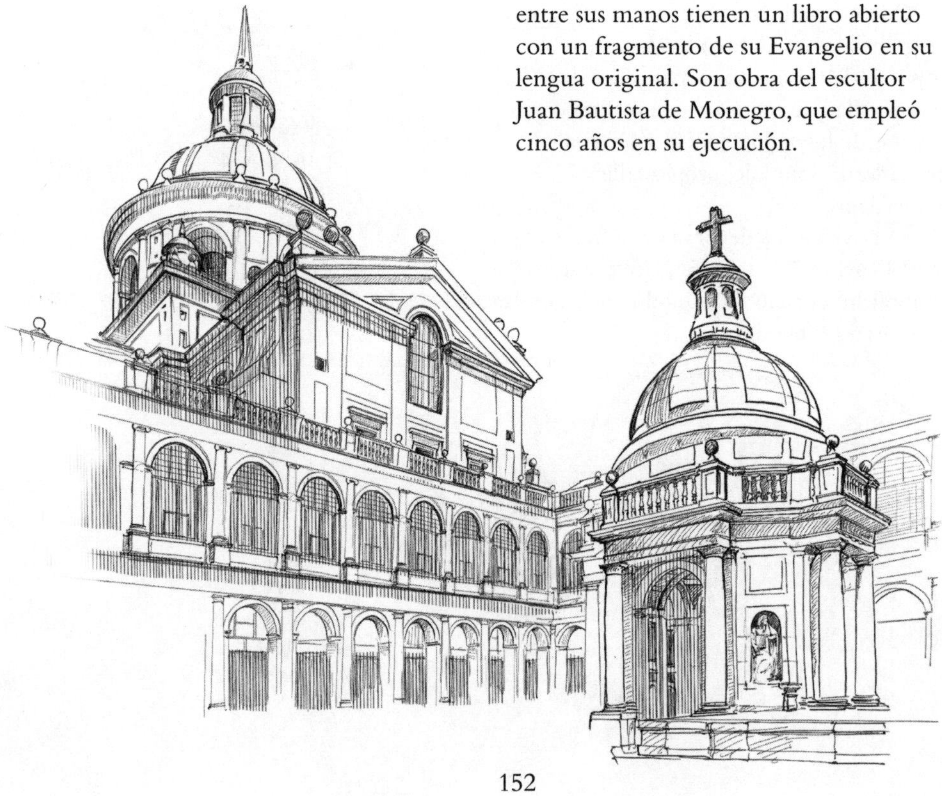

■ PANTEÓN DEL MONASTERIO (1862)

Recibe también el nombre de Cripta Real, tiene forma octogonal y está revestida de mármol. Alberga los sepulcros de reyes y reinas de las casas de Austria y Borbón, a excepción de Felipe V, Fernando VI, Amadeo de Saboya y José Bonaparte.
A la derecha del altar de jaspe se ubican los reyes, y a la izquierda las reinas en sarcófagos de mármol y bronce construidos por Juan Gómez de Mora.

En la cripta reposan los restos de las reinas, que fueron madres de reyes, y consortes, como Francisco de Asís, esposo de Isabel II. Las reinas sin sucesión están, junto a príncipes e infantes, en el llamado Panteón de Infantes, que posee una hermosa inscripción latina: *Transierunt omnia illa usque umbra*, «Pasaron como sombras».

Alberga este panteón también, una capilla con el sepulcro de Don Juan de Austria, hijo natural de Carlos I. Es una maravilla de la escultura fúnebre europea y fue diseñado por Ponciano Ponzano. La imagen yacente de Don Juan de Austria, de enorme belleza, está llena de simbolismo. La explicación sobre los anillos de sus dedos se divide entre lo romántico —recuerdos de amantes y enamoradas— y lo militar —protegían las manos del roce directo con el metal—. Los guanteletes a sus costados nos indica que no murió en batalla.

En esta zona del monasterio, destaca también la llamada Rotonda de Párvulos, un mausoleo de mármol blanco donde reposan infantes muertos en sus primeros años de vida.

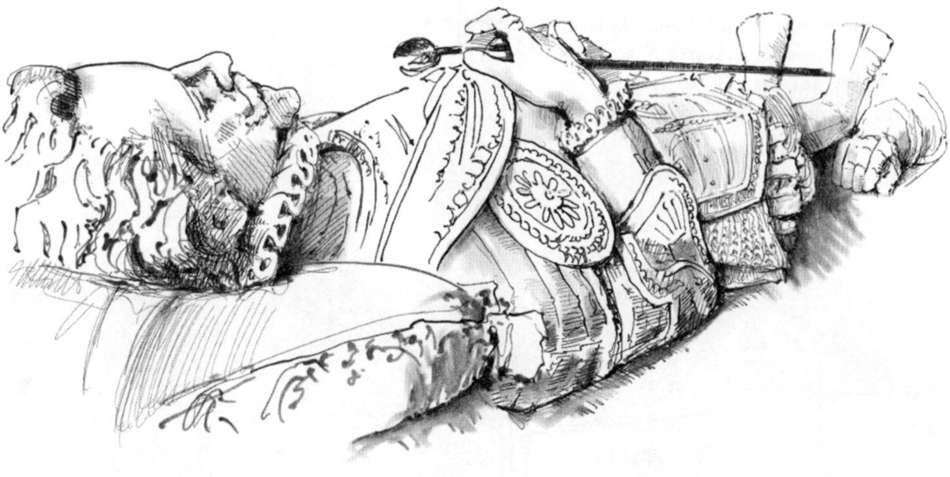

VALLE DE LOS CAÍDOS

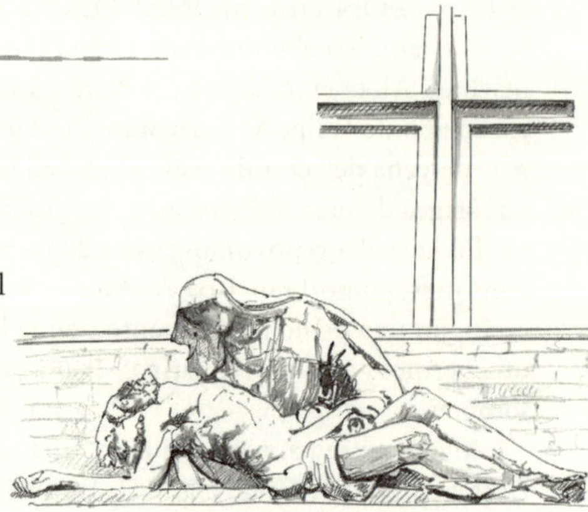

La Piedad, sobre la entrada a la basílica, mide 6 m de altura, 9 m de anchura y 3 m de fondo. Tiene un peso aproximado de 150 toneladas.

El Valle de los Caídos, situado en el valle de Cuelgamuros, en la sierra de Guadarrama, dentro del término municipal de San Lorenzo de El Escorial, es un imponente conjunto arquitectónico que incluye un claustro cuadrangular, una basílica católica, un pórtico posterior, una abadía benedictina, una escolanía y una hospedería. Su elemento más emblemático es la monumental cruz que corona el recinto, considerada la más grande de la cristiandad, con 150 metros de altura. La dirección de las obras estuvo a cargo de los arquitectos Pedro Muguruza y Diego Méndez, mientras que las esculturas monumentales fueron realizadas por Juan de Ávalos. La basílica, excavada en la roca, tiene una nave de 262 metros de longitud con seis capillas laterales, tres a cada lado, dedicadas a la Virgen María.

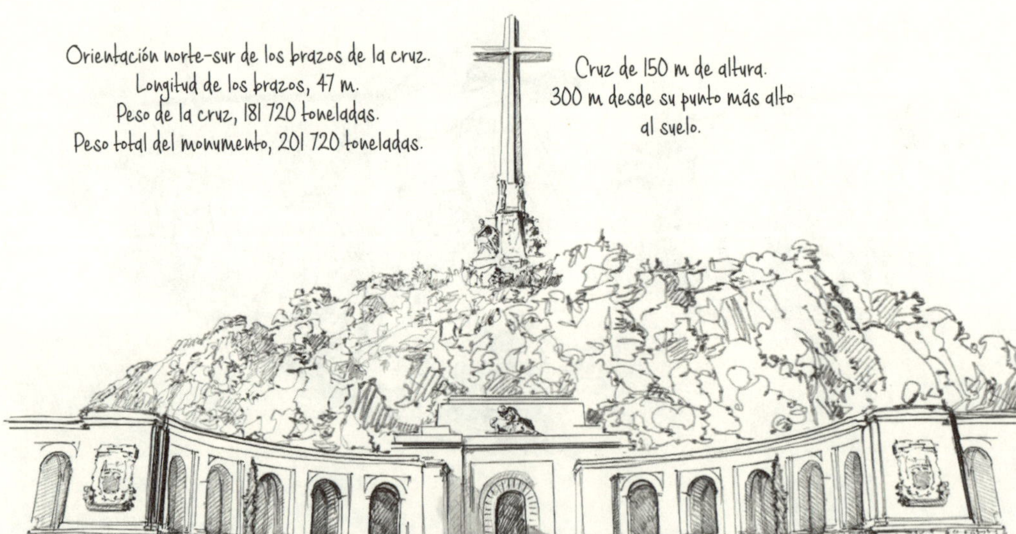

El elemento más destacado del Valle de los Caídos es la cruz de enormes dimensiones.

Su estructura es de hormigón armado reforzado y recubierto con piedra labrada. A sus pies se encuentran los cuatro evangelistas. En la parte anterior, san Juan y san Lucas y en la posterior, mirando hacia la sierra, san Marcos y san Mateo. En el segundo basamento, cuatro jóvenes que representan las Virtudes Cardinales. Estas esculturas están trabajadas con piedras de las canteras de Calatorao (Zaragoza), que destacan de la cruz por su tono oscuro y sus manchas de musgos y líquenes producidos por la humedad.

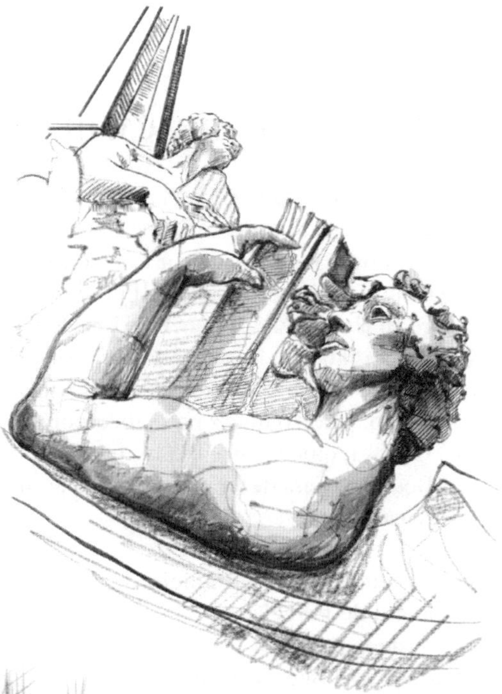

Los Evangelistas tienen una altura de 18 m y un peso de 20 000 toneladas. Detalle de san Mateo, con su símbolo; un ángel.

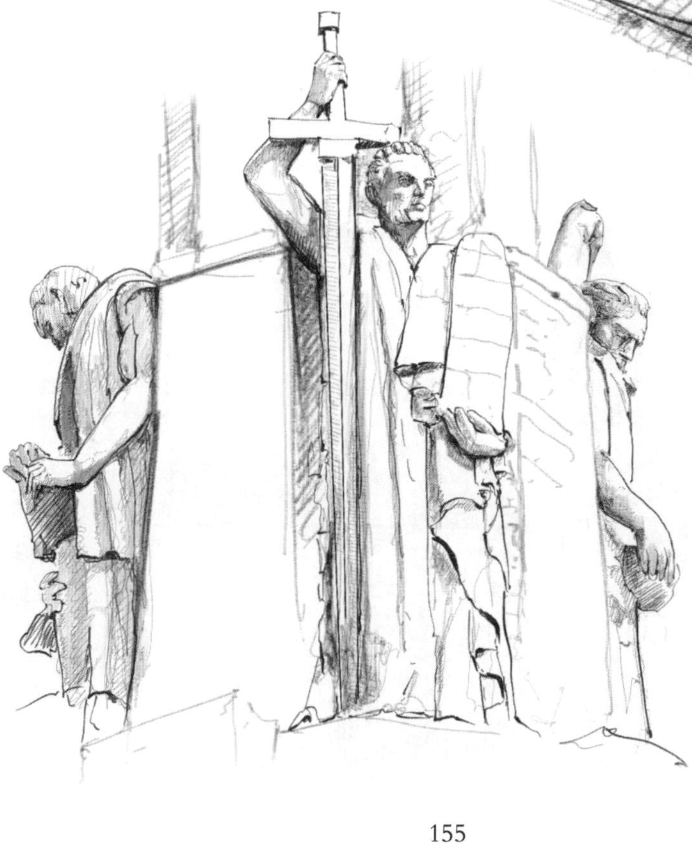

Alegorías masculinas de la Justicia —con una espada— y la Fortaleza, que abre las mandíbulas de una fiera. Detrás, la Prudencia sosteniendo una serpiente.

REAL SITIO DE ARANJUEZ

El Palacio Real, situado entre el río Tajo y el mar de Ontígola, laguna artificial creada durante el reinado de Felipe II, es una de las residencias de la familia real española, hoy día gestionada por Patrimonio Nacional.

Aranjuez fue desde el siglo XII propiedad de la Orden de Santiago, cuyo maestre en el siglo XV, Lorenzo Suárez de Figueroa, ordenó la construcción de una casa-palacio al norte del actual y de un pabellón de caza.

En 1523, los Reyes Católicos asimilaron al monarca el cargo de Gran Maestre de Santiago, pero Aranjuez no se incorporó a la corona de una forma definitiva hasta Carlos I, quien concede a las antiguas posesiones de la Orden la dignidad de Real Bosque y Casa de Aranjuez, con el propósito de disfrutar allí de un pabellón y coto de caza.

Imprescindibles en el Palacio de Aranjuez:
- **Gabinete de Porcelana**
- **Salón de baile**
- **Jardines y Museo de falúas**
- **Casa del Labrador**

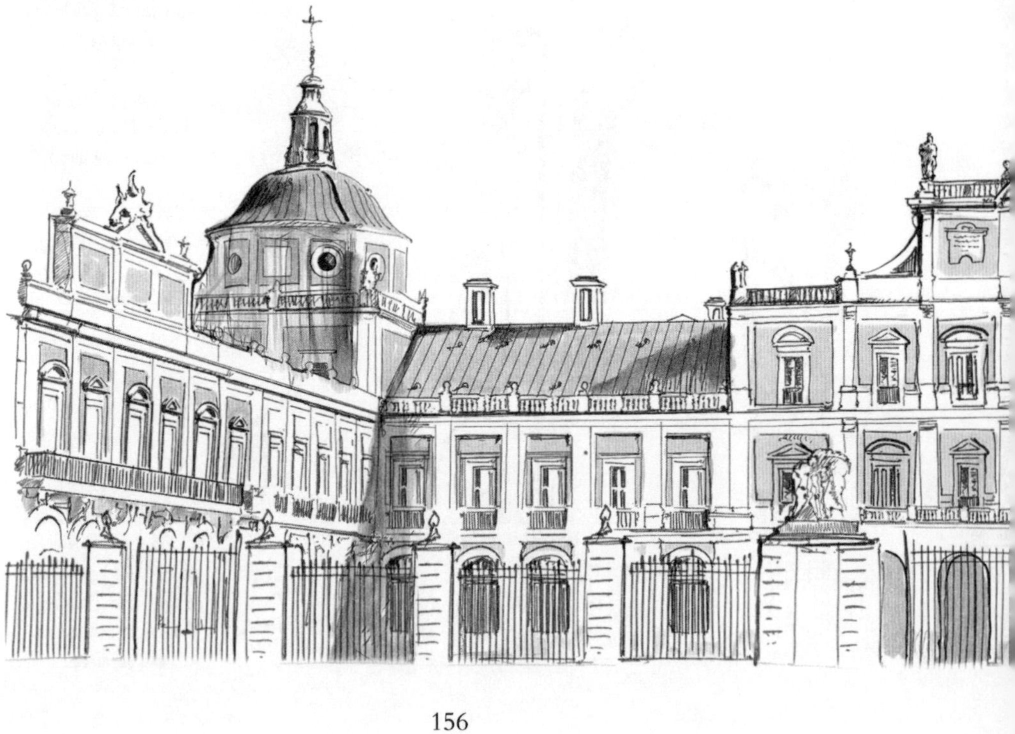

La complicada política exterior durante su reinado le impidió llevar a cabo sus proyectos para Aranjuez, por lo que fue su hijo, Felipe II, el encargado de terminarlos.
Él creó el primer jardín botánico de Europa, con un centro de aclimatación de plantas y semillas traídas de todos los rincones del Imperio.

Se adoptó la denominación de Real Sitio y se construyó un primer palacio, previo al actual. Contrató para ello a los arquitectos Juan Bautista de Toledo y Juan de Herrera, responsables también de las obras del Monasterio de El Escorial. El proyecto se paraliza hasta el siglo XVIII, y es con Felipe V, el primer Borbón, cuando se reanuda y convierte Aranjuez en un nuevo Versalles.

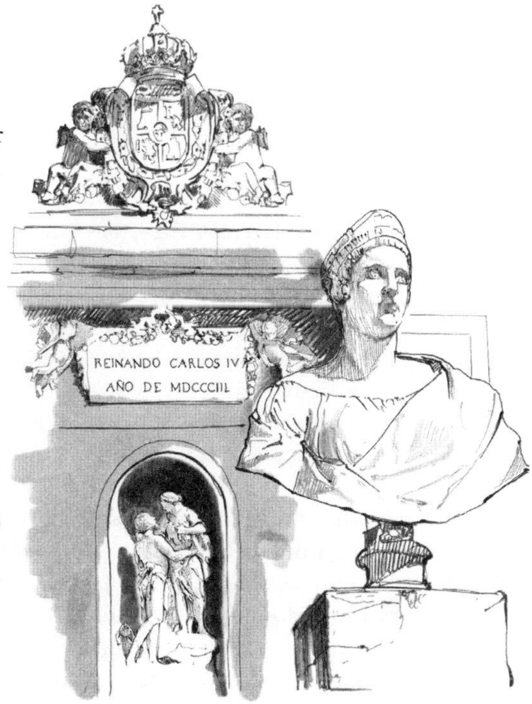

Detalle de La Casa del Labrador.

Su hijo, Fernando VI, reforma de todo el conjunto siguiendo la estética del siglo XVIII. Durante su reinado se celebraban suntuosas fiestas y se navegaba por los canales del Tajo en ricas falúas artísticamente decoradas.

En los años siguientes, al convertirse en residencia primaveral de los reyes, el palacio vio enriquecida su decoración y aún hoy estas piezas únicas adornan los salones, como el Gabinete de Porcelana, rincón preferido de Carlos III. Este monarca hizo de Aranjuez una de sus residencias favoritas en primavera y verano, por lo que la Corte solía trasladarse allí desde Madrid durante meses. En ese periodo, el rey acometió una serie de reformas urbanísticas en todo el conjunto.

Para el ocio y descanso de los herederos, Carlos IV y su esposa María Luisa de Parma, construyeron un pequeño pabellón en los jardines, la Casa del Labrador, uno de los ejemplos de arquitectura neoclásica más importante de Europa.

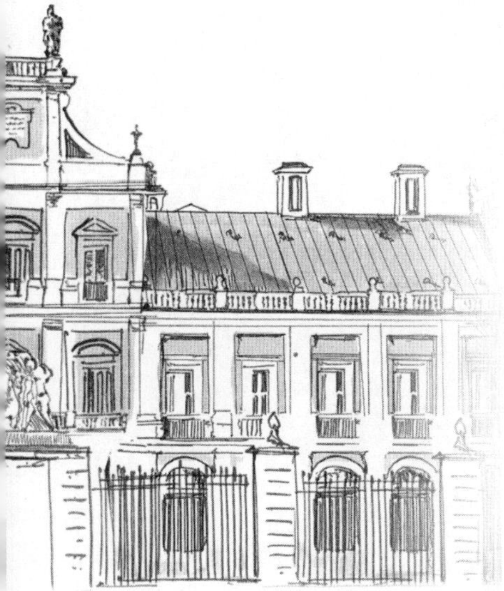

JARDINES DE ARANJUEZ

«El Escorial del Arte, y el Aranjuez de la Naturaleza», esta frase de Baltasar Gracián, que resume lo mejor de ambos, hace alusión a la ordenación del espacio en Aranjuez, con el palacio, los jardines, las huertas y la población. En ella podemos distinguir dos fases. La primera durante el reinado de Felipe II y, la segunda con Fernando VI, Carlos III y sus sucesores.

Considerados los más bellos de su época, han servido de inspiración a músicos como Joaquín Rodrigo y su universal concierto, o pintores, como Santiago Rusiñol.

Son varios los jardines históricos que rodean el palacio. El Jardín del Parterre —que incluye el jardín de las estatuas—; el Jardín de la Isla o de la Reina —con abundantes fuentes mitológicas— y el Jardín del Príncipe que, junto al parque de El Retiro, es uno de los más extensos de España. Fue el capricho de Carlos IV, creado según el modelo paisajista de finales del siglo XVIII, con gran variedad vegetal y alberga el Museo de falúas, la Casa del Labrador, el pabellón chinesco y el templete neogótico, así como las fuentes esculpidas en mármol de Carrara de enorme belleza y que representan a Narciso, Apolo o Neptuno.

Hoy en día, todo el conjunto, el llamado «Paisaje de Aranjuez» es gestionado por Patrimonio Nacional, y fue declarado en 2001 Patrimonio de la Humanidad por la Unesco.

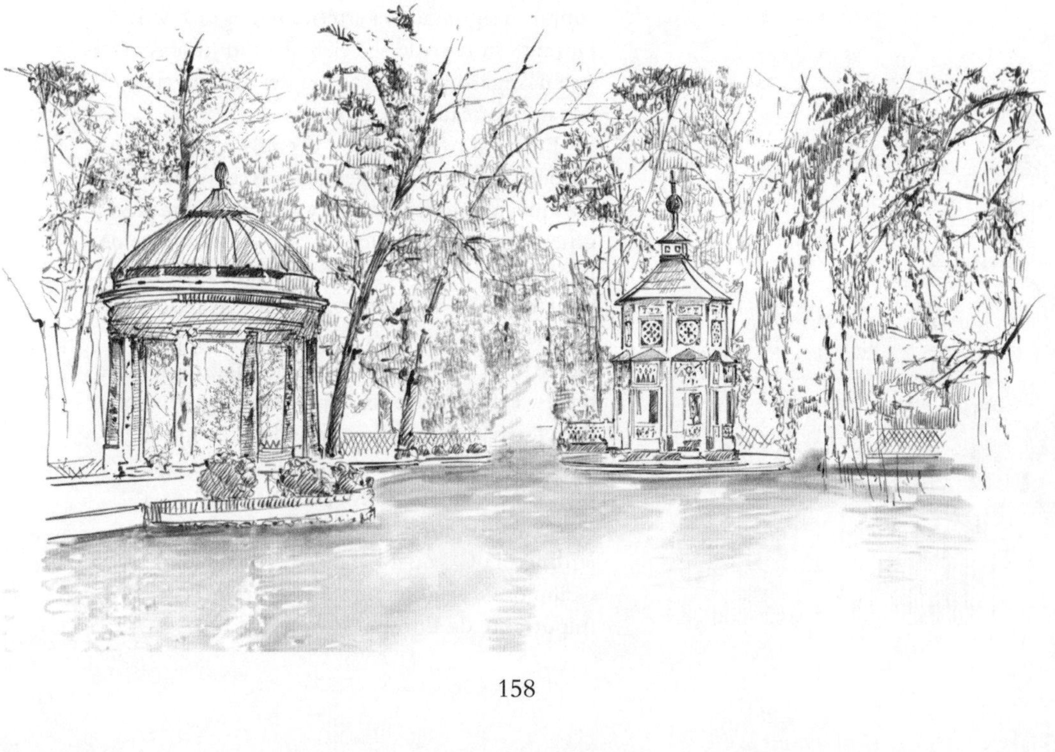

Uno de los últimos eventos reales celebrados en Aranjuez tuvo lugar cuando María de las Mercedes de Orleans y su comitiva se desplazaron hasta Madrid en tren —el palacio contaba con apeadero propio desde 1878— para celebrar su matrimonio con Alfonso XII. María Cristina de Habsburgo, segunda esposa del monarca, y su hijo Alfonso XIII, así como la esposa de éste, Victoria Eugenia, eligieron el palacio de La Granja para sus vacaciones reales.

MUSEO DE FALÚAS

En los tres reales sitios de El Retiro, La Granja y Aranjuez, los reyes españoles —desde Carlos II a Alfonso XII— disfrutaron de la navegación fluvial a bordo de suntuosas embarcaciones, algunas de las cuales se conservan en este museo gestionado por Patrimonio Nacional.

Una de las que más llama atención es la góndola napolitana de Carlos II que le permitió navegar por los antiguos canales del parque de El Retiro. Por su decoración es considerada una joya del barroco que presenta en la proa una sirena dorada con el escudo real; y en la popa un león alado que termina en forma de pez. Originalmente era de color negro, al estilo veneciano, pero en el siglo XIX fue repintada de verde.

El pabellón del rey, sustentado por nereidas y tritones, se cierra con un techo calado rematado por una figura de la Fama y decorado con el escudo de armas de Carlos II.

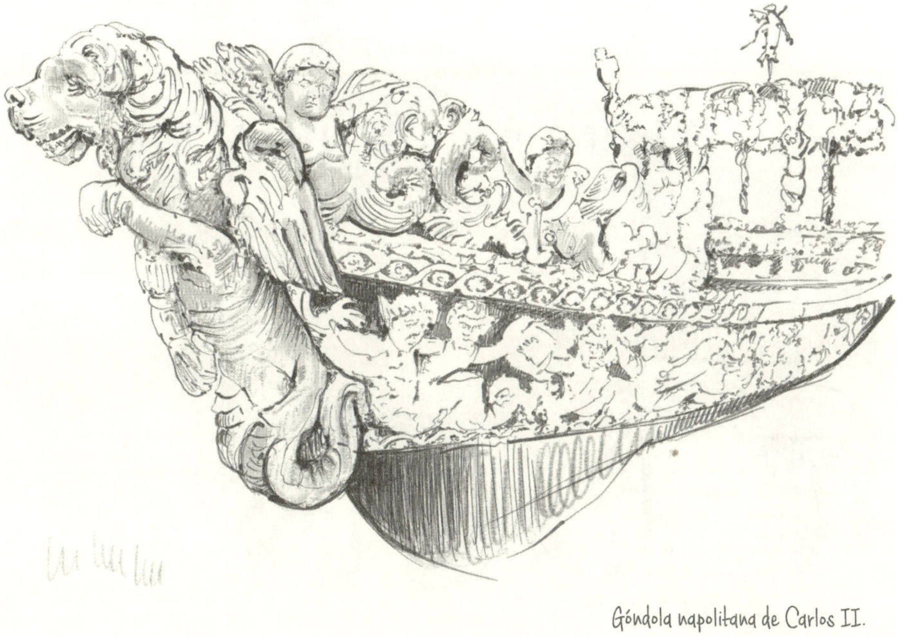

Góndola napolitana de Carlos II.

CHINCHÓN

Es uno de los pueblos más pintorescos y singulares de la Comunidad de Madrid, emplazado muy cerca de la capital, en la llamada comarca de la Alcarria de Chinchón. Su casco urbano fue declarado Conjunto Histórico Artístico en 1974, siendo el único municipio de la Comunidad de Madrid que forma parte de la Asociación de los Pueblos más bonitos de España.

La Plaza Mayor, de origen medieval, es una de las más bellas y famosas de España, por ser un ejemplo de arquitectura popular con casas con soportales y balcones tal y como se edificaban en el siglo XV. La plaza tiene una forma irregular, sencilla y ordenada. Los edificios son de tres plantas, con galerías adinteladas y cuenta con balcones de madera llamados «claros».

Ha sido a lo largo de su historia centro de numerosas eventos, desde la proclamación como rey de Felipe V en 1706, a corral de comedias, coso taurino y plató de cine por donde han pasado John Wayne, Rita Hayworth, Fernando Fernán Gómez o Pedro Almodóvar.

Otra de las curiosidades de Chinchón es la gran cantidad de bodegas que hay en el subsuelo de la antigua villa.

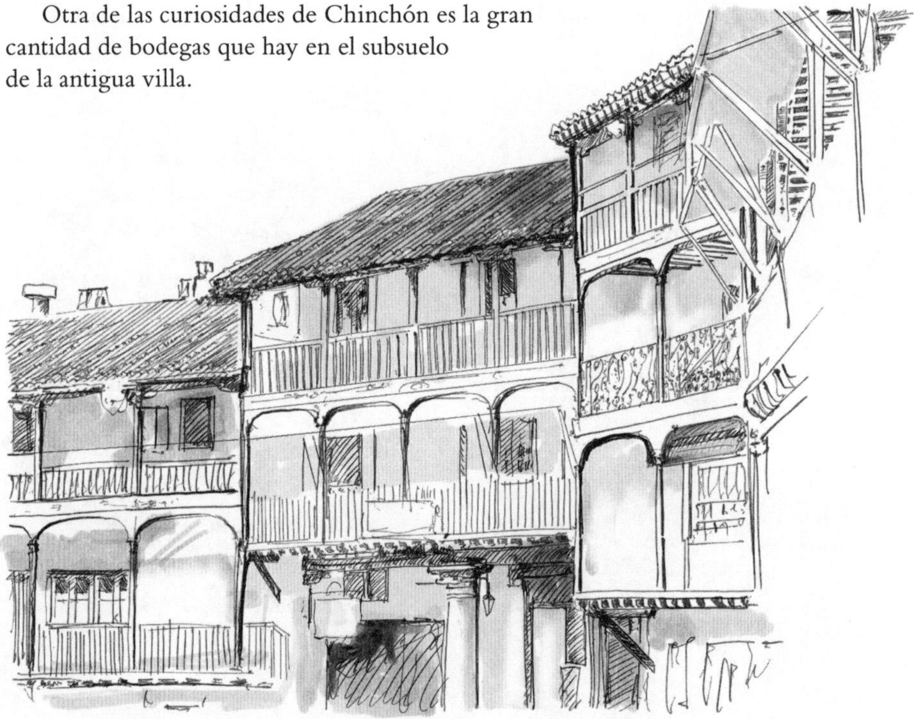

■ IGLESIA DE NUESTRA SEÑORA DE LA ASUNCIÓN

Fue erigida por los condes de Chinchón a finales del siglo XVI y principios del siglo XVII.

Aunque su construcción se inició en 1534, con un trazado gótico de Alonso de Covarrubias, no se terminó hasta casi un siglo después, en 1626. La finalización del proyecto se dilató otros cuarenta años más por la falta de financiación, cuyo mayor peso siempre cayó en la familia de los condes de Chinchón. El tercero de ellos, Diego Fernández de Cabrera y Bobadilla, mayordomo de Felipe II y miembro de su Consejo de Estado, contrató para la construcción a maestros que habían trabajado en El Escorial.

En 1808, es incendiada por las tropas francesas y restaurada en 1828. La iglesia actual es una reconstrucción, de grandes dimensiones, con una única nave, muros de sillería y una mezcla de estilos gótico, plateresco, renacentista y barroco. En su interior se conserva *La Asunción de la Virgen*, obra realizada en 1812 por Francisco de Goya.

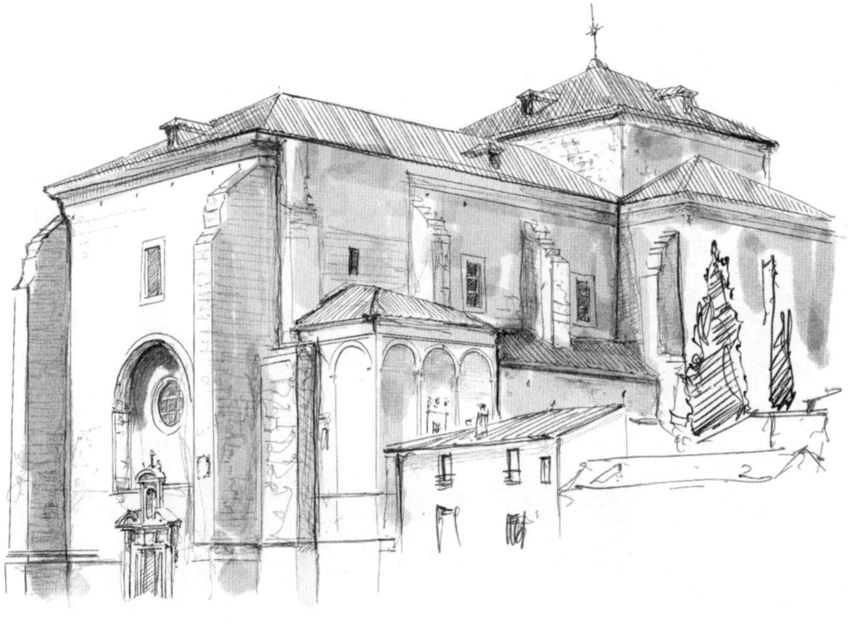

La Iglesia de la Asunción es, sin duda, un elemento protagonista dentro del conjunto de la propia plaza.

«De Madrid al cielo» y «los cielos de Madrid»
son dos conocidas expresiones que hacen referencia
a «las bondades» de la capital y a la belleza
de sus cielos velazqueños.

La autora de este libro invita a los lectores a mirar hacia arriba, hacia esos cielos, pasando por terrazas, cornisas, frisos, ménsulas de este Madrid castizo y señorial, ¡siempre acogedor y divertido! que ofrece a quien le observa con detenimiento algo con lo que aprender, disfrutar y soñar.

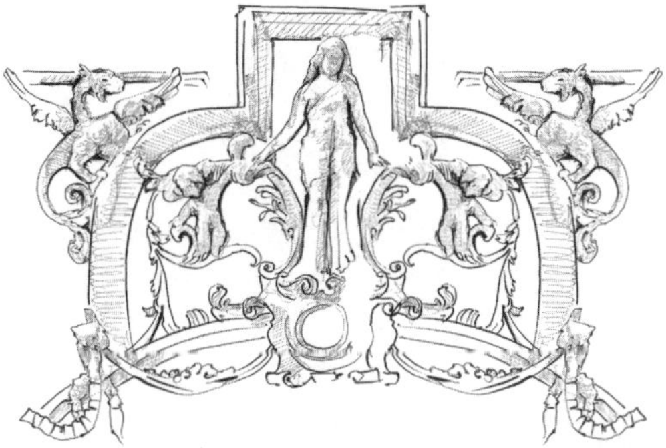

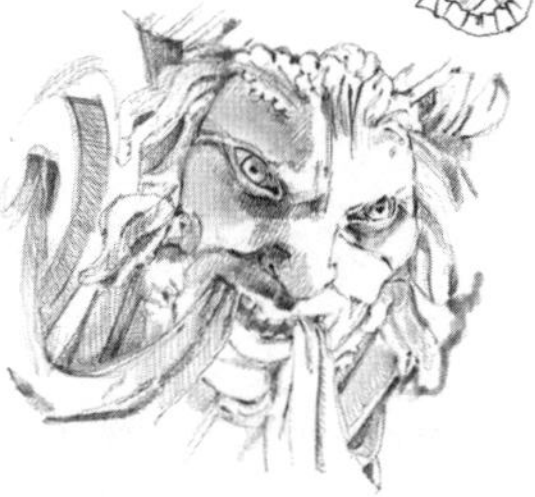

Modillón con rostro de sátiro (Real Casa de la Aduana, c/ Alcalá, 5).

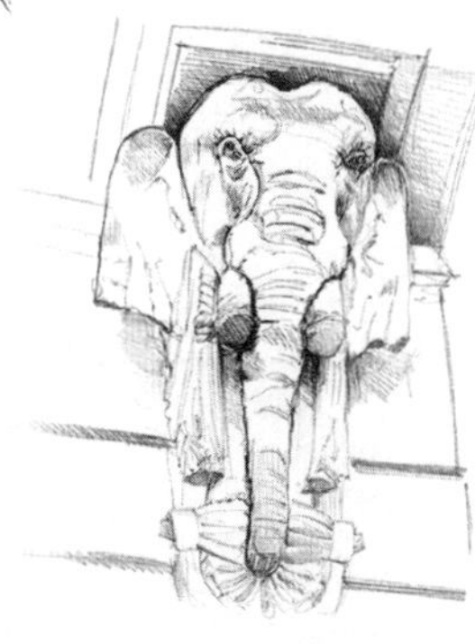

Ménsula de elefante (Palacio de la Equitativa. Antiguo Edificio del Banco Español de Crédito, c/ Alcalá, 14).

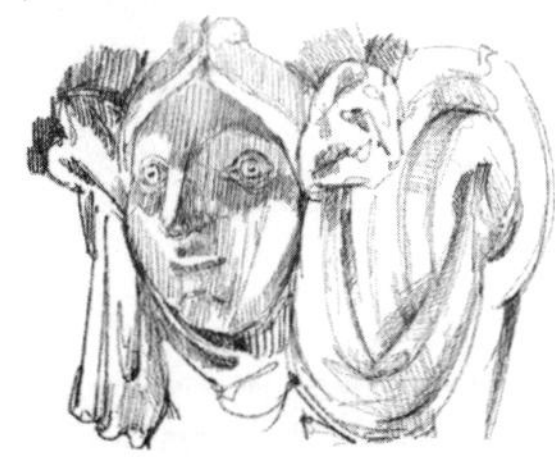

Modillón con rostro de mujer (Real Casa de la Aduana, c/ Alcalá, 5).

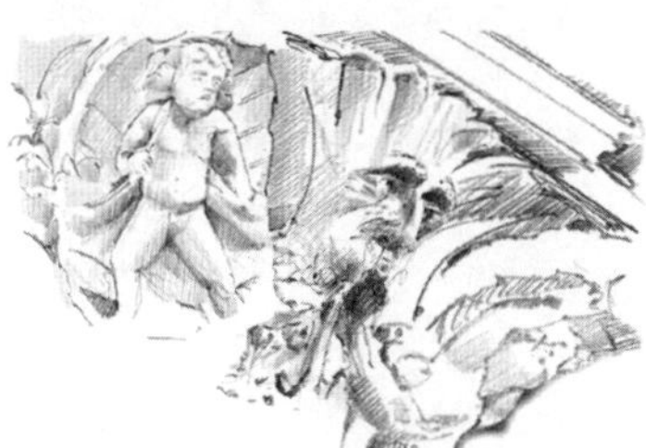

Ménsula (Fundación Conchita Rábago, c/ Príncipe de Vergara, 9).